厚德博學

經濟匡時

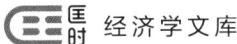 经济学文库

长三角城市群
人口空间分布优化研究

刘乃全 等 著

Optimization Study

on Population Spatial Distribution

in the Yangtze River Delta Urban Agglomeration

图书在版编目(CIP)数据

长三角城市群人口空间分布优化研究/刘乃全等著. —上海:上海财经大学出版社,2023.11
(匡时·经济学文库)
ISBN 978-7-5642-3973-2/F·3973

Ⅰ.①长… Ⅱ.①刘… Ⅲ.①长江三角洲-城市人口-人口分布-研究 Ⅳ.①C922.2

中国版本图书馆CIP数据核字(2022)第042251号

上海市教育委员会科研创新计划重大项目:我国都市圈与城市群人口集聚与空间格局优化研究（编号:2023SKZD12）

□ 责任编辑　廖沛昕
□ 封面设计　张克瑶

长三角城市群人口空间分布优化研究
刘乃全 等 著

上海财经大学出版社出版发行
(上海市中山北一路369号　邮编200083)
网　　址:http://www.sufep.com
电子邮箱:webmaster@sufep.com
全国新华书店经销
上海华业装潢印刷厂有限公司印刷装订
2023年11月第1版　2023年11月第1次印刷

710mm×1000mm　1/16　14.5印张(插页:2)　208千字
定价:76.00元

前　言

长三角城市群作为我国经济实力最强、对外开放程度最高、城市化进程最快的地区及世界级城市群，承担着全国经济发展强劲活跃增长极、全国经济高质量发展样板区、率先基本实现现代化引领区、区域一体化发展示范区、新时代改革开放新高地的"一极三区一高地"战略重任，自然也就成为我国人口流入最多的地区之一，进而形成了产业集聚、经济集聚、城市集聚与人口集聚等快速集聚与发展的状态。长三角城市群（26个城市）的常住人口数量及占全国的比重更是呈现出明显的上升趋势，从2008年的1.376亿人及10.36%的比重逐步上升到2018年的1.54亿人及11.60%的比重，2019年人口数量达到了1.555亿人，占全国的比重也提升到11.71%。同时，长三角城市群也是外来常住人口最多的城市群，2008—2018年，常住人口与户籍人口之差基本保持在8700万人以上的水平，并且还在稳步增加，表现出了对外来人口的强大吸引力，如上海2018年常住人口与户籍人口的数量之差达到976万人之多，苏州达到368万人，杭州、宁波超过200万人，无锡、南京、嘉兴也都超过100多万人，其中，杭州成为全国2019年流入人口最多的城市。

从人口数量及空间结构来看，长三角城市群人口空间分布呈现出以下相关特征：

第一，上海、苏州和杭州位居前三，南京、宁波、合肥紧随其后。"一核多副"城市格局逐渐形成，长三角城市群中经济发达及省会城市对人口的吸引力较强，经济稍弱的一些城市也成了人口流出型城市。

第二，长三角城市群人口规模首位度两城市指数呈现出先上升后下降再上升的过程,且自 2000 年开始就大于 2,说明首位城市上海作为特大城市对人口的集聚能力仍很强,同时第二位、第三位和第四位城市的人口规模仍有扩大。

第三,长三角城市群的人口规模在持续增加的同时,表现出向经济发达城市高度集聚的趋势,人口空间分布的非均衡程度进一步加剧,同时城市内部人口空间分布十分不均衡,中心城区集聚特征明显。具体到城市群内部的不同圈层,核心圈层的人口规模和密度最大,增幅也最快,而由核心逐步向外的外围圈层的人口规模和增速逐渐减小。人口主要聚集在上海、苏州、杭州、南京、宁波、合肥等城市。城市内部的人口分布不均衡现象也十分明显,例如,上海人口分布的区域差异很大,核心区域人口过密及外围区域人口相对稀疏的状况一直没有得到很好的解决,新城建设的人口导向政策没有取得预期的理想效果。

长三角城市群人口规模上升的同时,面临着人口空间集聚与分布的不均衡性与不协调性等问题。不均衡性主要表现为人口与经济空间不平衡,诸如上海、南京、苏州等特大城市和超大城市发展面临着土地空间有限的强约束"天花板";特大城市与超大城市面临人口规模最大承载力"天花板",极大部分人口集中在中心城区,使得中心城区因人口密度过高而导致"城市病"加剧,公共服务软硬件设施面临着巨大的压力与挑战,迫切需要通过城市群或城市内部人口空间结构优化调整来实现土地制约利用与资源合理高效分配以及扩容提质目标。不协调性主要表现为长三角城市群人口空间分布与产业空间布局的不协调,这既体现在城市之间,又体现在单个城市内部。长三角产业布局的目标是通过城市之间的功能分工与合作,以及产业转移来带动人口的流动,进而缓解核心城市的人口压力,达到产业与人口空间分布的协调。但由于长三角城市群之间城市功能特别是服务业功能的趋同,没有形成产业功能的级差,使得长三角城市群之间没有形成有效的产业分工,从而无法实现产业转移与人口流动的目标,使得人口在上海等中心城市聚集的现象得以持续。在单个城市内部,如上海、南京、杭州等城市不同程度的存在人口空间居住分布、工作分布和消费分布不一致的状态,由此导致人口通勤"潮汐式"往返问题明显,交通问题凸显,因此,如何引导人口在城市空间的合理分布及降低拥挤问题也是政府所面临与需要解决的现实命题。

人口始终是可持续发展的核心和关键决定要素,人口要素的空间分布是人口地理研究的核心问题,能够表征人口的地理空间集散状态,受制于并反作用于区域的经济与社会发展水平。新型城镇化推进时期,人口空间分布失衡、大城市半城市化以及退潮风险加剧,表明我国人口问题性质已从过去的"数量增长压迫型"转变为"结构与布局失衡制约型",并长期困扰着区域经济社会的可持续发展和政府政策制定。考虑到长三角城市群经济社会以及人口发展的特殊性,特别是城市人口规模扩张速度、新型城镇化推进速度以及户籍制度等独特特征,所以,简单地继承西方城市经济学理论关于人口空间分布的分析框架难以解释和解决我国长三角城市群人口空间分布问题。因此,本书基于区域经济学、城市经济学、人口地理学以及新经济地理学的理论基础,归纳人口空间分布失衡及协调性问题,以长三角城市群为对象,探析人口空间格局演变的影响因素以及均衡机制,试图为当前城市及城市群人口空间格局优化研究拓展一个新的理论分析框架,进而解读人口与经济地域空间分布失衡的深层次原因,揭示人口空间格局的基本脉络与演变规律,最终为城市及城市群人口空间分布相关理论的研究提供一些理论支持。

本书立足长三角城市群新型城镇化建设、长三角区域一体化以及区域协调发展的战略高度,遵循"格局-机制-对策"的研究思路,首先,从人口空间分布优化的内涵、影响因素、理论基础等方面对既有研究文献进行综述与评述;其次,在长三角城市群空间范围界定和总体人口特征分析的基础上,通过测算人口规模首位度指数、人口地理集中度指数、人口空间不均衡指数、人口分布的空间相关性以及多中心结构演变趋势来分析长三角城市群人口分布的时空演变特征;再次,从理论和实证两个层面解析长三角城市群人口空间分布优化的关键影响因素,并以上海为例探析单一城市内人口空间分布优化的关键影响因素;接着,从政府公共品供给和城市群扩容两个维度进行拓展性研究,进一步考察政府公共品供给对长三角城市群人口流动、人口空间分布优化的影响效应,以及长三角城市群扩容对人口空间分布优化的影响效应;最后,总结长三角城市群人口空间分布优化存在的现实问题,并探索促进长三角人口空间分布优化的政策体系。

本书得到以下发现:(1)长三角城市群的人口"一核多副"城市格局逐渐形成,26个城市中一些经济发达、城镇化率高的城市对于人口的吸引力较强,而周边经济稍弱、城镇化率较低的许多城市成了人口流出型城市。总体上,长三角城市群人口空间分布存在失衡的现象,南京和杭州承担上海人口疏解功能的效果不是特别突出,人口规模和人口密度并未达到城市饱和度,人口集聚能力有待进一步加强。(2)人口集聚惯性、城市化水平与工资收入的地区差异以及由于交通设施的改善而使得相关产业在局部空间的过度集聚是导致长三角城市群人口空间分布失衡的主要原因,并促使人口向局部地区集聚的态势进一步强化。通过产业政策调整来提高相对落后地区的经济发展水平,并推动某些产业由经济发展较好的城市向相对落后城市的转移,有利于引导产业高度集聚区人口向外分流,进而有助于缓解局部地区人口过度集聚压力。另外,因城市化水平差异所导致的城市功能与社会服务水平的空间差异相较于产业布局的空间差异而言,是导致长三角城市群人口在局部地区出现过度集聚的重要原因。(3)基于政府公共品供给来引导劳动力合理有序地迁徙并促进人口空间分布优化,需要发挥"市场主导、政府引导"作用,因地制宜、因时制宜、因人制宜予以规划引导,除了调整公共支出规模,还可以根据劳动力迁移对不同类型公共支出的异质性反应,来实施差别化的公共财政政策。与此同时,通过供给侧改革来解决公共品供给与需求的"空间不匹配"问题,推进公共品供给从依据"规划人口"向顺应劳动力流动趋势转变,并进一步强化城市公共品供给与地区常住人口税收贡献之间的联动性。(4)长三角城市群实行有序渐进式扩容,有利于城市之间统一大市场的形成,有利于城市之间产业合理分工布局、有利于加强城市之间的经济联系强度,是城市群实现经济一体化、降低人口与经济空间不均衡的重要举措。(5)长三角城市群人口空间分布优化相应从"城市-基础设施-人口"向"城市-产业功能-基础设施-人口"转变,即以改善交通、公共服务为主的单向型或倾斜性投资政策,向以疏解产业功能为主的综合性手段转变,从一体化政策、产业政策、就业政策等多个维度构建统筹产业、住房、交通和公共服务的政策实施框架,切实提高各项政策的有效性,推动形成合理的城市群人口布局体系。

本书由刘乃全与吴伟平负责书稿的研究思路设计、整体内容安排、总体编撰及校对工作,全书共分七章,具体分工如下:第一章由吴伟平负责撰写,第二章由刘传玉与杨晓章负责撰写,第三章由刘乃全、吴伟平与邓敏负责撰写,第四章由刘乃全与耿文才负责撰写,第五章由刘乃全、赵海涛与吴伟平负责撰写,第六章由刘乃全、吴友与胡羽琦负责撰写,第七章由刘乃全、任光辉与胡羽琦负责撰写。

本书的出版得到上海财经大学的资助,该书能够顺利出版还要得益于上海财经大学出版社编辑部主任王芳及编辑廖沛昕的辛勤工作及在疫情期间所付出的努力,在此表示衷心的感谢!

刘乃全

2023.10.1

目　录

第一章　导论/001
　　第一节　问题的提出/002
　　第二节　研究目标与意义/003
　　第三节　研究思路与主要内容/005
　　第四节　研究方法与创新之处/008

第二章　人口空间分布优化的文献综述/012
　　第一节　人口空间分布优化的内涵与标准/012
　　第二节　人口空间分布优化的影响因素/022
　　第三节　人口空间分布优化的理论回顾/026
　　第四节　文献评述/036

第三章　长三角城市群人口空间分布的演变格局分析/038
　　第一节　长三角城市群空间范围界定/038
　　第二节　长三角城市群总体人口特征/041
　　第三节　长三角城市群人口分布的时空演变特征/044
　　第四节　本章小结/058

第四章　长三角城市群人口空间分布优化的影响因素研究/060
　　第一节　长三角城市群人口空间分布的影响因素解析/060

第二节　长三角城市群人口空间分布影响因素的实证检验 /064
第三节　单一城市内人口空间分布的影响因素研究：以上海为例 /073
第四节　本章小结 /090

第五章　政府公共品供给与人口迁移及人口空间优化研究 /091
第一节　政府公共品供给对人口空间流动的门槛效应 /092
第二节　长三角流动人口公共服务获取与城市居留意愿 /113
第三节　政府公共品供需匹配与城市人口空间分布优化 /128
第四节　本章小结 /136

第六章　长三角城市群扩容与区域经济增长及人口空间优化研究 /138
第一节　城市群扩容的基本内涵与外延 /138
第二节　长三角城市群扩容的制度背景与发展历程 /142
第三节　长三角扩容对区域经济增长的影响及其内在机制检验 /146
第四节　长三角城市群扩容、区域经济增长与人口空间格局优化 /168
第五节　本章小结 /171

第七章　促进长三角城市群人口空间分布优化的政策体系研究 /172
第一节　长三角城市群人口空间分布优化存在的问题 /172
第二节　长三角城市群人口空间分布优化的一体化政策 /179
第三节　长三角城市群人口空间分布优化的产业政策 /186
第四节　长三角城市群人口空间分布优化的就业政策 /195

参考文献 /200

第一章 导 论

  城市群是城市发展到成熟阶段的最高空间组织形式,是指在特定地域范围内以一个以上特大城市为核心、以三个以上大城市为构成单元,依托发达的交通基础设施和通信设施网络而形成的经济联系紧密、空间组织紧凑、高度同城化和一体化的城市群体。[①] 人口要素的空间分布是区域发展和人口地理研究的核心问题,是城市群空间结构的重要构成因素,人口在空间上的分布变化是否合理直接关乎城市群形态结构的形成以及城市群经济的可持续发展。人口空间分布是人口发展过程在一定地理空间地域内的分布状况,是人口、资源、环境、经济等发展要素的综合体现。人口空间分布作为区域内结构演变的重要组成部分,一方面受到特定区域内自然地理环境因素和社会经济因素的影响,另一方面也反作用于区域经济的发展和演变。人口空间分布、自然地理环境和社会经济发展三者相互作用、相互影响,自然地理环境和经济社会发展共同决定了城市群人口空间分布状况和演变趋势。与此同时,城市群人口空间分布演化在一定程度上也反映了自然资源环境和区域经济发展水平差异。因此,系统探究人口空间分布优化机制有助于揭示城市群人口发展规律和空间格局演变特征,有助于科学制定可行且有效的人口空间优化政策,促进区域经济的可持续协调发展。

---

  ① 详见百度百科:https://baike.baidu.com/item/%E5%9F%8E%E5%B8%82%E7%BE%A4/4291670? fr=aladdin。

第一节　问题的提出

自中央政府提出"十一五"规划纲要以来,就明确提出"将城市群作为推进城镇化规划建设的主体形态,以大城市为依托,中小城市为重点,逐步形成辐射功能强大的城市群,促进城市群和城镇协调发展"。城市群已经成为支撑世界各国主要经济发展体的核心区和增长极,国家间的竞争正逐步演变成主要城市群之间的综合实力竞争。"十三五"规划纲要进一步指出,要规划建设 19 个城市群,推动建立能够带动我国经济持续增长、区域协调发展、参与国际合作与竞争的主要平台。2016 年,国务院批准了《长江三角洲城市群发展规划》,强调要发挥上海中心城市作用,全面推进区域都市圈同城化发展,要将长三角城市群建设成为面向全球,辐射亚太,引领全国的世界级城市群。长三角城市群作为我国目前经济发展和城镇化推进速度最快的城市群之一,城市群区域综合实力全国领先,城市综合服务设施便捷,工业化水平高,人均效益突出,具有极强的人口集聚能力。统计数据显示,2018 年长三角城市群 GDP 总和约为 17.8 万亿元(占全国比重 19.77%),GDP 增速均值为 7.14%(高于全国平均水平 0.54 个百分点),常住人口超过 1.5 亿(占全国总人口 11%),常住人口与户籍人口相差约 2 000 万,流动人口规模庞大,是中国人口流入最多的地区之一。[①] 现如今,长三角城市群的经济总量和人口规模已经与发达国家几大城市群之间相差甚少,成为国际上公认的世界级六大城市群之一,未来十年之内也将继续成为我国区域经济发展的更高水平的重要增长极。

经过多年的发展和积累,长三角城市群已经具备了相当的产业规模,经济实力十分雄厚,城市群功能的辐射能力不断增强,辐射范围日益扩展。随着新型城镇化的进一步发展,长三角城市群经济在持续快速发展

---

① 数据来源:中国指数研究院。

的同时也催生了城市人口空间区域分布不均衡、不合理的现象。究其原因主要有两点：一是长三角主要大城市，如上海、南京、苏州等地区的发展面临着土地空间有限的强约束"瓶颈"，区域经济协调发展受限；二是上海、南京等超大城市和特大城市面临人口规模最大承载力的挑战，绝大部分人口集中在中心城区，造成城市人口过度拥挤，给城市公共基础设施服务等带来了巨大压力和挑战。因此，长三角城市群迫切需要通过城市内部与城市之间空间结构优化，来调整长三角城市群人口空间分布，以实现城市土地资源的有效利用，促进长三角城市群区域经济健康可持续发展。人口作为社会经济活动的主体，与自然、经济、社会等因素密切关联，这些环境因素不仅影响着人们的学习、工作和生活居住的区位选择，而且也对城市人口空间分布格局的发展趋势和演变规律有着极其重要的影响。鉴于此，本书从长三角城市群整体城市空间结构特征出发，剖析长三角城市群人口分布的时空演化特征，探析人口时空演变的关键影响因素，解读人口与经济、就业与居住等空间分布失衡的本质原因，并揭示长三角城市群人口空间分布格局的基本脉络和演变规律，为解决长三角城市群人口空间分布失衡问题和"城市病"等问题提供可行性对策，以实现长三角城市群经济的良性运行和健康可持续发展。

第二节 研究目标与意义

一、研究目标

纵观国内外已有研究成果，国内外学者关于人口空间分布格局、影响因素以及优化对策均给予了较充分的研究，也形成了一定的研究成果。但是，考虑到长三角城市群经济社会以及人口发展的特殊性，特别是城市人口规模扩张速度、新型城镇化推进速度以及户籍制度等独特特征，所以，简单地继承西方城市经济学理论关于人口空间分布的分析框架难以解释和解决我国长三角城市群人口空间分布问题。另外，作为国内一个经济最具活力、开放程度最高、吸纳外来人口最多的世界级城市群,其人口空间分布的优化对策也不尽相同,目前为止还缺乏规范的体系和适用的研究结论。基于此,我们设计"长三角城市群人口空间分布优化研究"这一课题,为解决长三角城市群人口空间分布失衡,实现人口与经济系统的协调发展,以及为制定区域协调发展的宏观政策提供参考。

二、研究意义

(一)理论意义

人口是可持续发展的核心和关键决定要素,人口要素的空间分布是人口地理研究的核心问题,能够表征人口的地理空间集散状态,受制并反作用于区域的经济与社会发展水平。新型城镇化推进时期,人口空间分布失衡、大城市半城市化以及退潮风险加剧,表明我国人口问题性质已从过去的"数量增长压迫型"转变为"结构与布局失衡制约型",并长期困扰着区域经济社会的可持续发展和政府政策制定。因此,本书基于城市经济学、人口地理学以及新经济地理学理论基础,归纳人口空间分布失衡问题,探析人口空间格局演变的影响因素以及均衡机制,试图为当前城市人口空间格局优化研究拓展一个新的理论分析框架,进而解读人口与经济地域空间分布失衡的深层次原因,揭示人口空间格局的基本脉络与演变规律,最终为相关人口空间分布相关理论的研究提供一些理论支持。

(二)现实意义

长三角城市群作为我国乃至世界经济增长最迅速、城市化进程最快的地区之一,为我国城市群建设提供了示范性作用。近年来,长三角城市群经济社会的快速发展也催生了人口空间分布的不均衡性:一是人口与经济空间不平衡;二是诸如上海、苏州等特大城市和超大城市发展面临着土地空间有限的强约束"天花板";三是特大城市与超大城市面临人口规模最大承载力"天花板",绝大部分人口集中在中心城区,使得中心城区因人口密度过高而导致"城市病"问题加剧,公共服务软硬件设施面临着巨大的压力与挑战。长三角城市群迫切需要通过城市内部人口空间结构优化调整来实现土地集约利用与资源合理高效分配以及扩容提质的目标。因此，本书深入剖析长三角城市群人口分布的时空演变特征与影响因素，并谋划实现人口与经济系统的良性运行和协调发展对策，为破解长三角城市群人口空间分布的不均衡性难题、引导人口要素的空间合理流动与合理布局提供参考。

第三节 研究思路与主要内容

一、研究思路

本书主要关注长三角城市群(26个核心城市)人口空间分布的演变格局和均衡机制。在转型时期以及经济新常态下，立足长三角城市群新型城镇化建设以及全面建成小康社会的战略高度，遵循"研究方法和理论国际化、解决现实问题本土化"的方针以及"格局-机制-对策"的研究思路，循序渐进、层层深入、相互衔接、及时反馈，逐项展开各部分的研究。首先，从人口空间分布优化的内涵、影响因素、理论基础等方面对既有研究文献进行综述与评述；其次，在长三角城市群空间范围界定和总体人口特征分析的基础上，通过测算人口规模首位度指数、人口地理集中度指数、人口空间不均衡指数、人口分布的空间相关性以及多中心结构演变趋势来分析长三角城市群人口分布的时空演变特征；再次，从理论和实证两个层面解析长三角城市群人口空间分布优化的关键影响因素，并以上海为例探析单一城市内人口空间分布优化的关键影响因素；接着，从政府公共品供给和城市群扩容两个维度进行拓展性研究，进一步考察政府公共品供给对长三角城市群人口流动、人口空间分布优化的影响效应，以及长三角城市群扩容对人口空间分布优化的影响效应；最后，总结长三角城市群人口空间分布优化存在的现实问题，并探索促进长三角人口空间分布优化的政策体系。具体的技术路线如图1-1所示。

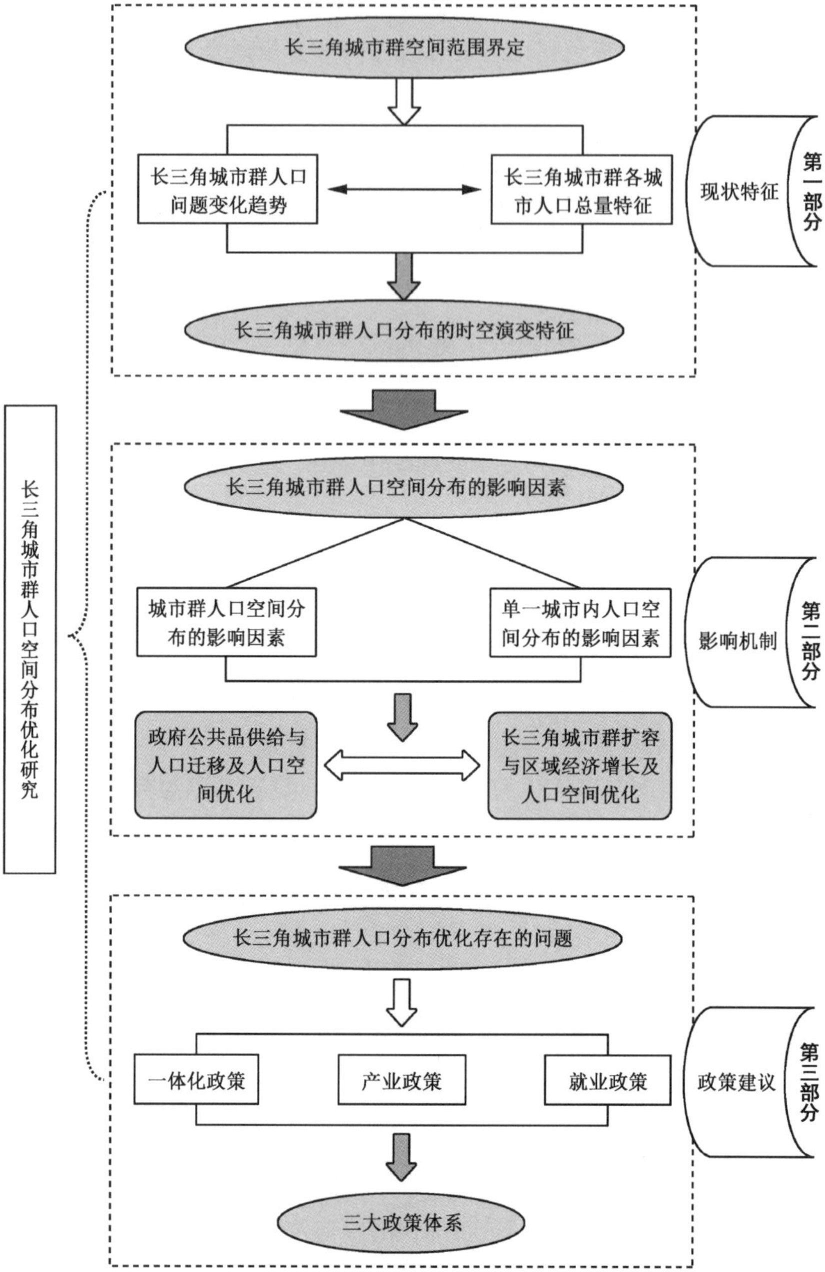

图 1-1　本书研究的技术路线图

二、主要内容

本书紧贴"十三五"期间以人为核心的国家新型城镇化规划与一体化发展规划的政策内涵,提炼长三角城市群人口空间分布的新态势与关键问题,剖析长三角城市群人口空间格局演变逻辑与均衡机制,探讨政府公共品供给、城市群扩容与长三角城市群人口空间格局优化的逻辑关联,最终提出促进长三角城市群人口空间分布优化的政策体系。各章内容安排如下:

第一章,导论。本章是对本书的总体概述,具体包括提出问题,阐述研究目标与意义、研究思路与主要内容、研究方法与创新之处。

第二章,人口空间分布优化的文献综述。本章首先对人口空间分布、人口空间分布优化的内涵进行界定,并阐述人口空间分布优化的衡量标准;其次,从自然地理因素、经济因素、社会人文因素三个方面综述人口空间分布优化的影响因素;最后,对人口空间分布优化的理论基础进行回顾。

第三章,长三角城市群人口空间分布的演变格局分析。本章首先对长三角城市群的空间范围进行界定,确定本书研究的具体对象及空间范围;其次,利用描述统计法分析长三角城市群人口总量变化趋势和各地市人口总量特征;最后,综合运用人口规模首位度指数、人口地理集中度指数、人口空间不均衡指数、空间相关性和多中心结构模型等方法分析长三角城市群人口空间分布的时空演变特征。

第四章,长三角城市群人口空间分布优化的影响因素研究。本章首先探讨自然地理环境、社会经济发展水平、政策因素与区域功能定位影响长三角城市群人口空间分布格局的理论机制;其次,利用系统广义矩估计法、工具变量法实证检验各类因素对长三角城市群人口空间分布的影响效应;最后,选择上海作为典型案例地,从单一城市角度进一步考察人口空间分布的影响因素。

第五章,政府公共品供给与人口迁移及人口空间优化研究。本章将基于人口迁移与城市人口空间格局演变的相关理论,深入剖析政府公共服务供给对流动人口迁徙的影响机理和影响效应,探究政府公共服务供给、流动人口公共服务获取以及城市居留意愿三者之间的关系。然后,在此基础之上,结合属地化管理下流动人口公共服务供需不匹配问题以及供需失衡的内在机理,探索流动人口公共服务供需匹配的优化对策,进而为破解公共服务供需不均衡性难题以及属地化管理体制下的公共资源配置扭曲问题,为努力实现惠及全体人民的基本公共服务均等化以及长三角人口空间分布优化目标提供参考。

第六章,长三角城市群扩容与区域经济增长及人口空间优化研究。本章重点研究城市群扩容对区域经济增长以及人口空间优化的影响。首先,阐述城市群扩容的基本内涵与外延,并总结长三角城市群探究的制度背景与发展历程;其次,从理论与实证两个层面解析长三角扩容对区域经济增长的影响及其内在机制;最后,进一步探讨长三角扩容对人口空间分布优化的影响效应。

第七章,促进长三角城市群人口空间分布优化的政策体系研究。本章在长三角城市群人口空间分布优化存在问题归纳的基础上,探析长三角城市群人口空间分布问题产生的具体成因;然后,具体从一体化政策、产业政策以及就业政策三个层面探索促进长三角城市群人口空间分布优化的政策体系。

第四节 研究方法与创新之处

一、研究方法

本书综合运用人口地理学、城市经济学、经济地理学、空间统计学以及系统管理学等多学科理论与研究方法。其中,具体采用的研究方法包括:

(一)理论研究和实证检验相结合

本书是在人口空间结构演变理论、人口空间循环假说、人口迁移理论、差别城市化理论、城市圈离心扩大模型等多维理论基础上,探析长三角城市群人口空间格局演变机制。与此同时,还用到了首位度指数、地理集中度指数、空间不均衡指数、空间相关性等方法分析长三角城市群人口空间结构的时空演变过程,利用面板门槛模型、空间计量模型、合成控制法、迭代法和PSM-DID等方法实证检验长三角城市群人口空间分布的影响因素,以及城市群扩容与长三角城市群人口空间分布优化的关联性。

(二)静态分析与动态分析相结合

本书具体运用了静态分析与动态分析相结合的方法。其中,静态分析主要包括长三角城市群人口空间分布的描述统计分析、各城市人口总量特征、长三角城市群流动人口公共服务获取与城市居留意愿,等等。另外,动态分析不局限于某一时间点,而是从时间和空间推移的角度展开研究。本书的动态分析主要涉及的内容包括长三角城市群人口空间分布的时空演变特征、长三角城市群人口空间分布的影响因素解析以及政策公共品供给对城市人口空间流动的门槛效应,等等。

(三)横向比较与纵向比较相结合

在本书研究中,所谓的横向比较主要涉及长三角城市群26个核心城市内部之间的人口空间分布格局和人口空间分布的影响因素比较。除此之外,横向比较还会涉及长三角城市群人口空间优化政策与其他地区的比较与借鉴。纵向比较主要是指从时间维度来深入考察某一经济现象的变化过程。本书中的纵向比较是指,随着时间的不断推移,比较分析各样本城市的人口空间分布格局及影响因素如何发生变化。

二、创新之处

(一)研究视角创新

本书除了重点解析长三角城市群人口分布的时空演变特征和影响因

素,还从政府公共品供给、城市群扩容等方面进行拓展性研究,进一步考察政府公共品供给与人口迁移、人口空间分布优化的关联性,长三角城市群扩容与区域经济增长及人口空间分布优化的关联性。通过结合政府公共品供给、城市群扩容等实际政府行为,评估政策效应,解读长三角城市群人口与经济、就业、居住等空间分布失衡的本质原因,最终提出促进人口与经济系统良性运行以及长三角城市群协调发展的政策建议,为破解长三角城市群人口空间分布的不均衡难题、引导人口要素的空间合理流动与合理布局提供参考。

(二)学术观点创新

本书的主要学术观点如下:

(1)长三角城市群人口空间分布处于不均衡的状态,与城市经济、社会和资源布局之间均存在不同程度的欠协调现象,特别是远离上海辐射效应的城市,不协调问题更为突出。人口的空间集疏过程能使人口分布与经济分布更加协调,有效减少人口聚集区和疏散区之间的发展差距,而财政转移支付政策的不断完善还有利于推进长三角城市群各地区的全面协调发展。

(2)长三角城市群的人口分布已经出现了多中心发展趋势,但是程度较弱,还未从根本上改变单中心为主的城市空间结构特征。中心城市上海的人口集聚不断增长,人口密度远远高于其他地区,南京和杭州等副中心城市的人口集聚能力还有待进一步提升。

(3)总体来看,人口集聚的惯性、城市化水平和产业布局的空间差异是导致长三角地区人口空间分布失衡的主要原因,而交通设施的改善在一定程度上缓解了局部地区人口的过度集聚。从单一城市来看,产业布局调整和收入水平提高加快了上海人口分布的郊区化趋势,而交通的便利程度、基础教育质量以及医疗卫生服务水平不利于人口空间分布的均等化。

(4)获得城市公共服务能够显著提高流动人口的留城意愿。然而,目前绝大部分城市针对流动人口的公共服务供给严重不足,常住人口的公共服务需求与供给之间表现出空间不均衡、不匹配等特征。其中,农村与城镇流动人口在社会和医疗保障获取水平上存在巨大差距,男性、汉族、已婚、非体力劳动者等流动人口在获取城市公共服务方面更有优势。

(5)长三角城市群扩容有助于形成城市间统一市场,促进城市间产业合理分工布局,加强经济联系强度,进而推动区域经济增长。区域经济增长差距的缩小,会带来区域内部就业机会的增加、收入的增长以及社会条件的改善,进而优化区域的人口结构与空间布局。因此,实行有序渐进式扩容,是长三角城市群实现经济一体化、降低人口与经济空间不均衡的重要举措。

(6)优化长三角城市群的人口空间分布,首先,需要贯彻"以业控人"理念,加大中心城市非核心功能疏解,根据各城市功能定位形成合理的区域分工,通过产业布局调整推动人口布局调整。其次,需要加强交通基础设施建设、提高公共服务覆盖率促进人口自由流动。另外,上海需提高对高素质年轻人才的吸引并增强辐射带动作用,其他核心城市应发挥比较优势促进目标人口的集聚,不断完善就业服务工作,促进多中心格局形成。

第二章　人口空间分布优化的文献综述

本章主要是对人口空间分布优化的既有研究进展进行梳理与总结。首先,对人口空间分布、人口空间分布优化的内涵、特征与衡量标准进行阐述;其次,从自然地理因素、经济因素、社会人文因素等层面对人口空间分布优化的影响因素进行综述;再次,对人口空间分布优化的理论基础进行回顾;最后,对既有研究进展进行评述,归纳本研究的边际贡献。

第一节　人口空间分布优化的内涵与标准

一、人口空间分布的内涵与属性

(一)人口空间分布的内涵

早在19世纪,国外学者已经开始关注人口空间分布问题。德国地理学家卡尔·里特的《欧洲地理(1804—1807)》最早就不同国家的人口分布特征以及人口与自然条件的关系进行了系统分析。20世纪之后,工业革命带来的社会统计调查等技术手段大大推动人口地理学的研究。Jefferson(1939)分析了世界人口的规模和分布,提出了"首位城市"概念,这一概念的提出大大促进了城市地理学和人口学的研究;Clark(1951)基于人口密度指标,分析了城市人口的空间分布情况,得出随着城市中心向外围的扩张,人口密度呈现指数式衰减。这之后,Jones(1954)分别提出影响城市人口空间分布的影响因素。另外,Moran(1947)、Anselin 和 Getis(1992)基于城市人口空间分布的特征和依赖性,提出了动检统计分析方法论。人口地理学发展至今,大量学者就影响人口空间分布的要素如城市交通网络、土地覆盖、居住政策、移民要素等进行了多方位系统性的研究（Sweitzer and Langaas,1996），为研究中国人口迁移和城市人口空间分布提供了理论支撑和经验参考。

一般来说，人口的空间分布也称人口的区域或地理分布，是指在一定的时点上人口在地理空间中的分布情况，其具体内容包括各类地区总人口的地理分布情况以及某些特定人口（如城市人口）的形成过程和构成（如性别等）。人口的空间分布受自然、社会、经济和政治等多重因素的制约，其中，如纬度、海拔、距离海岸线的远近等自然地理条件对人口的地理分布起着非常重要的制约作用。但是，自20世纪以来，随着工业化和城市化的加速发展，社会、经济和政治等非自然因素对人口分布的影响越来越大。

从静态上看，人口分布表现为人口的空间分布状态；从动态上看，人口分布则表现为人口的迁移变化情况。人口的空间分布和人口迁移是辩证统一的一个问题的两个方面。因此，本书中的人口空间分布主要涉及以下内容：

1. 人口静态分布

人口静态分布，即当人口没有发生居住地变动，在与居住地的关系上处于相对稳定的状态时，人口在不同地区的空间分布状况。

2. 人口迁移

人口迁移不仅直接影响人口分布，而且是人口分布的具体表现形式。不同之处在于，人口迁移意味着人口发生了居住地的变动，在与居住地的关系上处于"动态"。所以，人口迁移实际上是人口的"动态"分布。

3. 人口就业结构分布

经济发展过程中，人口城市化、产业结构的非农化和就业结构的非农化是一个耦合联动的过程。因此，人口就业结构分布及其变化也是广义人口分布的重要内容。

4. 人口城市化

人口城市化是农村地区转变为城市地区或农村人口迁移到城市地区

引起城市人口增加和比例提高的过程。在这一过程中,人口分布往往存在由分散趋向集中的趋势。

(二)人口空间分布的属性

作为一个社会经济现象,人口空间分布具有以下属性:

1. 不均匀性

人口分布主要受自然环境(包括资源)条件、经济发展水平等多种因素的制约,而自然条件和经济发展水平等又存在明显的区域差异,因此人口空间分布也具有不均匀性。例如,东亚、南亚次大陆、欧洲和北美洲东部是世界四个主要人口集中区。从一个国家(地区)甚至一个城市范围看,其人口分布也都是不均匀的。不均匀性是人口空间分布的最基本属性。

2. 相对稳定性

与经济社会发展相比较而言,人口分布的变动是非常缓慢的,甚至在宏观地域上人口分布具有很大的惰性或者说凝固性。一些研究表明,相对于区域经济社会的发展差异,中国的人口空间分布具有极大的稳定性,变化非常缓慢。人口空间分布的稳定性是人口分布维持现状、保持连续性的重要属性。

3. 均衡变动性

人口空间布局总是随着其影响条件,特别是经济社会发展水平及其地区差异的变动而变动,总的趋势是朝着均衡化变动。包括相对于土地面积的均衡变动和相对于广义生活水平的均衡变动。

二、人口空间分布优化的内涵与特征

(一)人口空间分布优化内涵

在城镇化发展的背景之下,中国城市和城市群的人口空间分布优化不仅是城市空间结构均衡发展的重要因素,也是城市化健康发展的重要标志之一(张耀军等,2013)。人口空间分布优化是通过市场和政策干预相互作用,实现区域人口分布与经济、社会、资源和环境协调发展的区域格局,是区域可持续发展在人口空间分布的具体体现,对于推动城市群健康发展,构建大中小城市协调发展的城镇化空间格局,并实现中国现有资源环境承载能力条件下区域空间的有效利用,具有重要的研究价值和现实意义。

(二)人口空间分布优化特征

人口空间分布优化是一个长期、动态过程,从特征上来看具体包括:较为清晰的目标导向;构建现实到目标的策略和时间方案;城市群核心城市、边缘和外围城市之间统筹;各类空间政策的聚焦和协同;建立阶段性政策评估和空间政策的动态调整等。从人口分布优化的内容上看,其主要特征涉及:

1. 目标导向

城市群人口空间分布优化需要一个明确的目标作为指引。一般意义上,城市群的人口空间分布优化在于缩小中心城市和外围城市间的差异,实现区域协调;缓解中心区域压力,推动新城发展;增强城市群中心城市的辐射能力,实现区域资源、劳动力、交通、住房等因素的合理配置等。朱宝树(2003)提出由于城市人口空间分布与基础设施、产业布局等匹配不合理,导致了城市交通拥堵、生态恶化、城市空间不合理蔓延等问题。张耀军等(2013)分析了北京市人口分布的情况,从战略定位、要素流动、城镇一体化、城市功能辐射和多中心建设等角度提出了人口分布优化的目标对策建议;袁冬梅等(2019)从产业集聚模式的角度提出了不同等级城市人口分布优化的目标和对策。

2. 时间维度

城市群的人口分布优化需要一个时间过程,要基于城市人口分布与优化目标之间的矛盾,构建从现实到目标的行动框架。张尚武等(2015)分析了上海地区人口空间结构情况,提出了人口分布优化的短期和长期行动计划。

3. 空间统筹

从空间维度的视角,城市群人口分布优化需要统筹中心、边缘、外围城市的协调发展,针对不同的城市制定差异化政策,打破城市的均质化发展格局,促进城市群内部发展的协同。陆铭(2019)认为任何形式阻碍劳动力流动的制度都只会扩大收入差距,而非促进均衡发展,要按照客观经济规律调整完善区域政策体系,发挥各地区比较优势,促进各类要素合理流动和高效集聚,在集聚中走向平衡。类似地,袁冬梅等(2019)提出要打破"小而全、大而全"格局,促进城市内部、不同城市之间的专业化和多样化的分工协作,鼓励中小城市选择"小而专"的相对专业化的发展模式,鼓励大城市根据自身条件选择适度专业化的发展模式。

4. 推进机制

在目标的指引下,政策协同是推进城市人口空间布局优化的关键,也是在市场环境下协调供需矛盾和推进城市群协同发展的重要手段。这要求关于人口分布优化的项目、各行业部门、层级政府之间建立协同推进机制,避免在实践中出现结构失衡、布局矛盾和总量失控的局面(张尚武等,2015)。具体而言,推进机制包括:第一,确立总体规划和人口政策协同平台,体现总体规划对各类政策、实施计划的统一和引导;第二,聚焦交通、住房、公共服务、产业等政策,以总量控制、结构均衡、空间协同为目标实施路径设计;第三,从制度层面推进城市空间治理模式的创新,保障在行动机制上实现人口分布优化的综合平衡。

5. 动态调整

由于人口增长、流动和分布具有不确定性,因此在政策实施过程中可能不可避免地出现与发展目标之间的偏差。因此,城市人口分布优化的政策实施要建立动态调整机制,建立动态监测、阶段评估、弹性应对方案和政策调整的机制。

三、人口空间分布优化的衡量标准

从既有研究来看,城市群人口空间分布优化的衡量不存在某一确定或刚性的指标标准和水平,从评价角度来看可以基于上述几个方面进行衡量。本书后续研究将围绕人口分布优化的内容展开具体分析。当然城市群人口空间分布本身是一个复杂的人口、经济和社会问题,本书主要聚焦人口分布优化的核心问题,比如适度人口或城市适度规模、人口流动与集聚、城市空间结构优化等,希望能够从促进经济发展、城镇化和区域经济协调等角度给出可行的政策建议。在资源和环境的约束下,从经济社会可持续发展的角度来看,人口空间分布优化的衡量标准表现如下:

(一)适度人口或城市适度规模

经济适度人口理论阐述了经济因素与人口规模之间的平衡关系,并以人口福利最大化作为区域适度人口的重要目标(卡尔-桑德斯,1992)。适度人口理论都调一个国家或地区在特定时期的最适宜的人口数量或最有利的人口数量,符合这个数量的人口就是适度人口,超过这个数量为"人口过剩",低于这个数量为"人口不足",适度人口规模或城市规模人口空间分布优化的目标之一(杨胜利和高向东,2014)。从区域范围看,毛志峰(1995)以经济指标为参照标准,测算了2030年我国适度人口规模为15亿人左右。吴瑞君、朱宝树等(2003)提出了测算开放型区域经济适度人口的方法,得出2000年、2010年和2020年浦东新区适度就业容量分别为133.17万人、167.98万人和178.73万人。此外,钟珏和蓝海涛(2009)、王小鲁和夏小林(1999)、许超军等(2008)分别从劳动力类型、经济增长和资源消耗的角度测算了城市最适人口规模。

城市适度规模是城市规模的边际收益和边际成本之间的均衡规模,主要包含人口规模、经济规模和空间规模三个方面。城市适度规模从人口、地域、资源和经济等多个角度实现动态均衡。从城市群体系角度来看,不同规模的城市数量及职能具有一定的等级规律,Zipf的位序-规模对数线性分布规律和Gibrat的对数正态分布定律被广泛应用(Gabaix,1999;Levy,2009)。城市规模偏离等级分布的原因包含资源配置偏向、市场极化效应和政府调控失效等(魏后凯,2014)。目前国内对城市规模分布的观点存在较大争议:有些学者认为小城镇布局过大而大城市的发展不足,城市人口集聚尚可进一步提升,扁平化的城市规模体系不符合Zipf法则(陆铭,2010;王桂新,2011);还有些学者认为我国很多大城市已存在严重的"城市病",城市规模过大,疏导人口、建设卫星城是缓解大城市人口过度集中的重要途径(辜胜阻等,2017)。

关于我国人口规模分布和空间结构的优化方向,现有文献存在明显的观点差异。一方支持高首位度的城市群层级愿景,认为当前小城镇布局过多而大城市发展不够,城镇人口集聚格局尚需提升,城市规模效益尚可提升(陆铭,2010;陈良文等,2007;范剑勇和邵挺,2011)。另一方则倾向于扁平化的层级模式,坚持大城市已呈明显拥挤效应,应着力控制大城市规模,发展中小城镇,缓解大城市人口过度集聚所诱发的功能拥堵压力(孙斌栋和魏旭红,2015;张静,2016;陈建军和周维正,2016)。Dixit(1990)曾提出城市存在最优人口规模,该规模能使得城市效率达到最高。Au和Henderson(2006)通过分析得到,目前中国的城市规模还相对过小,扩大城市规模可进一步提高效率。而孙久文等(2015)实证结果表明,中国城市的均衡规模均超过其最优规模,在当前的发展阶段,中国应该继续鼓励大、中、小城市和小城镇协同发展。还有研究从城市空间拓展(任以胜等,2018)和城市群扩容(刘乃全和吴友,2017)的角度分析现有政策是否真正起到了城市群的优化效果。邓丽君等(2010)提到,要促进城市群人口空间结构的优化,应增强中小城市经济水平,提升经济集聚能力;促进第三产业发展,增强就业拉动能力;合理人口管理制度,促进人口流动。孙斌栋等(2017)认为政府应该在城市群的基础设施建设方面为多中心化做好准备,强化城市群城市间的交通联系,为各种生产要素的互联互通创造条件;还要在制度和政策上加快城市群内部一体化发展,获取多中心化的更大红利;对于个别尚处于单中心化阶段的城市群,应以获取集聚效应为主,避免因盲目多中心化导致的经济效率损失。

(二)人口流动与集聚

自20世纪80年代以来,伴随着改革开放的不断深化,我国城镇化进程不断加快以及户籍制度的松动,我国流动人口已经成为城市劳动力群体的重要组成部分,流动人口在城市空间的分布情况直接影响了整体人口空间布局合理性。受户籍制度的约束,占流动人口主体的农业转移人口由于在城市举家迁移和长期居留的比例不高,较高的流动性使得城市空间的人口分布呈现出较强的变异性,尤其是受到当地经济发展的影响。从1982年至2005年,流动人口的流入地分布呈现明显的集中趋势,越来越向东部和南部沿海地区集中,越来越集中流向少数省份和少数城市(段成荣和杨舸,2009)。随着中国城镇化和经济增长的不断推进,近十年来,流动人口在城市的集中趋势也出现了一些改变,虽然整体上流动人口在城市空间集聚的态势仍然是高度集中在东部沿海城市,但相对分散和均衡化的趋势将逐步显现;内陆地区流动人口布局有明显的分散化趋势,很多县级市和县吸纳了比地级市中心更多的流动人口(刘涛和齐元静,2015)。夏怡然等(2015)、劳昕和沈体雁(2015)的研究均指出,人口流动强度在各城市的分布出现了均衡发展态势。陆铭(2019)认为区域发展政策应该发挥各地区的比较优势,让劳动力、资本等生产要素按回报在地区间自由流动,现实中,一些阻碍人口流动的理由,其实是来自于人们思想中的一些误区。

人口在城市空间的自由流动与集聚是城市空间演化的主要特征,是人口与经济、土地、住房等要素动态匹配的均衡结果。现有测度城市人口集聚的指标包含相对熵指数、Moran指数、Geary指数、基尼系数等。相对熵指数主要用于测度城市人口分布的不均衡程度,且计算结果不受城市内部区域数量的影响(Thomas,1981);基尼系数被广泛用于测量城市人口空间集聚程度,尤其是从整体上测量人口分布的均匀程度;Geary和Moran指数可以优化基尼系数的不足,从均值和区域人口分布差异的角度测度人口集聚程度。

(三)城市空间结构优化

从城市活动空间分布来看,城市空间结构分为单中心和多中心结构模式。有些学者将城市分为单中心模式、多中心理想模式、多中心随机模式、单中心-多中心混合模式等[1]。杜能(1966)从成本最小化的假设出发,

---

[1] 多中心城市的不同结果(包含强联系和弱联系)。

建立了经典的土地利用模型,推导出了土地利用的同心圆结构。在城市经济理论中有关城市空间结构的标准理论模型是由 Alonso(1964)、Mills(1967)等建立和发展起来的单中心城市空间结构模型。它建立在一个重要观察结果基础上,就是一个城市地区内的交通成本差异必须由生活空间的价格差异来平衡。经济学家认为城市空间扩展应是一个正确分配城市土地和农用地的有序市场化过程,而且单中心城市空间结构模型所产生的假设以一种预测方式把城市空间规模和很多基础经济变量相联系,例如,城市人口、收入、交通成本和农地租价等。Brueckner 和 Fansler 第一个使用实证方法支持了单中心城市结构模型,随后 McGrath 使用更加全面的数据和更精确的方法对该模型进行实证检验,他的发现也同样支持了该模型的预测。而 Deng 等和柯善咨、何鸣使用中国城市的数据同样验证并支持了该模型。同时,Song 和 Zenou 为了说明财产税和城市空间扩展的关系,通过对该模型的补充,也再次实证支持了该模型。

  随后出现了很多关于多中心城市经济的理论,该理论是由单中心城市理论不断演化而来。1943 年美国城市规划专家沙里宁针对城市过度集中的问题提出把高度密集的城市疏散成多个中心的有机分散理论设想。Harris 和 Ullman 于 1945 年提出城市内部结构除了主要经济胞体——中心商务区(CBD)外,还有次要经济胞体散布在整个体系内分别承担各种不同等级与职能的城市功能这一"多核心模式"理论,以及 Friedmann、Miller 和 Pred 关于城市市域的论述,都体现了多中心城市思想的发展。在规划上,为克服单中心模式弊端,20 世纪后期,欧洲、北美及日本的城市空间发展主导趋势从单中心结构逐渐引入卫星城、副中心来建立多中心空间结构,以人口和工业外移疏解城市核心区产业和居住职能。中央核心区与郊区次中心共同形成了互补、竞争的现代多中心城市网络结构模式。Henderson(1996)认为厂商集聚经济、就业与居住中心的集聚不经济会使城市趋向多中心发展模式。藤田昌久(2002)对传统的单中心城市理论模型进行改进,构建了"内生式中心"城市土地利用模型,他认为当城市集聚经济超出阈值时,城市多中心结构模式将替代原有的单中心发展模式。保罗·克鲁格曼(1996)基于"跑道经济体系"假设,并综合考虑人口、就业、收入、区位等空间结构关系,建立了多中心非线性演化模型,他认为多中心的城市空间结构较单中心而言效率更高。国内学者利用国外的研究经验和方法,对北京、上海、广州、南京、杭州、武汉、成都、西安、沈阳等大城市的多中心城市形态与人口空间分布进行了考察(Wang,1999;冯健,2003;谷一桢等,2009;孙铁山等,2012;张耀军,2013;杨卡,2015),大多数研究结果显示,中国城市尤其是大城市不同程度的呈现从单中心到多中心演变的特征,这是城市化进程推进过程中人口空间分布变化的必然结果。

伴随城市空间逐渐向边缘区的扩张,以及交通网络由城市中心向外围不断延伸辐射,人口高密度区域向外迁移,城市功能向外围疏解,推动城市的空间结构和人口分布由集中型单中心向分散型多中心演化。城市空间的多中心化,通过中心城市职能向外疏散,中心城市的人口向外围或者周边城市进行扩散与转移,以此可有效降低聚集不经济,并通过将原中心城市的人口和其他要素资源进行再集中以获取整合的效应。多中心结构模式通过重新调整人口的空间分布,改善中心城市的聚集效应,同时促进外围地区或者周边城市的发展,促进城市以及城市群的可持续发展与竞争力提升。多中心化的空间结构模式存在结构上的优势,不仅可以提升城市规模经济的效益,而且改善在单中心进行集聚产生的"城市病"的问题,比如人口过多、环境污染、交通拥堵等。城市空间的多中心化发展,逐步将城市的发展由中心地区移至外围或周边城市,由此形成若干的副中心或者次中心城市,以此达到疏散中心城市人口,实现其合理的空间分布。与此同时,相关的产业也进行相应的布局,减少过度聚集于单中心所造成的效应损失,从而获得更大空间尺度上的协同效应。多中心化的空间结构发展可解决人口过度聚集所产生的城市问题,然而亦在某种程度上使聚集的经济效益下降了,比如通勤距离或城际距离增加会提高交通成本,人口空间分布与经济活动的分散也会增加人们面对面沟通与非正式的经济交流的成本等。故而,为实现聚集效应的最大化,需依赖城市或者城市群多中心彼此间紧密的空间联系、人口合理化的空间布局以及群体化发展的溢出效应,即把多个规模相对较低的中心组成多中心一体化的城市网络系统,以便获得更强的聚集效应和外部效应,如共享规模更大的劳动力市场、产品市场以及基础设施等。

第二节　人口空间分布优化的影响因素

一、自然地理因素

德国人文地理学家和人类学家拉采尔(F. Ratzel)在《人类地理学》(1882)一书中,以纯粹自然主义的视角考察人类在地理上的分布变化,发现人类与动植物一样,其活动受诸多自然因素的制约。英国学者克拉克的《人口地理学》一书将影响人口分布优化的影响因素归为以下几类:

(一)海岸线距离

在离海岸线600千米以内的陆地区域聚集了全球人口的3/4,这说明海岸线对人口具有吸引力。这一趋势在高纬度地区越发明显。

(二)海拔

总体来看,在垂直方向上,海拔高度越高,人口分布越稀少。从海平面至海拔500米之间,在占全部陆地面积57%的陆地上,聚集了全球人口的80%。吕晨和樊杰(2009)利用ESDA技术和GIS平台,对2005年我国人口的空间布局进行了深入研究。研究发现,2005年我国的县域人口密度不仅在数值上存在较大差距,而且存在较强的空间自相关性。通过人口重心观察并将人口密度和自然、经济因素叠加,发现气候和海拔仍然是影响人口分布的主要因素,而产业结构和交通条件则对全国的人口格局有显著影响。自然因素的不同组合形式对人口的空间分布产生不同的影响,其中气候和地形具有长期稳定的影响。

(三)地形和地貌

平原有利于农业发展,容易形成人口聚集;山地不利于人口聚集,在中高纬度地区,恶劣的自然环境和贫瘠的土地往往造成人口稀少。在从山地到平原剧烈过度的地带,地形对人口分布的影响尤为明显,越发靠近平原的山地,人口分布越稀少。

(四)气候

人类只有在适宜的气候条件下才能生存。有适宜气候条件的地区对人口具有吸引力,极端气候条件地区对人口形成排斥力。当然,气候主要是通过对土壤、植被和农业等自然影响进而间接地影响人口分布。20世纪50年代,胡焕庸先生相继发表《中国各省区面积人口指示图》等论文,对当时的中国人口分布状况进行调查研究。研究发现,当时的中国人口分布与农业生产活动密切正相关,气候、水文和土壤等自然因素也对人口分布影响显著。方瑜和欧阳志云等(2012)以人口密度为指标,运用空间统计方法研究了中国的人口分布状况,并探讨了自然因素组合对人口分布的影响以及人口分布与温度、降水、干燥度、地表粗糙度、海岸线距离等16个指标的相互关系。研究结果表明,中国人口分布集聚现象显著,东部、中部、西部地区分别以高、中、低人口密度为主,空间上呈现出明显的正空间关联特征;人口分布密度与河网密度、年均降水量、降水量变异、年均温度、温暖指数、净初级生产力等呈显著正相关关系,与平均高程、相对高差、地表粗糙度、距海岸线距离、日照时数呈显著负相关关系;气候因子(年均温度、温暖指数、降水量变异、净初级生产力)、地形因子(地表粗糙度、相对高差)和水系因子(河网密度)为影响人口分布的主要自然因素。

(五)土壤

例如,三角洲冲积土壤土质肥沃,有利于庄稼成长,也有利于人口集聚;而热带的红土地由于只能生长灌木,因此人口稀少。

(六)生物因素

一个区域的生物种类和数量影响人口分布。良好的生物种群有利于促进人口集聚,有害的生物种群不利于人口集聚。

(七)矿产资源

由于煤矿资源体积大,不利于长途运输,因此容易形成人口集聚区。例如,欧洲的人口稠密地区大多数分布在煤矿带。

二、经济因素

农业社会的主要粮食生产区往往就是人口分布的密集区,粮食产量越高的地区其人口密度也越高。而畜牧业发达的地区其人口密度则相对较低。相对于经济活动更加丰富的现代社会,前工业化社会的人口分布更加均衡,其人口密度也更高。工业革命后,由于经济活动的活跃和非农业经济规模的持续扩大,人们从农业生产中解放出来,人口分布更集中于非农业地区。诸如,Alain和Stephen(2003)验证了收入和监管制度对城市人口空间分布的显著影响。White(2008)、Mojica和Marti(2011)的研究表明,人口分布与铁路等交通设施的布局存在密切联系。John(2003)和Headicar(2013)的研究发现,19世纪的技术发展导致了人口的高密度集聚,而20世纪的技术变革(特别是汽车的出现)则带来了大都市区人口的分散。

部分国内学者也集中探讨了经济因素对人口空间分布优化的影响。诸如,任远和张放(2006)根据20多年历史性数据的动态分析,对上海中心城区、近郊区和远郊区的人口总量、迁移强度和迁移方向进行定量研究,发现1992年前后,上海的郊区化历程才正式开始,并提出结合人口导出带来的城市问题引导城市更新、结合近郊区人口聚集加强公共服务、引导远郊区的人口聚集加强新城建设等措施。姚华松和许学强等(2010)系统分析了广州流动人口近30年空间分布变化规律,发现流动人口总体分布具有近郊区指向、文化程度较高者多集聚于发展新区、产业转型与转移对流动人口职业分布有重要影响、以户籍地为基础的集聚区经济形态已经出现,其原因可归纳为:城市发展格局的演变及产业地域转移、户籍和劳动力二元市场等制度因素及人力和社会资本的拥有状况。刘乃全和耿文才(2015)以2005—2012年上海市区县数据为样本,对其人口分布演变规律及影响因素进行了实证研究。研究发现：(1)上海市人口已出现明显的郊区化趋势，且人口分布的演变存在明显的空间排斥效应；(2)产业布局调整和收入水平提高都加快了上海市人口郊区化趋势，而交通设施、基础教育质量及医疗卫生服务水平的作用由于地域分布的差异则正好相反；(3)房价对上海市人口分布合理化的自主调节基本无效；(4)产业布局调整是加快上海市人口分布合理化的重要影响因素。作者提出通过优化区域产业布局、强化郊区基础设施和公共服务设施建设等措施来实现上海市中心城区人口向郊区的有序分流。

三、社会人文因素

除了强调自然地理因素和经济因素，拉布什(P. V. Blache)还看到了社会人文因素也对人口分布优化的重要影响。一个地区的人口分布在某种程度上都是其过去人口分布状况的历史演变，许多人口分布现象只能从其历史来解释。例如，殖民者最初到来时定居点的选择在很大程度上决定了现代美国的人口分布；殖民时代奴隶贸易和防御工事布局影响了当前西非和东非的人口分布。如历史学家Kenneth(1987)认为第二次世界大战后美国人口分布的郊区发展是受联邦住宅管理局给予退伍军人贷款许可的影响。Joel Schwartz(1982)认为中产阶级迁居城市边缘，是为了逃离城市黑人、污秽与混乱，并为其财产寻求保障。李健和宁越敏(2007)对上海市1990—2005年，人口空间分布变化进行了统计分析，提出了上海大都市通勤区的概念，以更好地描述上海中心城区与郊区之间的空间关联，进而引导人口空间分布，形成与社会经济发展相适应的城市空间布局。王春兰和杨上广(2014)研究了几年来人口集聚的新特征，发现中国人口空间集聚模式由原来的"东南沿海单向集中"开始向"多向集中"转变，流动人口向邻近省份迁移的趋势在弱化，中西部开始发挥对劳动力的吸纳效应，大城市对流动人口的吸纳表现出"黏性"特征。在某些地区，有些疾病发病率明显高于其他地区，这会影响人口分布，因为人们倾向于远离疾病发病率高的地区(张耀军和刘沁等,2013)。

Clarke 强调,要解释一个地区的人口分布,需要通盘考量以上所有因素,而不能孤立地进行单个或几个因素。

第三节 人口空间分布优化的理论回顾

人口空间分布变化是区域空间结构演变的重要内容,现有文献对人口的空间结构演变的研究基本上是从大都市圈或城市群入手,因为城市地区或者说城市群的空间结构演变一般体现为人口数量或密度的空间变化。因此,我们可以将大都市圈和城市群的空间结构演变模式,理解为人口的空间结构演变模式。但是,对于区域和城市的人口空间结构变化模式至今国内外学者还没有统一的理论体系,而是出现了一系列从不同角度各有侧重的理论模式。其中,代表性的有大都市圈/城市群人口空间结构演变理论、人口空间循环假说、人口迁移理论、差别城市化理论、城市圈离心扩大模型等。上述理论或模式通过对人口变动过程的阶段性特征进行描述,从而间接地推知区域人口空间变化的一般规律,也是城市群人口空间格局演变的主要理论。

一、人口空间结构演变理论

Klassen(1981)把大都市圈的地域范围划分为核心和外围两个部分,并根据核心和外围的人口数量变化,总结出了城市发展阶段模式。根据城市发展阶段模式,人口空间结构变动表现为"城市→郊区化→逆城市化→再城市化"的循环过程。Peter Hall 在 Klassen 大都市圈发展模式的基础上,把研究范围扩大至非大都市圈,将外围地区考虑进来,综合研究其人口空间结构的变化。在 Hall 模式中,除了将首位城市体系划分为中心区和郊区外,他还将一般城市系统以及非都市地域纳入考察范围。Hall 模式不仅可以说明大都市区内部的人口空间结构演变,也能够说明大都市区与其他地区之间的人口分布变动。Hall 模式基于首位城市体系将人口空间结构演变划分为 5 个阶段,第一、第二阶段为城市化阶段,第三、第四阶段为郊区化阶段,第五阶段为逆城市化阶段。

(一)第一阶段

在这一阶段,首位城市体系或者说大都市区的中心区人口大幅度增加,而郊区人口减少,整个大都市区的人口增加,人口呈绝对集中趋势。一般城市体系即一般城市的中心区人口增加,郊区人口减少,并且整个城市的人口减少,人口流失集中,而非大都市区的人口则急剧减少。人口流动的方向为:从非大都市区流向大都市区和一般城市,从一般城市流向大都市区,从大都市区的郊区流向中心区。

(二)第二阶段

在这一阶段,首位城市体系或者说大都市区的中心区人口大幅增加,郊区人口也增加,导致整个大都市区的人口大幅增加,人口分布呈集中趋势。一般城市体系即一般城市的中心区人口增加,郊区人口减少,但整个城市的人口增加,人口呈绝对集中趋势,而非大都市区的人口则急剧减少。人口流动的方向为:从大都市区的郊区流向中心区,从一般都市区流向大都市区,从非大都市区流向大都市区和一般都市区。

(三)第三阶段

在这一阶段,首位城市体系或者说大都市区的中心区人口增加,郊区人口也大幅增加,导致整个大都市区的人口大幅增加,人口分布相对分散。一般城市体系即一般城市中心区的人口大幅增加,郊区人口也增加,致使整个城市的人口增加,人口分布呈相对集中趋势。非大都市区的人口急剧减少。人口流动的方向为:从大都市区的中心区流向郊区,从一般都市区流向大都市区,从非大都市区流向大都市区和一般都市区。

(四)第四阶段

在这一阶段,首位城市体系或者说大都市区的中心区人口开始减少,但其郊区人口开始增加,而整个大都市区的人口大幅增加,但是其人口分布呈绝对分散态势。一般城市体系即一般城市的中心区人口增加,郊区人口大幅增加,整个城市的人口也大幅增加,人口分布呈相对扩散态势,非大都市区人口减少。人口流动的方向为：从非大都市区流向大都市区和一般都市区，从大都市区流向一般都市区，从大都市区的中心区流向郊区。

（五）第五阶段

在这一阶段，首位城市体系或者说大都市区的中心区人口开始大幅度减少，而其郊区人口也减少，因此整个大都市区的人口减少，人口在流失中分散。一般城市体系即一般城市的中心区人口减少，但其郊区人口增加，整个城市的人口也增加，人口分布呈绝对分散态势，而非大都市区的人口增加。人口流动的方向为：从大都市区和一般都市区流向非大都市区，从大都市区和一般都市区的中心区流向郊区。

二、人口空间循环假说

基于城市核心和外围地区人口变动的关系和强度特征，Klaassen 和 G. Scimemi(1979)提出了"空间循环假说"(spatial-cyclical hypothesis)。该假说认为，城市中心区域的人口快速增长而城市外围区域的人口快速下降的过程，就是城市化的过程。当城市外围地区的人口增长快于城市中心地区的人口增长时，城市化发展就进入郊区化阶段(suburbanization)。当城市中心地区的人口减少数量大于城市外围地区的人口增加数量时，城市化就发展到逆城市化阶段(disurbanization)。当城市中心地区的人口减少小于外围地区，甚至出现城市中心地区的人口增加而城市外围地区的人口减少的情况，城市化就进入到再城市化阶段(reurbanization)。1981 年，Klaassen 和 G. Scimemi 又将以上每一个发展阶段细分为"相对"和"绝对"两个小阶段，从而使得该假说得到进一步完善。空间循环假说认为，生活质量、信息技术、经济增长和政府政策等因素都对人口城市化的空间路径产生影响，其中，交通等基础设施因素的影响尤为重要。

空间循环假说人口城市化空间路径及人口分布变化如表 2—1 所示。

表 2—1　　　空间循环假说人口城市化空间路径及人口分布变化

城市化路径	阶　段	人口分布变化
城市化	绝对集中	中心城区的人口增加,郊区的人口减少,整个大都市区的人口总体上增加
城市化	相对集中	中心城区的人口大幅增加,郊区的人口也增加,整个大都市区的人口总体上大幅增加
郊区化	相对分散	中心城区的人口增加,郊区的人口大幅度增加,整个大都市区的人口总体上也大幅度增加
郊区化	绝对分散	中心城区的人口减少,但郊区的人口增加,整个大都市区的人口总体上增加
逆城市化	绝对分散	中心城区的人口减少,但郊区的人口增加,整个大都市区的人口总体上减少
逆城市化	相对分散	中心城区的人口大幅减少,郊区的人口也减少,整个大都市区的人口总体上大幅度减少
再城市化	相对集中	中心城区的人口减少,但郊区的人口减少的更多
再城市化	绝对集中	中心城区的人口增加,但郊区的人口减少,整个大都市区的人口总体上减少

资料来源:Tatsuhiko Kawashima etc.(2007),"Re-urbanization of Population in the Tokyo Metropolitan Area:ROXY－index / Spatial－cycle Analysis for the Period 1947－2005",Gakushuin University 44(1):19－46.

2001 年,日本学者川岛辰彦(Tatsuhiko Kawashima)在克拉森(Klaassen)空间循环假说的基础上,根据中心城市与外围城市人口增长的比率(ROXY 指数)研究城市群的空间循环运动。该模型将城市群空间循环运动分为 5 个阶段,见表 2—2。

表 2—2　　　　　　城市群空间循环及人口分布变化

城市群空间循环	人口分布变化
加速城市化	中心城市的人口增长率＞外围地区人口增长率,两者比率上升
减速城市化	中心城市的人口增长率＞外围地区人口增长率,两者比例下降
加速郊区化	中心城市的人口增长率＜外围地区人口增长率,两者比例下降

续表

城市群空间循环	人口分布变化
减速郊区化	中心城市的人口增长率＜外围地区人口增长率,两者比例上升
加速城市化	中心城市的人口增长率大于外围地区,两者比例上升

资料来源：Hiraoka N. Urban Spatial-cycle of Functional Urban Regions in Japan and the Coupled Oscillation Hypothesis[J]. Interdisciplinary Information Sciences, 1995,1(2)：199—220.

可见,川岛辰彦的城市群空间循环模型是克拉森模式的拓展和延伸,只是不再局限于单纯考察人口数量,而是用核心区与外围地区的人口增长率及其比例来刻画城市群的人口空间格局演变,应该说越来越接近实际,为研究我国快速城市化地区的城市人口空间演变奠定了很好的基础。但考虑到上述模式仅研究了中心城市和外围地区的人口演变情况,没有考虑更远的城镇和乡村人口变化情况,因而还需要扩充和完善。

三、人口迁移理论

从动态上看,人口分布则表现为人口的迁移变化。人口学、经济学和地理学等不同学科都对其成因、机制及运行规律做了深入研究,提出了不少有影响的理论与模式。

(一)宏观迁移规律理论

1885年,英国学者拉文斯坦基于英国的人口迁移特点,发表了《人口迁移规律》论文,开创了人口迁移理论研究的先河。拉文斯坦认为改善自己的经济状况是人口迁移的主要动机。拉文斯坦基于当时英国人口迁移的特点对人口迁移机制、结构和空间特征进行了总结,提出了人口迁移的七条法则。拉文斯坦还对迁移成因和影响迁移的因素做了初步探讨,对诸如距离、城乡类型、性别、经济发展水平、技术水平等因素都做了实证概括,并首次分析了迁移动机。拉文斯坦的基本结论是,尽管受压迫、受歧视、经济负担沉重、气候条件不佳、生活条件差等因素都是促使人口迁移的原因,但经济动机是最主要的,人们为了改善物质生活而迁移的情形占大多数。1938年,赫伯尔在《乡村城市迁移的原因》一文中首次总结了"推拉"理论。他认为人口迁移是由一系列的力量引起的,这些力量是指促使一个人离开一个地方的推力和吸引他到另一个地方的拉力,从而将拉文斯坦的"吸引力"拓展为"拉力"和"推力"。1959年,Donald J. Bogue将其进一步概括为人口迁移的推拉模型。经过一系列深化发展,推拉理论已经成为一个颇具解释力的理论框架,是研究流动人口重要理论之一。1949年,美国社会学家吉佛(G. K. Zipf)把"万有引力定律"引入到"推拉"模型,提出了著名的引力模型。吉佛提出,两地之间的人口迁移数量与两地的人口规模成正比,与两地之间的距离成反比。该模型的特点在于将阻碍两地之间人口迁移的因素简化到最单纯的地步——两地间的距离。从而使两地间的人口迁移总量可以用3个客观指标(即两地间的人口迁移数量、两地的人口规模、两地间的距离)来描述,从而将人口迁移规律研究从定性描述推向定量计算。

(二)个体迁移决策理论

围绕个体劳动力迁移决策问题,国内外学者进行了广泛探讨。传统研究最早基于推拉力模型,具体考察迁出地和迁入地人口规模、空间距离对个体劳动力迁移的影响(Kaivan,2003)。随后,研究者不断修正推拉力模型,并进一步研究区域经济差距、住房价格、迁移网络、环境污染等因素对个体劳动力迁移的净效应(David et al.,2010;邢春冰等,2013;刘生龙,2014;Chen,2015)。随着新经济地理学兴起,研究者开始关注城市规模等级、城市化水平、运输成本、产业集聚水平、对外开放水平等经济地理和新经济地理因素对个体劳动力迁移的影响(陆铭等,2013;孙三百等,2014;李拓和李斌,2015)。但就当前的中国而言,劳动力迁移的根本源动力主要来自对自身及家庭生活境遇的改善需求,这意味着边际迁移对迁入地的选择较大程度上与就业机会和工资水平有关(Harris and Todaro,1970;Bucovetsky,2011)。

在经典财政分权与政府竞争理论框架下,个体劳动力迁移还会与地方政府提供公共品的收入再分配政策紧密联系在一起(Nathaniel and Byron,2011;Marko,2014),忽略公共财政政策的研究难以解释地方政府政策对劳动力迁移的具体影响(夏怡然和陆铭,2015)。所以,Tiebout(1956)的开创性研究中提出了"用脚投票"机制,即劳动者总是倾向于公共品供给较优越的地区迁移。但我国的现实结果是,地方政府公共品配置引导劳动力要素跨区域合理流动的效果并不明显甚至出现了失灵(甘行琼等,2015)。现阶段劳动力极化迁移现象,不仅与传统经济理论相冲突,而且与我国区域协调发展战略相违背。已有研究从三个方面进行了解释:其一,东部地区户籍制度越严格,"户籍堤坝效应"[①]越显著,由此产生的对中西部地区劳动力吸引能力越强(王克强等,2014)。这造成与户籍制度挂钩的公共品供给体制无法对劳动力迁移产生离心力。其二,中西部地区政府公共品供给存在严重的拥挤问题(刘小鲁,2008),而且越低层级的地方政府,公共品供给的拥挤问题越严重(Chen,2009)。其三,地方政府公共支出存在结构性失衡且支出效率低下(陈诗一和张军,2008)等问题。

另外,美国学者 E. S. Lee(1966)在其《迁移理论》一文中系统总结了个体迁移的成因。Lee 认为,人口迁出地的消极因素成为把当地居民推出原居住地的"推力";而迁入地的积极因素成为将外地居民吸引进来的"拉力"。例如,当地自然资源面临枯竭、农业生产成本增加、农业劳动力过剩导致失业上升以及较低的收入水平等消极因素,形成了原居住地对居民的向外"推力"。而较多的就业机会、较高的工资水平、较好的生活条件、较多的受教育机会、文化设施和交通条件便利等积极因素,形成了迁入地对外地居民的"拉力"因素。舒尔茨的人力资本理论将迁移视为个体在人力资本上的一种投资行为。实证研究表明,迁移主要是经济个体对经济机会的自发选择。Courchene(1970)在对加拿大各省区的调查研究

[①] 户籍堤坝,指以户籍制度为核心,建立起来的与收入、就业、社会福利等相关的制度安排。户籍堤坝效应则指户籍堤坝内外的城乡收入差距的表现。详见王克强、贺俊刚、刘红梅(2014)。

的基础上,发现迁移率与人均收入呈正相关关系。Cebula 和 Vedder(1973)基于美国 39 个都市统计区的数据发现,人口净迁入量与人均收入水平呈正相关关系。

(三)城乡人口迁移理论

刘易斯模型和托达罗模型是城乡人口流动的经典理论。刘易斯模型将不发达经济体分为传统农业部门和城市工业部门两个部分。其中,传统农业部门劳动生产率较低,存在边际生产率低于其生活费用甚至等于零的劳动力,而城市工业部门的劳动生产率较高,两者之间的工资差距以及工业部门的不断扩张将导致农村剩余劳动力不断流向城市工业部门,这一过程将一直持续到两个部门之间的劳动生产率大体相等为止。

刘易斯模型以城市"充分就业"为前提,但事实上,许多发展中国家在 20 世纪六七十年代城市失业问题非常严重,在这种情况下,农村人口仍然大规模涌入城市。针对这一情况,1969 年托达罗提出了"托达罗模型",认为农业劳动者迁入城市的动机主要决定于城乡预期收入差异,差异越大,流入城市的人口越多。发展中国家的农村人口在城市失业非常严重的情况下依然向城市迁移的主要原因,是城乡预期收入持续扩大。

(四)年龄-迁移率模型

美国人口学家 A. 罗杰斯(Rogers,1978,1984)等利用瑞典等国的人口普查资料,对迁移率与年龄的关系进行了实证分析,并根据实证分析的结果提出了年龄-迁移率模型。该模型认为,人的一生往往要经历多次的搬迁移居活动,在不同的年龄阶段,一般有不同的迁移需求,进而形成不同的迁移概率。总体上看,在人生的幼儿阶段,迁移率比较高,到初等义务教育阶段迁移率又快速下降。当初等义务教育阶段结束,迁移率又快速上升,到 20～30 岁达到顶峰,随后缓慢下降。到退休年龄(50～60 岁)阶段,迁移率再次形成小高峰。年龄-迁移率模型为人口迁移理论研究开拓了新的视角,对迁移人口的年龄结构研究具有重要借鉴意义。

四、差别城市化理论

受 Richardson 的极化反转概念和 Champion(1988)有关反城市化阶段在个别国家或地区只是短暂现象观点的启发,格耶(H. S. Geyer,1989、1990)总结了关于城市发展和形成的五个主要观点:(1)许多国家城市体系开始于主要城市,在这个阶段,大部分经济发展和大量移民被吸引到一个或几个大的中心(Richardson,1973)。(2)随着国家城市体系的发展与成熟,新的城市中心加入低层次行列中,许多已存在的城市继续发展并且层次提高。在这个过程中,经济发展扩散的同时城市体系空间一体化加强了(Freidmann,1996;Richardson,1973)。(3)扩展了的国家城市体系产生了各种层次的区域组织子系统(Freidmann,1972;Bourne,1975)。(4)在城市体系发展中,可以观察到的趋势依次为:先集中,后分散,这个次序不仅适用于国家级别上的系统,也适用于较低级别的区域组织子系统。(5)在增长的城市环境中,通常与主要的中心接近的次级中心优先得到发展。

Geyer 和 Kontuly(1993)根据上述观点,使用净移民流识别模型构建了差别城市化理论(theory of differential urbanization)。该理论认为,都市圈和城市群区域人口城市化一般会经历城市化阶段(以大城市为主,primate city)、极化逆转阶段(以中等城市为主,intermediate city)和反城市化阶段(以小城市为主,small city)。在不同的发展阶段,中心城区与城市腹地之间的人口迁移主流和子流其特征各不相同,从而又可将人口城市化的空间路径划分为初级大城市阶段、高级大城市阶段、初级中等城市阶段、高级中等城市阶段和小城市阶段。

首先,在城市化阶段,人口逐渐集中到少数几个增长中心。在该阶段早期,随着城市体系的不断扩张,新的城市中心不断加入城市体系的最低层,该阶段被称为大城市阶段。大城市阶段又可被分为三个小阶段。在大城市阶段早期,大城市在城市体系中确立了全面的空间优势,能够吸引大部分地区的净移民。在大城市阶段中期,在很大程度上,大城市仍然是单极的,并且其发展速度更快,这时郊区化也成为一个显著现象。在该阶段,大城市的扩张速度加快,城市体系的其他地区尽管扩张速度较慢,但也可以获得从农村到城市的移民。当城市体系发展到高级大城市阶段,由于集聚的不经济,当大城市太大时,单极的城市结构将不再流行。大都市通过在主要区域的分散,逐渐发展为多中心的都市(Freidmann,1972; Frey and Speare,1988)。

其次,在某一特定时点,大城市阶段开始发展成熟,此时大城市的增长率开始逐渐下降,大城市的空间分散过程也将逐步展开。与此同时,伴随着大城市的老化,往往周边几个中心城市尤其是中等城市却快速成长。在国家尺度上,这种转变被称为极化逆转(Richardson,1977;1980)。Richardson(1980)将极化逆转概念定义为"集中分散"。到这时,城市化就发展到第二阶段,也就是所说的中等城市"集中分散"阶段。中等城市阶段又可以进一步细分为两个小的阶段。在中等城市阶段的早期,其主要特征是:与大城市相邻但不相连的少数几个中等城市的增长不平衡。此时,尽管大城市比中等城市增长慢,但其人口仍然在增长,而且,大都市郊区的中心地带比中心城区的人口增长更快。在中等城市阶段发展的后期,快速增长的中等城市开始出现地区分散化和市郊化的现象,而且与中等城市阶段的早期相比,所有大都市中心的人口数量都开始减少,中心城区的人口比市郊中心的人口减少更多。

最后,当城市化发展到第三阶段,也就是小城市阶段,一般称为"反城市化"。在这一时期,大都市和中等城市的人口开始向小城市流动。在阶段后期,城市体系逐渐饱和。城市化的主导因素不再是农村向城市移民。城市人口增长大部分来自外国移民和本身人口增长。在这个阶段,一般人口增长率非常低甚至为负,城市增长缓慢。

贝里的城市规模分布模式只研究了不同等级城市的人口规模相对变化情况,Peter Hall 的人口空间变动模式进一步补充了人口迁移流向,而 Geyer 的差别城市化理论可以看作是它们两者的进一步综合,总体上越来越接近区域人口空间演变的实际情况。

五、城市圈离心扩大模型

1975年,日本学者富田和晓提出了城市圈的离心扩大模型。该模型将大都市区划分为中心城市、郊区内圈和郊区外圈三部分。模型采用中心城市、郊区内圈和郊区外圈人口占整个大都市区总人口的比例指标来确定发展阶段。与 Hall 模式相同,离心扩大模型也共分为五个阶段:(1)集心阶段;(2)离心扩大阶段;(3)初期离心阶段;(4)离心阶段;(5)离心扩大。其中,(1)(2)为城市化阶段,(3)(4)为郊区化阶段,(5)为逆城市化阶段。

城市圈离心扩大模型及人口分布如表2—3所示。

表2—3　　　　城市圈离心扩大模型及人口分布变动

城市圈演变	阶 段	人口分布变化
城市化	集心型	中心城市的人口比例增加,内圈和外圈的人口比例减少
城市化	离心扩大型	中心城市和内圈的人口比例增加,外圈的人口比例减少
郊区优化	初期离心型/内圈集中型	中心城市的人口比例减少,内圈的人口比例增加,外圈的人口比例减少
郊区优化	离心型/内、外圈集中型	中心城市的人口比例减少,内圈和外圈的人口比例增加
逆城市化	离心扩大型/外圈集中型	中心城市和内圈的人口比例减少,外圈的人口比例增加

资料来源:富田和晓,《大都市圈的结构演变》,古今书院,1995。

第四节　文献评述

纵观国内外已有研究成果,国内外学者关于人口空间分布优化的内涵与特征、人口空间分布优化的影响因素均给予了较充分的研究,也形成了一定的研究基础和成果。但是,考虑到长三角城市群经济社会以及人口发展的特殊性,特别是城市人口规模扩张速度、新型城镇化推进速度以及户籍制度等独特特征,简单地继承西方城市经济学理论关于人口空间分布的分析框架难以解释和解决我国长三角城市群人口空间分布问题。另外,作为国内一个经济最具活力、开放程度最高、吸纳外来人口最多的世界级城市群,其人口空间分布的优化对策也不尽相同,目前为止还缺乏规范的体系和适用的研究结论。基于此,本书以"长三角城市群人口空间分布优化研究"为主题,为解决长三角城市群人口空间分布失衡,实现人口与经济系统的协调发展,以及为制定区域协调发展的宏观政策提供参考。

第三章 长三角城市群人口空间分布的演变格局分析

对人口空间分布格局的剖析是准确把脉长三角城市群人口空间结构演变规律的基础,将直接影响长三角城市群人口空间结构优化及相关政策制定和调整。为此,本章在长三角城市群空间范围界定的基础上,首先分析人口总量的变化趋势及其地区差异性,然后从人口规模首位度指数、人口地理集中度指数、人口分布不均衡指数以及人口分布的空间相关性等方法剖析长三角城市群人口空间分布的时空演变特征。

第一节 长三角城市群空间范围界定

长江三角洲(以下简称"长三角")是长江入海之前的冲积平原,有着悠久的发展历史,凭借着得天独厚的水系和丰饶的土地,其在中国封建社会的后期就已经初步形成了城市群。法国地理学家戈曼特 1976 年的《世界上的城市群体系》中第一次提出六大城市群的概念,并将以上海为中心的长三角城市群称为"第六大世界城市群体系"。随着我国改革开放的逐步推进,尤其是 1990 年以来,区域发展战略的推进,长三角城市群发展迅速,格局不断演变。作为我国开放程度最高、创新能力最强的地区之一,长三角城市群是"一带一路"与长江经济带的重要交汇地,同时也属于我国"两横三纵"城市化格局的重点开发与优先开发区域。本书以国务院 2016 年批准的《长江三角洲城市群发展规划》为基准,将长三角城市群空间研究范围划定为上海、江苏省、浙江省、安徽省的 26 个核心城市,具体行政区划如表 3−1 所示。

表 3—1 长三角城市群行政区划

省市	城市	行政区划数	具体行政区划
上海	上海	16区1县	浦东新区、黄浦区、徐汇区、长宁区、静安区、普陀区、闸北区、虹口区、杨浦区、闵行区、宝山区、嘉定区、金山区、松江区、青浦区、奉贤区、崇明县①
江苏	南京	11区	玄武区、秦淮区、建邺区、鼓楼区、浦口区、栖霞区、雨花台区、江宁区、六合区、溧水区、高淳区
	苏州	5区4市	市辖区(姑苏区、吴中区、工业园区、相城区、虎丘区、吴江区)、常熟市、张家港市、昆山市、太仓市
	无锡	7区2市	市辖区(崇安区、南长区、北塘区、锡山区、惠山区、滨湖区、新区)、江阴市、宜兴市
	常州	5区2市	市辖区(武进区、新北区、天宁区、鼓楼区、戚墅堰区)、溧阳市、金坛市
	镇江	4区3市	市辖区(京口区、润州区、丹徒区、镇江新区)、丹阳市、扬中市、句容市
	南通	4区3市2县	市辖区(崇川区、港闸区、开发区、通州区)、海安县、如东县、启东市、如皋市、海门市
	盐城	3区1市5县	市辖区(亭湖区、盐都区、大丰区)、东台市、响水县、滨海县、阜宁县、射阳县、建湖县
	扬州	3区2市1县	市辖区(广陵区、邗江区、江都区)、宝应县、仪征市、高邮市
	泰州	3区3市	市辖区(海陵区、高港区、姜堰区)、兴化市、靖江市、泰兴市

① 由于本书中有关研究数据来源于 2005 年、2009 年、2012 年与 2015 年 11 月前,因此,上海依然按照原来的 16 区 1 县划分。

续表

省市	城市	行政区划数	具体行政区划
浙江	杭州	9区2市2县	市辖区(上城区、下城区、江干区、拱墅区、西湖区、滨江区、萧山区、余杭区)、桐庐县、淳安县、建德市、富阳市、临安市
	宁波	6区3市2县	市辖区(海曙区、江东区、江北区、北仑区、镇海区、鄞州区)、象山县、宁海县、余姚市、慈溪市、奉化市
	嘉兴	2区3市2县	市辖区(南湖区、秀洲区)、嘉善县、海盐县、海宁市、平湖市、桐乡市
	湖州	2区3县	市辖区(吴兴区、南浔区)、德清县、长兴县、安吉县
	绍兴	3区2市1县	市辖区(越城区、柯桥区、上虞区)、新昌县、诸暨市、成州市
	台州	3区2市4县	市辖区(椒江区、黄岩区、路桥区)、玉环县、三门县、天台县、仙居县、温岭市、临海市
	金华	2区4市3县	市辖区(婺城区、金东区)、兰溪市、东阳市、永康市、义乌市、武义县、浦江县、磐安县
	舟山	2区2县	市辖区(定海区、普陀区)、岱山县、嵊泗县
安徽	合肥	4区1市4县	市辖区(瑶海区、庐阳区、蜀山区、包河区)、巢湖市、肥东县、肥西县、长丰县、庐江县
	芜湖	4区4县	市辖区(镜湖区、弋江区、鸠江区、三山区)、无为县、芜湖县、繁昌县、南陵县
	马鞍山	3区3县	市辖区(花山区、雨山区、博望区)、含山县、和县、当涂县
	铜陵	3区1县	市辖区(铜官区、义安区、郊区)、枞阳县
	安庆	3区1市5县	市辖区(迎江区、大观区、宜秀区)、桐城市、怀宁县、潜山县、望江县、岳西县、太湖县、宿松县
	滁州	2区2市4县	市辖区(琅琊区、南谯区)、天长市、明光市、定远县、凤阳县、全椒县、来安县
	池州	1区3县	市辖区(贵池区)、青阳县、石台县、东至县
	宣城	1区1市5县	市辖区(宣州区)、宁国市、广德县、郎溪县、泾县、旌德县、绩溪县

第二节　长三角城市群总体人口特征

一、人口总量变化趋势

当前，中国新常态经济发展以速度变化、结构优化和动力转换为特点，城市群发展是中国经济向形态更高级、分工更优化、结构更合理的阶段演进的必经过程。长三角一体化上升至国家战略后，预示着长三角一体化将与"一带一路"建设、京津冀协同发展、长江经济带发展和粤港澳大湾区建设并为中国区域经济五大发展战略，共同完善中国区域经济空间新格局。而人口空间分布格局的优化是其中非常关键的命题，它的形成及其演变是工业化与城市化共同作用的结果，并在一定程度上反映了区域自然环境与社会经济发展的差异。

长三角区域作为我国经济发展最活跃、开放程度最高、创新能力最强的区域之一，合理的区域人口空间分布是推进长三角一体化发展的重要基础。根据图3—1可知，2008—2018年期间长三角城市群26个城市的总人口呈上升趋势。截至2018年年末，长三角城市群26个城市总人口达1.54亿人，平均城镇化率为67.38%。其中，上海2018年年末总人口为2 423.78万人，是全国人口密度最大的城市之一，人口过度集聚、功能过度集中给特大城市的发展带来了难以承受的生态环境、基础设施、公共服务、运营安全等压力。为了优化上海人口空间分布格局，合理引导各区差异化发展，促进上海向多中心集聚和疏散，2016年5月国务院批准颁布了《长江三角洲城市群发展规划》（以下简称《规划》），并以长三角城市群为空间载体优化上海城市空间格局。《规划》指出："严格控制上海中心城区人口规模，坚持政府引导与市场机制相结合，推动以产业升级调整人口存量，以功能疏散调控人口增量，优化公共服务资源配置，合理引导人口向郊区、重点小城镇和临沪城市合理分布。"多中心结构的城市发展模式有利于长三角城市群人口空间优化分布，上海作为长三角城市群建设

"一核五圈四带"中的"一核",其发展需要有更为广阔的腹地纵横,多中心城市空间结构协同发展也有助于国家中心城市治理"城市病"。

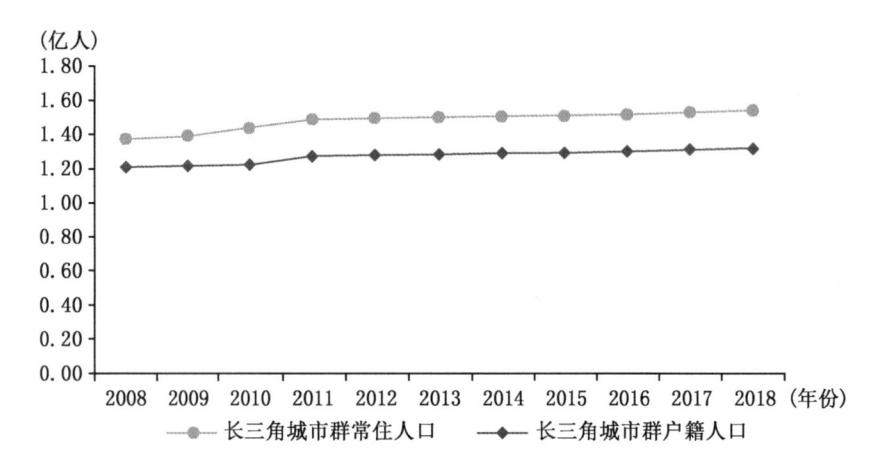

资料来源:根据长三角城市群城市历年人口数据整理。

图 3-1 2008—2018 年长三角城市群总人口变化趋势

二、各城市人口总量特征

城市的人口规模很大程度上体现的是一座城市集聚和辐射周边地区的能力。为了进一步分析长三角城市群 26 个城市的人口对比情况,以下根据国家和城市统计数据总结出 2018 年长三角城市群人口的对比分析情况(见表 3-2)。

表 3-2　　　　　　　2018 年长三角城市群人口情况对比　　　　　　单位:万人

城市	省市	常住人口（万人）	户籍人口（万人）	常住人口与户籍人口差异(万人)	人口密度（人/平方千米）	城镇化率（％）
上海	上海	2 423.78	1 447.57	976.21	3 822	87.60
南京	江苏	843.62	696.94	146.68	1 281	82.50
无锡	江苏	657.45	497.21	160.24	1 421	76.28
常州	江苏	472.90	382.20	90.7	1 081	72.50
苏州	江苏	1 072.17	703.55	368.62	1 239	76.05
南通	江苏	731.00	762.52	−31.52	693	67.10

续表

城市	省市	常住人口（万人）	户籍人口（万人）	常住人口与户籍人口差异（万人）	人口密度（人/平方千米）	城镇化率（%）
盐城	江苏	720.00	824.70	−104.7	425	64.03
扬州	江苏	453.10	458.34	−5.24	687	66.05
镇江	江苏	319.64	270.78	48.86	832	71.20
泰州	江苏	463.57	503.39	−39.82	801	66.00
杭州	浙江	980.60	774.10	206.5	591	77.40
宁波	浙江	820.20	603.00	217.2	836	72.90
嘉兴	浙江	472.60	360.44	112.16	1 119	66.00
湖州	浙江	302.70	267.06	35.64	520	63.50
绍兴	浙江	503.50	447.21	56.29	608	66.60
金华	浙江	560.40	488.97	71.43	512	67.70
舟山	浙江	117.30	96.90	20.4	804	68.10
台州	浙江	613.90	605.40	8.5	652	63.00
合肥	安徽	808.70	757.96	50.74	707	74.97
芜湖	安徽	374.80	388.85	−14.05	622	66.54
马鞍山	安徽	233.70	229.11	4.59	577	68.20
铜陵	安徽	162.90	170.80	−7.9	545	56.00
安庆	安徽	469.10	528.44	−59.34	346	49.20
滁州	安徽	411.40	453.70	−42.3	304	53.40
池州	安徽	147.40	162.20	−14.8	175	54.10
宣城	安徽	264.80	278.90	−14.1	215	55.20

资料来源：根据长三角城市群城市历年统计年鉴整理。

从人口规模来看，长三角城市群26个各市的常住人口差别较大，其中上海、苏州和杭州位居前三,2018年的常住人口分别为2 423.78万人、1 072.17万人和980.6万人。从2008年到2018年，上海、苏州和杭州新增常住人口分别为283.13万人、184万人和159.52万人。从2008年至2018年，十年间，上海户籍人口增加了76.53万人。

从常住人口与户籍人口的差别情况来看，上海差异最大，达到了976.21万人，也意味着人口净流入最多，不仅是长三角城市群中人口净流入最多的城市,在全国也是排名第一。苏州为368.62万人,排名第二,另外宁波和杭州都超过了200万人,分别位列第三和第四。值得注意的是,浙江划入长三角城市群的8个城市全部属于人口净流入的地区,而江苏的9个城市则有明显的区域差异,苏南5市全部属于人口净流入,但苏中的南通、泰州和扬州3市和苏北的盐城都属于人口净流出,其中盐城净流出最多,户籍人口比常住人口多了104.7万人。

从城镇化发展①来看,长三角城市群共有9个城市的常住人口城镇化率超过了70%,其中上海和南京的城市化率更是高达80%以上。26个城市中,铜陵、宣城、池州、滁州和安庆这5个城市的城镇化率低于全国平均水平59.58%,安庆更是未达到50%。如果将30%作为城市化发展的初期,60%作为城市化发展的中期,80%作为城市化发展的较高阶段,可以发现,整个长三角城市群不同城市处于城市化进程的不同阶段,发展水平差异比较大。并且,安徽各城市的城镇化发展程度较弱,具有较大的提升空间。

总的来说,长三角城市群的人口"一核多副"城市格局逐渐形成,26个城市中一些经济发达、城镇化率高的城市对于人口的吸引力较强,而周边经济稍弱、城镇化率较低的许多城市成了人口流出型城市。

第三节 长三角城市群人口分布的时空演变特征

一、人口规模的首位度指数

首位度指城镇体系中最大城市关于城市发展要素的集中程度,常用的指数有两城市指数、四城市指数和十一城市指数。假定$P1、P2 \cdots P11$分别表示首位城市、第二位城市……第十一位城市人口规模,那么两城市指数$S2=P1/P2$,四城市指数$S4=P1/(P2+P3+P4)$,第十一城市指

---

① 本书以城镇人口占总人口的比重作为城镇化率的测度值。

数 $S11=2\times P1/P2+P3+P4+P5+P6+P7+P8+P9+P10+P11$)。一般来讲,理想的两城市指数 $S2$ 应该是 2,而理想的四城市指数 $S4$ 和十一城市指数 $S11$ 均应该是 1。理想的人口规模分布应该服从齐普夫法则,即将某个区域内的城市人口数量按照从大到小进行排序后,第二位城市的人口数量应该是第一位城市人口数量的 1/2,第三位城市的人口数量应该是第一位城市人口数量的 1/3,以此类推。表 3—3 显示了 1990 年、2000 年、2010 年以及 2018 年长三角城市群人口规模两城市指数、四城市指数和十一城市指数。总体来看,长三角城市群人口规模两城市指数呈现出先上升后下降再上升的过程,且自 2000 年开始就大于 2,说明首位城市上海作为特大城市对人口的集聚能力仍很强。从四城市指数和十一城市指数来看,均呈现出逐步上升趋势,但在进入 21 世纪后稍有下降且仍低于 1,这说明第二位、第三位和第四位城市人口规模仍有扩大,但增长速度弱于首位城市上海。

表 3—3　　　　　　　　　长三角城市群首位度分析

年份	首位城市规模(万人)	S2	S4	S11
1990	1 334.19	1.738 0	0.696 9	0.515 9
2000	1 673.77	2.227 9	0.785 5	0.544 7
2010	2 301.91	2.199 4	0.847 2	0.671 9
2018	2 423.78	2.260 6	0.836 8	0.620 8

资料来源:作者测算。

二、人口地理集中度指数

人口地理集中度指数常用于衡量一定地域内人口的地理集中程度,并以此来反映某一区域人口分布的空间特征。其计算公式为:

$$GPR_{it} = \frac{POP_{it}/CRE_{it}}{\sum_{i}POP_{it}/\sum_{i}CRE_{it}} \qquad (3.1)$$

其中:GPR_{it} 表示研究区域 i 单元在 t 年的人口集中程度,POP_{it}、CRE_{it} 分别表示研究区域 i 单元在 t 年的人口数量与国土面积。为便于分析长三角城市群的人口空间分布特征,本章以 2005 年和 2017 年为代表年份对该区域 26 个城市常住人口的地理集中度基于以下标准分类:当 $GPR \geqslant 1.5\overline{GPR}$ 时为一级区,当 $1.0\overline{GPR} \leqslant GPR < 1.5\overline{GPR}$ 时为二级区,当 $0.5\overline{GPR} \leqslant GPR < 1.0\overline{GPR}$ 时为三级区,当 $GPR < 0.5\overline{GPR}$ 时为四级区。为更清晰反映长三角城市群各城市人口的相对变动趋势,可以利用人口地理集中度的几何平均数与 1 的关系构造人口相对迁移指数,其计算公式为:

$$I_P = (GPR_{iT}/GPR_{i1})^{\frac{1}{T-1}} - 1 \qquad (3.2)$$

其中:I_P 表示区域内各单元人口的相对迁移指数,GPR_{iT} 和 GPR_{i1} 分别表示区域内 i 单元人口在报告期与基期的地理集中度。当 $I_P > 0$ 时,该区域 i 单元人口表现为相对迁入;当 $I_P < 0$ 时,表示该区域 i 单元人口为相对迁出;当 $I_P = 0$ 时,表示该区域 i 单元人口维持现状。相关计算结果如表 3—4 所示[①]。

表 3—4 长三角城市群代表性年份各城市人口的地理集中度及其相对变动趋势

所属区域	地区名称	2005 年 GPR_C	$\overline{GPR}$ 的倍数	2017 年 GPR_C	$\overline{GPR}$ 的倍数	人口相对迁移指数 I_P 2005—2011 年	2011—2017 年
上海	上海	4.368	3.800	5.323	4.664	0.031	0.003
浙江	杭州	1.633	1.420	1.766	1.547	0.011	0.002
	宁波	1.820	1.584	1.976	1.732	0.013	0.001
	嘉兴	1.463	1.273	1.505	1.319	0.005	0.000
	湖州	1.382	1.202	1.722	1.509	0.040	−0.003
	绍兴	1.426	1.240	0.966	0.847	−0.017	−0.047
	金华	0.716	0.623	0.597	0.523	−0.028	−0.002
	舟山	1.059	0.922	0.955	0.836	−0.017	−0.001
	台州	1.199	1.043	1.158	1.015	−0.007	0.001

---

① $\overline{GPR}$ 为基于常住人口所计算的人口地理集中度的简单算术平均数。

续表

所属区域	地区名称	2005年 GPR_C	2005年 $\overline{GPR}$ 的倍数	2017年 GPR_C	2017年 $\overline{GPR}$ 的倍数	人口相对迁移指数 I_P 2005—2011年	人口相对迁移指数 I_P 2011—2017年
江苏	南京	1.260	1.097	1.122	0.983	−0.018	−0.001
	无锡	0.705	0.613	0.796	0.698	0.009	0.011
	常州	1.091	0.949	1.138	0.997	0.001	0.006
	苏州	1.590	1.383	1.539	1.348	0.005	−0.010
	南通	0.728	0.633	0.718	0.629	−0.005	0.003
	盐城	0.828	0.721	0.845	0.740	0.003	0.003
	扬州	0.693	0.603	0.710	0.622	0.001	0.003
	镇江	1.109	0.965	1.119	0.981	0.001	0.000
	泰州	0.941	0.819	0.907	0.795	−0.007	0.001
安徽	合肥	1.026	0.893	0.971	0.851	−0.016	0.007
	芜湖	1.047	0.911	0.856	0.750	−0.036	0.003
	马鞍山	1.164	1.013	0.793	0.695	−0.067	0.006
	铜陵	0.994	0.865	0.750	0.657	−0.011	−0.035
	安庆	0.574	0.499	0.479	0.419	−0.027	−0.003
	滁州	0.471	0.410	0.421	0.369	−0.022	0.004
	池州	0.271	0.236	0.241	0.211	−0.019	−0.001
	宣城	0.326	0.284	0.296	0.260	−0.018	0.002

注：GPR_C、$\overline{GPR_C}$ 表示常住人口的地理集中度及其均值。

资料来源：作者测算。

根据表3—4中的数据可以看出，常住人口在长三角城市群的分布存在较大空间差异的同时也表现出了很强的动态演化特征。总体而言，常住人口主要在长三角"核心区"的沿江沿海城市群内集聚程度较高。具体来说，2005年，上海和宁波的人口集聚程度最高，属于一级区；其次是浙江的嘉兴、湖州、杭州、绍兴、台州以及江苏的苏州、南京和安徽的马鞍山，属于二级区；安徽的滁州、铜陵、安庆、池州和宣城的人口集聚程度最低，属于四级区；其余城市均属于三级区。到2017年，人口分布的空间集聚效应进一步加强，属于一级区的城市除了上海和宁波外，浙江的杭州和台州在研究时段内常住人口的集聚速度较快,也进入了一级区;而南京、马鞍山以及绍兴由于受经济发展放缓等因素的影响,其对外来人口的吸引力逐渐下降,使得这三个城市的人口集聚程度有所下降,从而由二级区退出进入三级区;其余城市的人口集聚程度则基本维持原状。由此可见,长三角城市群常住人口的空间分布极不均衡,并呈现出明显的局部空间集聚特征,基于 HD 指数所测度得该地区人口分布空间非均衡程度的演变趋势也很好地说明了这一点。在整个研究时段内,所计算的 HD 指数中最小值为 0.720,最大值为 0.893,且其整体呈现出明显地递增态势,这意味着长三角城市群 26 城市人口空间分布的非均衡程度在进一步加剧。

表 3-4 的数据显示了长三角城市群各城市常住人口的分布在 2005—2011 年与 2011—2017 年两个时间段内的相对变动趋势。据人口相对迁移指数(I_P)的计算结果可知,在 2005 年处于一级区的上海和宁波虽然在整个研究时间段内均保持人口的相对迁入态势,但在相对迁入速度上,后期(2011—2017 年)相比于前期(2005—2011 年)明显放缓,分别由前期的 0.031、0.013 下降到后期的 0.003、0.001。而对处于二级区的城市而言则情况较为复杂,在 2005—2017 年间,杭州由于经济发展综合势头较好,这导致其人口一直处于相对迁入状态;湖州则是在前期阶段人口集聚速度很快,后期虽然有所下降,但整体而言其人口集聚程度相比 2005 年仍有很大提高,从而使得这两个城市由原来的二级区进入到一级区;苏州、南京和绍兴的人口在 2005—2017 年间一直处于相对迁出状态,马鞍山和台州前期处于相对迁出,而后期正好相反;嘉兴的人口则在前期持续集聚,到后期基本处于相对稳定状态。

在 2005 年处于三、四级区的城市中,合肥、芜湖、滁州等 7 市在前期(2005—2011 年)其人口基本处于相对迁出态势,到后期(2011—2017 年),合肥、芜湖、滁州和宣城由于受国家发展政策调整以及周边发达地区城市的辐射带动作用的影响其对外来人口的引力开始增强,呈现出相对迁入状态;江苏的镇江和盐城在前期其人口的集聚程度不断提高,到后期基本达到平稳状态,扬州、常州和无锡则在整个时段内都处于持续集聚态势,而泰州和南通的人口则是先扩散后集聚;浙江的金华其人口在2005—2017年间基本处于持续迁出状态。总体而言,长三角城市群的人口规模在持续增加的同时,也表现出向某些局部地区高度集聚的趋势。

三、人口空间分布不均衡指数

人口空间分布不均衡或者偏离度指数主要用于测度人口在某一特定研究区域内分布的不均衡程度。其计算公式为:

$$HD = \sqrt{\sum_{i=1}^{n} P_i (GPR_i - 1)^2} \qquad (3.3)$$

其中:HD 为评价区域经济规模与人口规模的协调程度指数,P_i、GPR_i 分别表示研究区第 i 个单元的国土面积占整个研究区面积的比重及其人口地理集中度。当人口均衡分布时,$HD=0$;当人口在局部区域存在较为明显的空间集聚时,则 $HD>0$,且 HD 值越大表示人口的空间分布越不均衡。本章基于该指数来反映长三角城市群 2005—2017 年常住人口空间分布格局的演变趋势(见图 3-2)。从图 3-2 中可以看出,长三角城市群人口空间不均衡指数呈现出逐步上升,然后趋于平缓并略有下降的变化趋势,但人口中分布不均衡指数大于 0.7,这意味着长三角

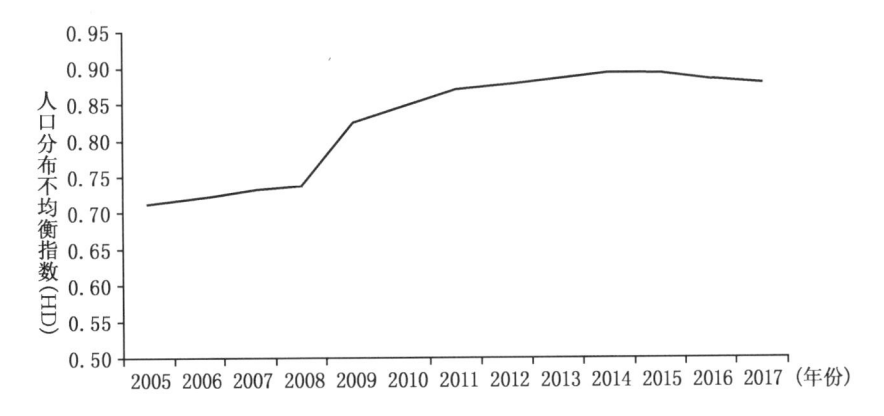

资料来源:作者绘制。

图 3-2　长三角城市群人口空间分布不均衡指数的演变趋势

城市群人口空间分布呈现出不均衡态势，且向部分城市集聚的趋势较明显。

四、人口分布的空间相关性

空间自相关分析是用于测度某一地理单元与其周边地理单元是否存在空间相关的方法。具体而言，全局 Moran's I 主要用于探测整个研究区域就某一属性的总体自相关程度；而局部 Getis-Ord G 指数则主要反映局部区域内就某一属性在地理空间上的依赖性及其异质性。本章采用全局 Moran's I 与局部 Getis-Ord G 指数来测度长三角城市群人口分布的空间关联特征。其计算公式为：

$$\text{Moran's } I_t = \frac{n}{\sum_{i=1}^{n}\sum_{j=1}^{n}w_{ij}} \times \frac{\sum_{i=1}^{n}\sum_{j=1}^{n}w_{ij}(x_{it}-\bar{x}_t)(x_{jt}-\bar{x}_t)}{\sum_{i=1}^{n}(x_{it}-\bar{x}_t)^2} \quad (3.4)$$

$$G_{it} = \frac{\sum_{j=1,j\neq i}^{n}w_{ij}x_{jt}}{\sum_{j=1,j\neq i}^{n}x_{jt}} \quad (3.5)$$

其中：w_{ij} 为空间权重矩阵，x_{it} 和 x_{jt} 分别表示在 t 时刻研究区域空间单元 i 和 j 某一属性的观测值（在本书中指人口地理集中度），n 为空间单元数量。Moran's I 的取值范围为 $[-1,1]$，当取值为 1 时表明研究区域存在绝对的空间正相关关系，即高值空间单元或低值空间单元趋于集聚；当取值为 0 时表明研究区域不存在空间相关；当取值为 -1 时表明存在绝对的空间负相关关系。局部 Getis-Ord G 指数则根据检验统计量 Z 的符号及其在统计上的显著性，将其划分为四种类型：热点区（$Z \geqslant 2$ 且在统计上显著）、次热点区（$0 \leqslant Z < 2$ 且在统计上显著）、冷点区（$Z < 0$ 且在统计上显著）以及不显著区。长三角城市群 2005—2017 年人口集聚的全局 Moran's I 及其相关年份局部 Getis-Ord G 指数的计算结果如表 3—5、表 3—6 所示。

表 3—5　　　　2005—2017 年长三角城市群人口分布的空间相关性

年份	2005	2006	2007	2008	2009	2010	2011	2012	2013	2014	2015	2016	2017
Moran's I	0.181	0.195	0.210	0.213	0.189	0.206	0.217	0.214	0.212	0.209	0.155	0.200	0.201
标准差	0.101	0.102	0.103	0.103	0.093	0.095	0.094	0.094	0.093	0.092	0.097	0.091	0.092
P-value	0.028	0.022	0.015	0.015	0.014	0.010	0.007	0.007	0.007	0.007	0.044	0.009	0.009

资料来源：作者测算。

为更深入分析长三角城市群人口空间分布格局的演变趋势，本章将采用全局 Moran's I 与局部 Getis-Ord G 指数来探讨长三角城市群人口分布的空间关联特征，具体结果如表 3—5、表 3—6 所示，在 2005—2017 年间，长三角城市群不同城市间的人口集聚在 5% 的水平上具有显著的正向关联效应，其全局 Moran's I 的最大值为 0.217，最小值为 0.155。然而，就不同城市间人口集聚的空间关联效应来看，则又表现出了很大差异性。据 2005 年和 2017 年长三角城市群 26 城市人口分布的局部 Getis-Ord G 指数可知，在 10% 的显著水平上，2005 年处于人口集聚热点区的城市只有苏州，上海、嘉兴则位于次热点区，安徽的芜湖和池州处于冷点区，其余城市均处于不显著区；到 2017 年除苏州外，上海和嘉兴由次热点区进入热点区，其他城市则在整个研究时段内保持不变。总体来看，处于人口集聚（次）热点区的城市均属于人口分布的高密度地区，且位于长三角经济带的核心区域，这意味着长三角城市群的人口集聚具有"中部隆起，两翼塌陷"的典型特征。由此可见，无论是从人口集聚的相对变动趋势还是从人口集聚的空间关联效应来看，长三角城市群人口空间分布的非均衡状态都有进一步加剧的趋势。那么是哪些因素导致了长三角城市群人口空间分布的失衡？本章将基于空间视角来实证检验长三角城市群人口分布格局演变的影响因素及其驱动机制。

表3—6　2005年和2017年长三角城市群人口集聚的Getis-Ord G指数

地域	地区名称	2005年 Local G	E(G)	Sd(G)	Z	P-value	2017年 Local G	E(G)	Sd(G)	Z	P-value
上海	上海	0.116**	0.080	0.022	1.696	0.045	0.134**	0.080	0.025	2.149	0.016
浙江	杭州	0.143	0.200	0.053	−1.075	0.141	0.142	0.200	0.068	−0.852	0.197
	宁波	0.100	0.120	0.044	−0.454	0.325	0.101	0.120	0.056	−0.347	0.364
	嘉兴	0.254**	0.160	0.050	1.864	0.031	0.304**	0.160	0.064	2.267	0.012
	湖州	0.200	0.200	0.053	−0.005	0.498	0.219	0.200	0.067	0.276	0.391
	绍兴	0.118	0.160	0.049	−0.853	0.197	0.123	0.160	0.062	−0.592	0.277
	金华	0.085	0.120	0.043	−0.815	0.208	0.088	0.120	0.055	−0.585	0.279
	舟山	0.038	0.040	0.027	−0.078	0.469	0.040	0.040	0.034	−0.004	0.498
	台州	0.090	0.120	0.044	−0.678	0.249	0.094	0.120	0.055	−0.477	0.317
江苏	南京	0.201	0.240	0.059	−0.663	0.254	0.184	0.240	0.074	−0.756	0.225
	无锡	0.184	0.200	0.055	−0.295	0.384	0.194	0.200	0.070	−0.091	0.464
	常州	0.219	0.200	0.055	0.355	0.361	0.224	0.200	0.069	0.351	0.363
	苏州	0.393***	0.240	0.059	2.609	0.005	0.417***	0.240	0.074	2.377	0.009
	南通	0.118	0.120	0.045	−0.045	0.482	0.120	0.120	0.055	−0.002	0.499
	盐城	0.128	0.120	0.043	0.194	0.423	0.105	0.120	0.054	−0.282	0.389
	扬州	0.183	0.200	0.054	−0.311	0.378	0.176	0.200	0.068	−0.347	0.364
	镇江	0.189	0.160	0.050	0.575	0.283	0.188	0.160	0.063	0.438	0.331
	泰州	0.317	0.280	0.061	0.598	0.275	0.311	0.280	0.077	0.403	0.344
安徽	合肥	0.016	0.040	0.027	−0.892	0.186	0.015	0.040	0.033	−0.757	0.224
	芜湖	0.096*	0.160	0.050	−1.296	0.097	0.072*	0.160	0.062	−1.411	0.079
	马鞍山	0.105	0.120	0.044	−0.346	0.365	0.101	0.120	0.055	−0.344	0.365
	铜陵	0.065	0.120	0.044	−1.239	0.108	0.054	0.120	0.055	−1.194	0.116
	安庆	0.043	0.080	0.036	−1.029	0.152	0.034	0.080	0.045	−1.021	0.154
	滁州	0.126	0.120	0.043	0.151	0.440	0.126	0.120	0.054	0.116	0.454
	池州	0.099*	0.160	0.047	−1.288	0.099	0.081*	0.160	0.060	−1.320	0.093
	宣城	0.299	0.320	0.060	−0.352	0.362	0.295	0.320	0.077	−0.333	0.370

注：①Local G、Sd(G)、E(G)分别为局部 Getis-Ord G 指数及其对应的标准差和期望值；

②Local G 大于（或小于）E(G)且在统计上显著时则表现为人口集聚的热点区域或冷点区域；

③***、**、*分别表示在1%、5%和10%的水平上显著。

五、人口分布的多中心结构演变

(一)人口密度分布

在2008—2018年十年人口数量增减变化的基础上,本章借助密度函数量化来描述长三角城市群城市空间特征与演化。我们采用了2008年和2018年长三角城市群的人口数据,用于探索长三角地区人口密度分布的空间演化特征。从数据中我们可以看出上海作为长三角城市群中的"龙头老大",在2008—2018年其人口密度都远远高于长三角城市群其他城市,人口密度梯级差异大,人口集聚的空间特征显著。2008年,上海人口密度为3 376人/平方千米,远远高于排在其后的无锡(1 276人/平方千米)、南京(1 153人/平方千米)和嘉兴(1 081人/平方千米)。2018年上海人口密度分布为3 822人/平方千米,排在其后的分别是无锡(1 421人/平方千米)、南京(1 281人/平方千米)和苏州(1 239人/平方千米)。十年间苏州、无锡、南京和杭州有较多的人口流入,但人口集聚程度相比上海还是远远不够,在空间上呈现出分布不均的问题。因此,就上海人口发展情况来看,目前最重要的不是对人口总量的控制,而是如何促进人口空间分布的合理化。值得一提的是,长三角城市群中南通市、马鞍山市、铜陵市和芜湖市人口集聚程度下降情况严重,长三角城市群中大城市对其他中小城市存在明显的人口"虹吸效应"。

通过数据可以看出,长三角城市群第二、第三级城市地区人口集聚和人口规模与一级城市还是有很大的差距,人口规模和人口密度在空间上表现出非均衡的特征。刘乃全等(2017)学者认为,长三角城市群已形成了以上海为中心、南京与杭州为副中心的发展格局,城市群内部人口规模和发展表现非均衡的特征,区域城市结构也存在不合理性。从我们的数据分析中也可以看出,随着经济的快速发展以及城市化进程的加快,长三角城市群人口空间分布存在失衡的现象。南京和杭州承担上海人口疏解功能的效果不是特别突出,人口规模和人口密度并未达到城市饱和度,人口集聚能力有待进一步加强。长三角城市群要推动人口区域平衡发展,除了需要南京、杭州、苏州这三个副中心城市承担疏解上海人口的功能之外,还需要积极支持和培育其他城市发展特色产业,有效承接产业转移,合理布局产业空间,促进产城融合,提升公共产品和公共服务水平,营造宜居环境,提高人口吸引集聚能力。

(二)多中心密度函数拟合

长三角城市群经历了较长时间的人口快速增长的过程,2008年以来中心城市人口整体向周边次中心城市扩展,由于单中心密度函数难以体现区域内部差异和次中心的影响,因此本章采用多中心密度函数进行拟合,能够更加准确的探析长三角城市群人口分布格局。

长三角城市群的人口密度等值线图,能从一定程度上反映人口集聚的中心城市分布特征。从中可以看出长三角城市群等值线的空间分布随着时间的推移有明显的变化,以上海为核心的等值线峰值区域不断增多,并向外延伸,长三角城市群的人口分布出现了多中心发展趋势,但是还未从根本上改变单中心为主的城市空间结构特征。长三角城市群中心城市人口集聚增长,上海的人口密度远远高于其他地区,区域人口空间分布十分不均衡,南京、杭州、苏州等长三角副中心城市的人口集聚能力还有待进一步提升。长三角其他城市与上海的实际发展还存在较大的差距,城市之间功能联系度不强。因此,从城市结构空间演变的角度来看长三角城市群的人口空间分布优化配置,推动形成合理的综合性城市空间布局体系,不仅有利于城市群功能的良性发展,也有利于上海人口的长期良心发展,为长三角一体化发展转型带来新一轮的"空间红利"。

(三)多中心人口分布拟合

关于城市人口空间分布,西方学者们曾提出了很多种不同的数学模型,并试图通过模型参数变化来分析研究各个城市的人口分布特征及演变规律。1951年,美国人口学者Clark等首次提出城市人口密度随"至城市中心距离"的增加而呈减小的单核心负指数模型,该模型的一般表达式为:

$$D(r)=ae^{br} \tag{3.6}$$

其中:r 为距城市中心的距离,$D(r)$ 为 r 处的人口密度,a 和 b 为参数($a>0,b<0$)。

之后,伴随着城市空间的扩展,大城市内部往往会形成多个城市次中心,在其周围往往也集聚着较多的人口,于是Heikkila等又提出了新的多中心模型。

1. 人口分布单中心模型拟合

我们参照了国内外文献中研究人口分布的单中心模型的过程,即要确定第一级别的中心城市,我们将上海作为长三角城市群第一级别的中心城市,然后用 Arcgis 10.2 软件提取长三角城市群各市质点坐标并计算它们距离中心城市的距离,得到 r,最后用 SPSS 21.0 软件进行回归分析,得出 Clark 模型的参数(见表 3—7)。

表 3—7　长三角城市群人口空间分布的单中心模型的回归(Clark 模型)

年　份	2008	2018
参数 a	3 059.65	3 656.91
参数 b	−0.010	−0.013
测定系数 R^2	0.684	0.730

注:在 Clark 模型中,参数 b 的绝对值表示人口密度随距离衰减的斜率。

从表 3—7 中可以看出 2008—2018 年长三角城市群人口空间分布的单中心模型拟合结果。在 Clark 模型中,a 表示城市中心人口密度的理论值,值越大表明此中心在集聚人口方面作用越强;b 的绝对值表示人口密度随距离衰减的斜率,b 的绝对值越大,表明随着次中心的距离增加,人口密度衰减越快。从 2008 年和 2018 年 Clark 模型拟合的情况看,随着时间的推移,其模型斜率系数 b 的绝对值不断增大,由 2008 年的 0.010 逐次增至 2018 年的 0.013,呈上升的特征,表明人口分布在不断地向中心城市集聚的"城市化"现象;同时,a 值由 2008 年的 3 059.65 人/平方千米增至 2018 年的 3 656.91 人/平方千米,也表明人口分布的"城市化"现象。

2. 人口分布多中心模型拟合

多中心模型是单中心城市发展到一定阶段的产物,该模型一般形式如下:

$$D(r) = \sum_{i}^{N} a_i e^{b_i r_i} \tag{3.7}$$

其中:N 为中心城市数量,r_i 为城市到中心城市 i 的距离,a_i 及 b_i 为针对中心城市 i 的参数;D(r) 为人口密度。

参照国内外文献中研究人口分布的多中心模型和研究方法。首先,与单中心模型相似,确定长三角城市群中心城市为上海;其次,根据绘制的 2008 年和 2018 年的人口密度等值线图和密度分布图来了解长三角城市群人口密度的空间差异;最后,根据国内外文献中常用的次中心城市选取原则(人口密度规模和距离),确定次中心城市。在选取次中心之后,同样用 Arcgis 10.2 软件提取长三角城市群各市质点坐标并计算它们距离中心城市的距离,然后运用统计软件 SPSS 21.0 计算,编写多中心模型非线性回归程序,采用迭代技术进行回归。

根据以上步骤和原则,确定 2008 年长三角城市群有 4 个次中心城市,分别是无锡、南通、嘉兴和南京;2018 年长三角城市群有 6 个次中心城市,分别是无锡、泰州、嘉兴、南京、常州和苏州。

我们采用 Heikkila 多中心模型进行回归模拟,拟合结果如表 3—8 和表 3—9 所示。

2008 年按照以下模型进行拟合:

$$D(r)=a_1 e^{b_1 r_1}+a_2 e^{b_2 r_2}+a_3 e^{b_3 r_3}+a_4 e^{b_4 r_4}+a_5 e^{b_5 r_5} \tag{3.8}$$

2018 年按照以下模型进行拟合:

$$D(r)=a_1 e^{b_1 r_1}+a_2 e^{b_2 r_2}+a_3 e^{b_3 r_3}+a_4 e^{b_4 r_4}+a_5 e^{b_5 r_5}+a_6 e^{b_6 r_6}+a_7 e^{b_7 r_7} \tag{3.9}$$

表 3—8　2008 年长三角城市群多中心人口密度空间分布模型模拟结果

中心及次中心	参数 a	参数 b	测定系数 R^2
上海	3 321.362	−0.021 38	
无锡	345.101	−0.060 13	
南通	104.662	−0.001 99	0.987
嘉兴	635.864	−0.003 46	
南京	387.321	−0.001 73	

表 3—9　2018 年长三角城市群多中心人口密度空间分布模型模拟结果

中心及次中心	参数 a	参数 b	测定系数 R^2
上海	3 786.143	−0.019 16	
无锡	512.776	−0.039 52	
泰州	497.032	−0.014 51	
嘉兴	1 254.823	−0.000 5	0.989
南京	598.652	−0.015 61	
常州	328.393	−0.025 12	
苏州	2 798.389	−0.000 6	

表3—8至表3—9分别给出了2008年和2018年长三角城市群不同地区人口分布的多中心模型拟合结果。从2008年的拟合情况来看,5个中心的拟合情况比较理想,拟合优度为0.987,说明2008年有4个次中心,多中心特征明显。而从2018年的拟合情况来看,7个中心的拟合情况比较理想,拟合优度为0.989,说明2018年有6个次中心,多中心化特征很明显。随着时间的推移,拟合优度在逐渐增大,也说明长三角城市群越来越呈现多中心化趋势。

多中心模型 Heikkila 中的 a 和 b 值的意义与 Clark 模型相同。在2008年5个中心的人口密度分布拟合中,中心城市的 a 值还是高于其他4个次中心,约为另5个中最高的5倍,部分次中心,如无锡和嘉兴,成长较快,对人口的集聚作用慢慢增强,与城市中心的人口密度差距在逐渐减少。中心城市的 b 值甚至被部分次中心(无锡和南京)赶超。因此,从2008年的多中心人口密度空间分布模型可以发现,2008年长三角城市群人口空间结构已经呈现多中心现象,而且这种趋势在增强。在2018年7个中心的人口密度分布拟合中,次中心苏州的 a 值已逐渐接近中心城市上海的 a 值,两者的 a 值均高于其他5个次中心,约为另5个中最高的3倍,相比2008年,呈现明显降低趋势,说明新的次中心在出现且成长速度很快,而原来的次中心成长速度也在增加,与中心城市的人口密度差距在进一步在减少。越来越多的次中心城市的 b 值达到甚至超过中心城市的 b 值,说明 2018 年长三角城市群人口空间结构越来越呈现多中心化趋势。

第四节　本章小结

依据国务院 2016 年批准的《长江三角洲城市群发展规划》,对长三角城市群 26 个核心城市人口空间分布的演变格局分析表明:

第一,从人口规模来看,长三角城市群 26 个各市的常住人口规模差别较大,其中上海、苏州和杭州位居前三,且新增人口和净流入人口数量最大。

第二,长三角城市群的人口"一核多副"城市格局逐渐形成,26 个城市中一些经济发达、城镇化率高的城市对于人口的吸引力较强,而周边经济稍弱、城镇化率较低的许多城市成了人口流出型城市。

第三,长三角城市群人口规模首位度两城市指数呈现出先上升后下降再上升的过程,且自 2000 年开始就大于 2,说明首位城市上海市作为特大城市对人口的集聚能力仍很强。第二位、第三位和第四位城市人口规模仍有扩大,但增长速度弱于首位城市上海。

第四,长三角城市群的人口规模在持续增加的同时,也表现出向某些局部地区高度集聚的趋势,人口空间分布的非均衡程度进一步加剧。

第五,长三角城市群的人口分布出现了多中心发展趋势,但是还未从根本上改变单中心为主的城市空间结构特征。长三角城市群中心城市人口集聚增长,上海的人口密度远远高于其他地区,区域人口空间分布十分不均衡,南京、杭州、苏州等长三角副中心城市的人口集聚能力还有待进一步提升。长三角其他城市与上海的实际发展还存在较大的差距,城市之间功能联系度不强。

总之,长三角城市群人口空间分布存在失衡的现象,南京和杭州承担上海人口疏解功能的效果不是特别突出,人口规模和人口密度并未达到城市饱和度,人口集聚能力有待进一步加强。长三角城市群要推动人口区域平衡发展,除了需要南京、杭州、苏州这三个副中心城市承担疏解上海人口的功能之外,还需要积极支持和培育其他城市积极发展特色产业,有效承接产业转移,合理布局产业空间,促进产城融合,提升公共产品和公共服务水平,营造宜居环境,提高人口吸引集聚能力。

第四章　长三角城市群人口空间分布优化的影响因素研究

人口空间分布格局的形成及其演变是工业化与城市化共同作用的结果，并在一定程度上反映了区域自然环境与社会经济发展的差异。长三角城市群作为我国最具经济活力与国际竞争力的地区，近些年来随着经济的快速发展以及城市化进程的加快，其人口空间分布失衡的现象日益凸显。到2018年年底，上海的人口密度已高达3 822人/平方千米，而金华、安庆、滁州、池州、宣城的人口密度仅为512人/平方千米、346人/平方千米、304人/平方千米、175人/平方千米和215人/平方千米，这种人口在局部地区的过度集聚已逐渐成为制约长三角城市群经济协调发展的重要因素，同时也使得该地区的局部环境承载压力面临巨大挑战。本章着重探讨影响长三角城市群人口空间分布优化的主要因素，并在理论解析的基础上构建计量模型进行实证检验。最后，以上海为例，进一步考察影响单一城市人口空间分布优化的主要因素，进而为长三角城市群以及单一城市内人口空间分布优化提供依据。

第一节　长三角城市群人口空间分布的影响因素解析

众所周知，在经济发展的不同阶段，由于区域经济的发展并不总是处于均衡状态，这必然会导致人口分布在地理空间上的分异。与此同时，地理环境、交通状况、城市功能属性以及产业布局的调整等也会对人口的空间分布产生一定影响。现有理论认为，人口的迁移本质上是一种经济行为，其最终目的是为了追求个体利益的最大化，即在未来获得更好的工作机会与更高的工资收入、良好的教育医疗环境以及更新的社会资源与知识经验等,这意味着城市的自然地理环境、经济发展与社会化服务水平以及地方政府的政策导向等因素将会对人口向某一城市或局部地区的迁移产生一定推力;而人口在迁移过程中所付出的流动成本、生活成本以及适应新环境所付出的精力与费用等因素将会对人口的迁移产生一定的阻力,那么这两种力量所形成的"集聚效应"与"扩散效应"最终决定了人口在地理空间上的分布形态。由此可见,不同区域的内部人口因素、自然地理环境因素以及社会经济因素在很大程度上决定了局部区域人口的空间分布结构与演化。

就长三角城市群而言,由于其自然地理环境、经济发展水平与产业构成等在不同地区间存在很大差异,那么在本地市场效应与生活成本效应的作用下必然会促使更多的人口与行业向某一中心区域集聚,这必然会导致人口在空间分布上的差异。具体从以下几个方面来分析:

一、自然地理环境对长三角城市群人口空间分布格局的影响

从自然地理环境来看,长三角城市群地处长江三角洲,地形主要以平原为主,气候则表现为亚热带季风气候,降雨量充沛;与此同时,该区域内河川纵横,湖泊棋布,是中国河网密度最高的地区,每平方千米河网平均长度达 4.8~6.7 千米,这就使得长三角城市群地势平坦,土壤肥沃,农业发达,极其便于人类的生存与居住,自古以来就吸引了众多人口来此定居。然而,这种优越的地理环境在长三角区域内也存在很大差异,如交通水运与农业生产条件表现得尤为明显,并在一定程度上加剧了区域经济的非均衡发展,从而使得人口在空间上的分布呈现出很大的地区差异,主要表现为人口高度集中在长三角经济带的核心区域(沿江以及沿海的带状区域)内。由此可见,长三角城市群的自然地理环境在一定程度上影响了该区域人口的空间分布格局。

二、社会经济发展水平对长三角城市群人口空间分布格局的影响

虽然自然地理环境在某种程度上是区域人口空间分布格局形成的基础,但总体来看,社会经济的发展才是最终决定区域人口空间分布格局的演变与发展的动力。众所周知,随着经济的快速发展以及工业化与城市化进程的加快,由于区域间、城乡间经济发展水平的失衡必然会推动人口由乡村向城市、落后地区向发达地区的转移与集聚,从而使得区域人口的分布格局表现出明显的社会经济指向性,即人口向经济发展水平高、就业机会多以及预期收入较高的地区集聚。与此同时,在经济发展的不同阶段,社会经济因素对人口的空间分布的影响也不尽相同。如在经济发展的初期,产业在某一局部区域的集聚与发展必然会加大该地区对劳动力的需求,从而推动了大量人口向这些经济发展水平高、产业分工细致的城市或区域的集聚,但当经济发展到一定程度后,过度集聚的产业与人口必然会加大这些区域的环境承载压力,此时生活成本与生产成本的提高又会推动产业与人口的向外转移,如上海市区人口的郊区化以及上海、苏州等城市人口的集聚速度明显放缓等就是典型例证。

除了经济发展水平与产业布局外,基础设施建设也会对长三角城市群的人口分布格局产生一定影响。众所周知,城市基础设施既包括生产性基础设施,又包括生活性基础设施。生产性基础设施中交通运输的便利度与一个地区的经济增长息息相关,对人口空间扩散的影响很大,城市能够形成并且不断发展壮大的主要原因就是交通可达性所带来的集聚规模效益。例如,交通设施的改善有利于推动长三角城市群的某些劳动密集型产业由发达地区(如上海、苏州、无锡等地)向相对落后地区的转移,这必然会推动部分从事该行业的人口向其他地区转移。近年来,随着交通运输方式的变化,传统运河城市的地位不断衰落,相反位于铁路运输枢纽上的城市正在迅速崛起,大型港口城市对城市和区域经济发展的作用不断突出。段进军(2002)发现,长三角城市经济发展水平的差距在一定程度上是由于与上海联系的便捷程度不同所造成的。这意味着交通设施

可以通过作用于产品的生产成本与交易成本的方式来影响产业的空间分布格局，进而决定了人口在地理空间上的集聚形态。生活性基础设施水平的高低则通过影响人口对就业与居住地选择的方式来推动就业人群在不同地区间的流动，同样也会对人口的空间分布格局产生影响。由此可见，基础设施状况也是影响人口空间分布格局的形成及其演变的重要因素。

三、政策因素与区域功能定位对长三角城市群人口空间分布格局的影响

据已有研究可知，政府对区域的功能定位及相关政策对人口的分布与流动起着主要的导向作用。如东京通过《工业控制法》来促进劳动密集型企业的外迁等一系列措施来引导就业人群由高集聚区向低集聚区的迁移，进而逐步实现人口在地理空间上的合理分布。自20世纪90年代以来，我国政府为了充分发挥上海对长三角城市群经济发展的极化效应，对上海浦东新区的发展提供了各种优惠政策，从而吸引了大量外资来此落户，这不仅推动了上海经济的快速发展，同时也带动了以上海为中心的长三角城市群经济的快速发展，特别是其周边城市（如苏州、杭州等）和沿江城市（无锡、常州、南京等）的发展极为迅速。那么在这一经济快速发展的背后，其对该区域的人口空间分布结构也必然会产生很大影响，如大量的外来务工人群以及新增的就业人口（如高校毕业生）纷纷进入这些经济发展较快的城市来寻找就业机会，进而推动了人口在长三角局部区域的集聚，加剧了该地区人口空间分布的失衡。

据韦伯的工业区位理论可知，区位因素中最重要的是基础设施条件。对城市的发展而言，其基础设施是城市政治、经济与文化教育的载体，良好的基础设施更有利于人们开展生产活动，而对于那些与经济发展密切相关的基础设施，如交通、通信、港口、水利等，交通和通信的发展相对缩小了地区间的距离，减少了阻碍人口迁移的各种困难，从而促进了人口的迁移。同时，一个地区拥有良好的教育与医疗资源也会吸引外来人口的

大量迁入。对长三角城市群而言，上海、杭州、南京由于其特殊的政治与经济地位，特别是拥有高质量的教育与医疗资源，其对新增就业人口（特别是高校毕业生）的吸引力持续居高不下；苏州、无锡、常州等城市由于其经济发展迅速，特别是拥有大量的外资企业，较多的就业机会也吸引了大量的人口特别是外来务工人员来此就业。由此可见，城市的功能定位与区位条件对人口空间分布的影响起着决定性作用。

除上述因素的影响外，人口的年龄结构、区域的产业结构、房价的高低等因素也会在一定程度上影响人口的空间分布格局。

第二节　长三角城市群人口空间分布影响因素的实证检验

总体来看，在经济发展的不同阶段，由于区域经济的发展并不总是处于均衡状态，这必然会导致人口分布在地理空间上的分异。与此同时，交通状况、城市的功能属性以及产业布局的调整也会对人口的空间分布产生一定影响。对此，国内的一些相关文献仅有所涉及，更多的是侧重于人口地理空间分布形态及其演变趋势的研究。就长三角城市群而言，目前的相关文献主要聚焦于人口空间分布格局特征及其演变趋势方面的探讨，对人口空间分布演变的影响因素及其驱动机制方面的定量化研究相对不足。为此，有必要采用令人信服的研究方法来实证考察长三角城市群人口空间分布的演变特征及其影响因素。新经济地理学认为，由于经济发展水平与产业构成在不同地区间存在一定差异，在本地市场效应与生活成本效应的作用下，必然会促使更多的人口与行业向中心区集聚，这必然会导致人口空间分布的失衡。在此情况下，如果将同一区域的不同子区域视为相互独立的主体，就无法深入考察各子区域间经济发展的相互作用对人口空间分布的影响，其所得结论必定存在偏误。为此，本研究将重点考察区域经济发展的极化效应与扩散效应对人口空间分布的影响，从而为长三角城市群人口空间布局的调整提供政策建议。鉴于此，本章在充分考虑人口迁移行为存在相互影响以及空间效应的条件下，以

2005—2017年长三角26城市的相关统计数据为研究样本,采用空间动态面板模型对影响长三角城市群人口空间分布形态演变的因素进行了实证检验,进而以此为基础来较为全面地识别推动该地区人口分布结构演变的主要影响因素及其驱动机制。

一、模型设定与变量说明

据已有研究可知,工资收入、就业机会、城市化水平、商品房价格以及基础设施等因素都会对人口的空间分布产生很大影响(牟宇峰,2014;刘乃全和耿文才,2015;刘细归等,2015;车冰清和仇方道,2015;钟奕纯和冯健,2017)。为检验上述因素在空间视角下对长三角城市群人口分布的影响,本章将计量模型设定为空间动态面板模型的形式,其不仅包括因变量的时间滞后项,同时也包括因变量的空间滞后项。其计算公式为:

$$\ln gpr_{it} = \eta_0 + \gamma \ln gpr_{it-1} + \rho \sum_{j=1}^{n} w_{ij} \ln gpr_{jt} + \alpha X_{it} + \eta_i + \varepsilon_{it} \quad (4.1)$$

其中:gpr_{it}表示i城市在t年的人口地理集中度,该指标常用于衡量一定地域内人口的地理集中程度,并以此来反映某一区域人口分布的空间特征。其计算公式为:

$$gpr_{it} = \frac{pop_{it}/cre_{it}}{\sum_{i} pop_{it}/\sum_{i} cre_{it}} \quad (4.2)$$

其中:gpr_{it}表示研究区域i单元在t年的人口地理集中度,pop_{it}、cre_{it}分别表示研究区域i单元在t年的人口数量与国土面积;gpr_{it-1}表示人口地理集中度的滞后一期,用于反映人口集聚的惯性;w表示经过标准化处理的地理邻接空间权重矩阵[①]。X_{it}为包含城市化水平($urban$)、产业结构($indus$)、交通设施水平($infru$)以及工资收入($incom$)与住宅价格(hp)的对数等变量的向量;η_0、η_i分别表示模型的截距项和个体效应;n为研究区域的单元数量;γ、ρ分别为被解释变量时间滞后项与空间滞

[①] 该空间权重矩阵是基于Rook's原则的地理邻接权重矩阵,并假定舟山与宁波在地理上邻接。

后项的参数，$\alpha=[\alpha_1,\alpha_2,\alpha_3,\alpha_4,\alpha_5]$分别表示相应解释变量的参数向量；$\varepsilon_{it}$为服从独立同分布的随机扰动项。下面对所选指标及其测度作逐一说明：

(1)城市化水平($urban$)，用城镇人口所占总人口的比重来测度。城市化作为传统农业社会向以现代工业和服务业为主的社会转变的历史进程，其必然会导致大量社会资源的集中，进而推动了产业的集聚与社会化服务水平的提高等。这意味着城市化水平较高的区域会为本地居民提供更多的就业机会与较高的社会福利，其必然会推动更多人口向城市化水平较高区域的迁移。由此可见，城市化水平的高低是影响区域人口分布的重要因素。

(2)产业结构($indus$)，用第二产业增加值所占 GDP 的比重来测度。众所周知，区域人口空间分布的演变是各种社会经济活动综合作用的结果，其中，以工业为主体的第二产业的发展是导致人口区域分布产生差异的重要原因。长三角城市群作为我国经济发展的重要增长极，其经济发展水平、产业构成与产业集聚程度由于众多因素的影响也存在较大差异，而工业企业作为吸纳众多人口(特别是外来人口)就业的重要产业，其发展规模与水平的高低必然会影响人口的空间分布格局。

(3)住宅价格(hp)，用商品住宅销售总额除以销售总面积来测度。通常来说，住宅价格是直接决定生活成本高低的重要影响因素，这意味着在现有收入水平变化不大的情况下房价的高低将直接决定了居住人群生活质量的高低。那么作为理性的个体，必然会在能实现就业的条件下来选择合适的区域参与社会经济活动，并以此来实现自身效用的最大化。由此可见，住宅价格的高低及其增长幅度在一定程度上也会影响人口的空间分布。

(4)交通设施水平($infru$)，用各地区的公路总里程除以其国土总面积来测度。交通设施作为区域经济系统中的重要组成部分，其完善程度必然会对所在区域的经济发展水平、城市规模、产业布局和构成等方面产生重要影响，而经济发展水平、城市规模以及产业布局和构成等是决定区域人口空间分布的重要因素,这一点对外来人口(特别是外来务工人员)就业目的地的选择方面影响尤为明显。可见,交通设施的完善程度在一定程度上也会对区域人口的集聚产生影响。

(5)工资收入($incom$),用城镇在岗职工的平均工资来测度。由于工资水平与生活成本在不同地区都存在一定差异,那么作为理性的个体为了实现自身效用的最大化,必然会在预期的所得收入与生活成本约束下选择最佳的就业与居住区位。虽然工资收入及其增长幅度对拥有不同学历层次的人口在就业区位选择上的影响有所差异,但总体而言,工资因素是决定人口空间分布形态的重要变量之一。

二、估计方法选择与数据来源

对空间动态面板模型的估计,目前相关文献所采用的方法主要包括偏误修正的极大似然(ML)估计、基于工具变量或广义矩(IV/GMM)的估计以及贝叶斯马尔科夫链蒙特卡洛估计(MCMC)等。然而,任何一种估计方法所获得的估计量都存在一定偏倚,为此,Elhorst(2012)认为对估计方法的选择需要研究者结合其特定的研究目的以及所采用样本数据的特点来决定。由于本研究所采用样本的时间段较短($T=10$),特别是部分变量具有一定的内生性[1],为此采用了系统广义矩估计法(SYS-GMM)。与此同时,为识别工具变量与残差是否存在相关性,本研究采用Sargan统计量对工具变量的联合有效性进行了检验[2]。

由于中国对常住人口的统计始于2005年,为便于人口数据统计口径的统一,本章把研究的起始时间定为2005年;在截面单位的选取上,主要以长三角城市群26市2005—2017年的地市级面板数据作为研究样本。与此同时,本章所用统计数据主要来源于长三角城市群各城市相关年份的统计年鉴与国民经济和社会发展统计公报、《中国房地产年鉴》以及《中

---

[1] 在式(4.1)中,房价的对数($lnhp$)和城市化水平($urban$)具有一定的内生性,为此,本研究把这两个变量作为内生变量来处理。

[2] 具体估计采用Shehata和Mickaiel(2012)所编写的Stata程序。

国区域经济统计年鉴》等。另外,对于样本中的个别缺失数据及其异常值采用平滑法做了相应处理;为使统计数据具有可比性,书中所有数据均采用相应价格指数进行了修正,基期为2005年。

三、实证估计结果及讨论

为了检验动态面板模型是否存在显著的空间效应,本研究首先采用 χ^2 统计量[服从 $\chi^2(1)$ 分布]检验了空间滞后项参数 ρ 的估计值在统计上的显著性,估计结果显示,在模型1至模型5中该参数的所有估计值均在1%的水平上显著,说明模型的因变量存在显著的空间滞后效应。与此同时,针对部分变量所存在的内生性问题,本研究以相应解释变量的滞后一期作为工具变量,并采用Sargan统计量对这些工具变量的联合有效性进行了检验,结果显示,所有Sargan检验的 P 值在10%的水平上均不能拒绝工具变量联合有效地原假设。由此可见,本研究对计量模型的设定形式以及所采用的估计方法是合适的,可以作为后续实证分析的依据,具体估计结果如表4—1所示。

表4—1　长三角城市群人口空间分布影响因素的检验结果[①]

变量名称	模型1	模型2	模型3	模型4	模型5
$L.\ln gpr$	0.818*** (0.026)	0.809*** (0.026)	0.862*** (0.024)	0.862*** (0.024)	0.801*** (0.028)
$urban$	0.381*** (0.097)	0.414*** (0.100)	0.382*** (0.122)	0.384*** (0.125)	0.572*** (0.130)
$\ln indus$		0.111* (0.065)	0.103* (0.060)	0.100* (0.061)	0.112* (0.061)
$\ln hp$			0.002 (0.023)	0.004 (0.025)	0.091 (0.063)
$infru$				0.079* (0.040)	0.078* (0.044)

---

① 由于Shehata和Mickaiel(2012)所编写的Stata程序(spregdpd)并没有给出所估计模型的残差序列是否满足不存在二阶序列相关检验统计量的计算结果,所以表4—1中没有包括AR(1)和AR(2)这两个统计量的检验结果。

续表

变量名称	模型1	模型2	模型3	模型4	模型5
$\ln incom$					-0.145^{***} (0.035)
$cons$	-0.219^{***} (0.061)	-0.675^{**} (0.277)	-0.639^{**} (0.259)	-0.623^{**} (0.264)	-0.622^{**} (0.259)
$W.\ln pr$	0.161^{***} (0.052)	0.187^{***} (0.055)	0.132^{***} (0.046)	0.130^{***} (0.047)	0.093^{**} (0.047)
Adj_R^2 χ^2检验 Sargan test	0.884 [0.000] [0.131]	0.884 [0.000] [0.121]	0.912 [0.004] [0.119]	0.912 [0.006] [0.135]	0.915 [0.047] [0.127]
$F\text{-}test$	[0.000]	[0.000]	[0.000]	[0.000]	[0.000]
logLL	374.460	374.652	373.255	373.265	378.424
样本容量N	312	312	312	312	312
估计方法	SYS-GMM	SYS-GMM	SYS-GMM	SYS-GMM	SYS-GMM

注：①$L.\ln pr$表示$\ln pr$的时间滞后项，$W.\ln pr$表示$\ln pr$的空间滞后项；

②圆括号内的数值表示各参数估计值的标准差，方括号内的数值表示相应检验统计量的P值；

③***、**、*分别表示各参数的估计值在1%、5%和10%的水平上显著。

从人口集聚的滞后一期对当期的影响来看，在模型1至模型5中，其参数估计值均为正，且在1%的水平上显著，说明长三角城市群的人口集聚具有很强的惯性，同时也意味着集聚程度越高的地区未来集聚的趋势越明显。因此，长三角城市群的人口分布格局由于其集聚惯性的驱使将会导致更为明显的空间分异，长三角城市群人口的空间分布及其相对演变趋势以及上海、苏州、嘉兴等城市成为人口集聚的热点地区也在某种程度上证实了这一点。

从人口集聚的空间关联效应来看，在模型1至模型5中，其空间滞后项的参数估计值均在5%的水平上显著为正，说明长三角城市群的人口集聚具有很强的正向空间关联效应，即长三角城市群某一城市人口集聚的变动趋势与其周边城市人口集聚的变动趋势在空间上保持较高的同步性。这意味着人口集聚程度较高的区域（如上海）与人口集聚程度相对较低区域(如安徽的池州、宣城等)间的人口密度将会相差越来越大。可见,人口集聚的空间关联效应在一定程度上也会加剧长三角城市群人口分布的空间分异。

从城市化水平对人口分布的影响来看,在模型1至模型5中,其参数估计值均在1%的水平上显著为正,这意味着城市化水平越高的地区外来人口迁入的需求越强烈。其原因在于,城市化作为一个复杂的动态过程,其不仅反映了地区经济发展水平的高低,同时这一过程也涉及所属区域内产业构成及布局的调整、社会公共产品服务质量及其相关社会福利水平的提高等多个方面,这使得城市化水平越高的地区其居民不仅拥有更多的就业机会,同时也能享受到更高的社会福利待遇。目前,无论是外出务工的农民工还是新加入就业行列的大学毕业生纷纷在发达地区或大城市寻求就业机会就是典型例证。由此可见,不同地区间由于经济发展水平与城市化水平的不同所导致的就业机会、社会福利等方面的差异是长三角城市群人口分布出现空间分异的重要原因。

从产业结构变动对人口分布的影响来看,在模型2至模型5中,其参数估计值均在10%的水平上显著为正,说明产业类型及其构成的调整也会对长三角城市群的人口分布产生显著的正向影响。众所周知,区域人口空间分布的演变是各种社会经济活动综合作用的结果。其中,以工业为主体的第二产业作为吸纳众多人口就业的重要产业,其发展规模将会对区域人口的集聚产生重要影响。长三角城市群作为中国经济发展的重要增长极,其经济发展水平、第二产业的发展规模及其集聚程度远远高于我国其他地区,这必然会使得众多外来人口来此寻找就业机会。然而,长三角不同地区间的经济发展水平、产业规模及其类型由于众多因素的影响也存在较大差异,这必然会使得该地区的人口分布在空间上表现出较大的差异性。如苏州由于其较好的区位条件与综合经济实力,吸引了大量外来资本来此投资建厂,这必然会导致较大的劳动力需求,从而吸引了大量外来人口前来就业;而安徽的滁州、铜陵、池州等城市由于不具有这种区位与产业优势,所以其部分人口一般会前往上海、苏州等城市寻求就业机会。由此可见，产业的空间布局、构成类型及其发展规模在很大程度上也会对长三角城市群的人口空间分布形态产生重要影响。

从商品房价格变动对人口分布的影响来看，在模型3至模型5中，其参数估计值皆为正，且在统计上均不显著，这意味着房价上涨对长三角城市群的人口集聚并没有产生任何抑制作用；与之相反，房价上涨越快的城市对外来人口的吸引力越大。虽然就理论分析而言，房价的上涨必然会提高外来人口的居住成本，进而会降低人口向某一区域集聚的动力，但这种影响在长三角某些城市（如上海等）并没有体现出来。其原因可能有以下两点：一是长三角大部分城市作为我国经济发展水平较高的地区，无论其就业机会还是收入水平都远远高于其他地区，那么只要能够就业，其较高的收入水平在一定程度会弥补由于房价高企所导致的生活成本的提高。二是从外来人口的构成来看，主要是新加入就业行列的大学毕业生与外出务工的农民工，对前者而言，由于其学历较高而拥有更多的就业机会与较高的收入预期，尽管这部分人群通常会有购房需求，但其一般会通过银行贷款的方式来解决购房中的资金短缺问题，所以这类群体只要拥有较好的就业岗位，房价因素通常不会影响其就业目的地的选择，每年都有众多的大学毕业生纷纷前往苏州、上海等大城市寻求就业机会就是典型例证；对农民工而言，这类人群一般没有购房需求，通常是通过租住偏远郊区的廉价房来解决居住问题，所以房价的高低及其变动对其就业区位的选择影响并不大。可见，由于多种因素的综合作用，房价上涨对长三角城市群人口在某些局部的过度集聚并没有像理论预期的那样产生抑制作用。

从交通设施对人口分布的影响来看，在模型4至模型5中，其参数估计值均为正，且在10%的水平上显著，说明随着交通设施的完善，长三角某些局部地区人口有进一步集聚的趋势。据新经济地理学的相关理论可知，交通设施的改善不仅有利于降低运输成本，而且也能够提高产品运输的时效性，那么作为产业高度集聚的区域，在其本地市场效应与价格指数效应的作用下，必然会吸引更多的企业与人口在此地区集聚。众所周知，长三角作为我国经济高度发展的地区,其内部发展并不均衡,在一些相关产业集聚程度较高的发达地区(如上海、苏州等),很多产业在发展过程中会逐渐形成分工与协作较为密切的产业链,这种产业间的分工与协作不但导致了大量的知识溢出,同时也为后加入企业提供了丰富的劳动力池,从而会吸引更多的外来企业参与其中的分工与协作。由此可见,随着交通设施的改善以及运输成本的降低,作为产业高度集聚的地区,只要其集聚效应大于集聚成本,外来企业仍会有向该地区集聚的动力,在此期间更多的就业机会也会被创造出来,必然会使得寻求就业的外来人口源源不断地向该地区集聚,这也是导致长三角城市群在交通等基础设施不断改善的情况下某些发展程度较高的地区其人口不但没有适度向外扩散,反而出现过度集聚的重要原因。

从收入水平的变动对人口空间分布的影响来看,在模型5中,其参数估计值为负,且在1%的水平上显著,说明提高收入水平有利于长三角城市群人口空间分布的均等化。众所周知,长三角城市群各城市间的经济发展并不均衡,这必然会使得其在岗职工的工资收入也存在较大地区差异,那么外来人口在选择就业区位时必然会选择就业机会多的城市,而这些城市往往经济发展综合水平以及产业集聚程度较高,所以其收入水平也相对较高,从而使得这些城市成为外来人群选择就业的首要目的地;而那些经济发展相对较差的城市(如安徽的宣城、铜陵、池州等)由于其就业机会少、工资收入低,就对外来人口的吸引力较小。由此可见,要想缓解人口在长三角局部地区过度集聚所造成的社会、环境等方面的压力,加快该区域落后地区的经济发展,提高其在岗职工的收入水平是第一要务,并借此来逐步调整其人口空间分布过度失衡的格局。

总体来看,各因素对长三角城市群人口空间分布形态的影响程度及其方向存在较大差异。就模型的估计结果而言,人口集聚的惯性、交通设施的改善及其城市化水平与产业构成的空间差异使得长三角局部区域内的人口集聚趋势及其程度进一步加强,这在很大程度上加剧了该地区人口空间分布的不均衡;而提高工资收入水平对人口集聚的影响则与前者正好相反。与此同时，房价的变动由于受多种因素的综合作用而没有对长三角城市群的人口空间分布产生明显影响。由此可见，要想缓解人口在长三角局部地区内过度集聚的态势，经济发展相对落后地区除了通过加快城市化进程等举措来完善其城市功能，提高社会化服务与经济发展水平，并藉此来增强对外来人口的吸引力；与此同时，强化基础设施建设、制定完善的产业政策来推动产业空间布局的合理化，实现不同地区间产业的分工与协作，也是引导产业过度集聚地区的人口向其外围地区有序分流的重要举措。

四、稳健性检验

为了评估模型估计结果的稳健性，首先，要检验因变量的时间滞后项（$L.\ln gpr$）与其空间滞后项（$W.\ln gpr$）的参数估计值之和（$\gamma+\rho$）是否小于1。由表4—1可知，在模型1至模型5中，无论是因变量的时间滞后项还是其空间滞后项的参数估计值均在5%的水平上显著，且两者之和也都小于1，说明模型的设定形式是恰当的。其次，通过逐次引入变量的方式来检验各参数估计值的敏感性，在所估计的5个计量模型中，各参数估计值的符号及其显著性均保持一致，说明模型参数的估计值是稳健的。最后，为解决部分变量的内生性对模型估计结果的影响，本章采用相关变量的滞后一期作为工具变量，Sargan检验的结果表明工具变量的选取也是合适的。由此可见，表4—1中模型的估计结果在统计上是稳健的，其参数估计值是可信的。

第三节 单一城市内人口空间分布的影响因素研究：以上海为例

城市群是城市发展到成熟阶段的最高空间组织形式。关于城市群问题的研究离不开以城市为基本单元的研究，因此，单一城市内人口空间分布优化是对城市群人口空间分布优化研究的重要补充（Glaeser，2008）。

单一城市内人口空间分布格局的形成往往是由城市发展、社会经济活动以及文化传统等多种因素综合作用的结果。自工业革命以来,人们对城市空间的发展以及由此所涉及的人口迁移等问题进行了大量探索,也取得了一定的成就。如在城市空间组织方面经典的代表性理论为"卫星城"理论、"区位"理论、"核心-外围"理论等,而在人口迁移方面则以"二元结构"理论、"推拉"理论以及舒尔茨的"人力资本"理论模型最为经典。这些经典理论在讨论城市功能的划分与空间组织的同时,从社会学与经济学的视角探讨了人口迁移、人口空间分布的依据、影响因素和机制。

一、单一城市内人口空间分布的影响因素

众所周知,人口的迁移行为是一种经济行为,获得更高的预期收益是其主要动机。例如,更好的工作机会与更高的收入、良好的医疗卫生与教育环境、获得更多的发展机会与社会资源等。当然,是否进行迁移也取决于在获得上述预期收益的同时所要付出的各种成本,如各种流动成本、生活成本、心理成本、适应新环境所付出的精力和费用等。这些因素对人口及其居住与工作区位选择的影响也不尽相同,甚至相反,从而对人口的迁移形成了不同的力量,并使得人口在空间上呈现出"集聚"和"扩散"两种效应,最终影响了城市人口空间分布格局的形成与演化。综合来看,影响城市人口空间分布的因素主要表现在以下几个方面:

(一)人口内部因素是城市人口空间分布格局形成的基础

影响城市人口空间分布格局演变的因素有很多,总体来说主要分为内部因素和外部因素。人口内部因素主要指人口规模、人口结构和人口素质等方面[1]。就同一城市而言,其不同区域的人口自然增长与迁移增长在多种因素的影响下并不尽相同,这意味着城市人口空间格局的演变也会受到其内部不同地区之间人口增长不均的影响。与此同时,随着经

---

[1] 人口规模主要是指人口总量和人口自然变动,人口结构主要是指人口的年龄结构和性别结构等,人口素质主要是指人口文化素质和人口健康素质等。

济的快速发展与城市化进程的加快,人口的年龄结构、性别结构以及人口的整体素质等因素也会通过影响人口的自然增长率、居住与就业目的地的选择等来影响城市人口的空间分布格局。

(二)社会经济因素是城市人口空间分布格局形成与演变的动力

现有研究表明,社会经济的发展是人口分布格局演变与发展的重要动力。随着生产力发展水平的提高、工业化以及城市化进程的加快,人口必然会大量地由乡村向城市转移与集聚,这就使得城市人口的空间分布格局具有明显的社会经济指向性,即人口向经济发展水平高、就业机会多以及预期收入较高的地区集聚。与此同时,在经济发展水平较高的地区,其医疗卫生以及教育资源等社会公共服务以及文化、休闲、娱乐等精神文化生活也较丰富。由此可见,社会经济等因素是影响城市人口空间分布格局的形成与演变的主要推手。

但也要看到,在经济发展的不同阶段,社会经济因素对人口空间布局的影响是不同的。例如,在经济发展的初期,产业的发展必然会推动城市人口的集聚,但当城市经济发展到一定水平后,中心城区由于自身的人口承载力有限,在多种因素的驱使下必然会推动人口向其郊区迁移,这意味着经济的快速发展对外来人口所产生的集聚引力会逐渐降低,甚至会产生负面影响。又如,在初始交通设施较为完善的地区,发达的交通系统在初期对人口的迁入与集聚产生了极为明显地促进作用;但随着经济的进一步发展,特别是城乡经济一体化的逐渐形成,居民的住房观念、汽车消费以及城乡观念逐渐得以改变,那么便捷的城市交通必然会成为加快人口由中心城区向城市边缘地区迁移的动力。由此可见,考察社会经济因素对城市人口空间分布格局形成与演变的影响时,要充分考虑其社会经济的发展水平及其所处阶段。

(三)政府的城市功能定位及相关政策对人口空间分布格局具有导向作用

影响城市人口空间分布格局的另一个重要途径则是政府对城市的功

能定位及其相关政策,其影响主要是通过市政规划、行政干预以及财税与法律等措施来实现。例如,巴黎通过财政补贴来引导产业向外转移,从而实现产业与人口空间布局的优化;中国香港在新市镇的建设中通过降低厂房租金与兴建基础设施等措施来吸引企业迁入;纽约市政府则通过采用差别地价与税价的措施来限制市区的过度膨胀,进而达到推动郊区发展的目的;北京采取多种措施(如旧城改造、产业结构调整以及部分医疗、教育与卫生等事业单位的外迁等)向周边地区有序疏解其部分"非首都"功能,都在一定程度上直接或间接地影响了该城市人口空间分布的格局。

众所周知,随着经济的快速发展与城市化进程的加快,大量人口从农村涌向城市(特别是大中型城市),并使得城市规模急剧扩张,但是城市规模的扩张并不是无限制的,达到一定程度后必然会出现很多问题。例如,城市中心区的人口过度拥挤、交通拥堵、房价高涨、环境污染以及资源利用效率低下等现象就会日益凸显。为了改变人口在城市的过度集聚所带来的负面影响,地方政府通常会通过建设"子母城"或"卫星城"等措施来引导市区人口的向外分流,城市的空间结构也会逐渐由原来的"单中心形态"向"多层次多中心形态"转变。这种对城市发展过程中的人为控制,不但很好地控制了中心城区的人口规模,而且通过"卫星城"的建设也能带动起其周边区域的经济发展,同时也能起到引导市区人口向其周边地区疏导的功能。由此可见,通过城市规划、行政干预等措施来调整城市区域的空间结构,这对于引导城市功能的合理布局、人口在地理空间上的均衡分布是极为重要的。

二、计量模型设定、估计方法与数据来源

(一)模型设定与变量选择

South 和 Crowder(1997),White(2007),周艳、涂建军等(2011),余瑞林、刘承良等(2012),王钰、陈雯(2014)以及牟宇峰(2014)等人的研究表明,产业结构调整、房价、收入、交通、医疗卫生服务水平以及基础教育的质量等因素都会对人口的空间分布产生很大影响。为此,本研究将以

上述影响因素为基础并引入空间权重矩阵来构建两种最基本的空间面板模型:空间滞后面板模型(SLPDM)和空间误差面板模型(SEPDM)。同时,为避免相关变量的内生性,本研究在构建模型时采用房价、基础教育质量和医疗卫生服务水平等变量的滞后一期来反映上述相关因素的影响[①]。其计算公式为:

$$gpr_{it} = \alpha_0 + \alpha_1 inds_{it} + \alpha_2 incom_{it} + \alpha_3 traf_{it} + \alpha_4 rtt_{it-1} + \alpha_5 medi_{it-1} + \alpha_6 hp_{it-1} + \rho \sum_j w_{ij} \mu_{jt} + \varepsilon_{it} \tag{4.3}$$

$$gpr_{it} = \beta_0 + \beta_1 inds_{it} + \beta_2 incom_{it} + \beta_3 traf_{it} + \beta_4 rtt_{it-1} + \beta_5 medi_{it-1} + \beta_6 hp_{it-1} + \lambda \sum_j w_{ij} \mu_{jt} + \varepsilon_{it} \tag{4.4}$$

其中:gpr 表示人口地理集中度,用于反映人口的空间分布状态;$inds$ 表示产业结构;$incom$ 表示收入水平;$traf$ 表示交通便利度;rtt 表示基础教育质量;$medi$ 表示医疗卫生的服务水平;hp 表示房价;i 和 t 分别代表区县和年份;$\alpha_0, \alpha_1, \cdots, \alpha_6, \beta_0, \beta_1, \cdots, \beta_6$ 为待估参数;ε 为服从正态分布且相互独立的随机扰动项;ρ 为空间回归系数,反映了样本观测值的空间依存效应;λ 为空间误差系数,反映了人口空间分布观测值的误差项所导致的空间溢出效应;w_{ij} 为空间权重矩阵 W 的元素,本研究采用的是基于 Rook's 原则的地理邻接权重矩阵,并在计算过程中对其进行标准化处理[②]。下面对所选指标及其测度作逐一说明:

1. 产业结构($inds$)

城市人口的空间分布是各种社会经济活动推动的结果,而产业的集中与发展则是人口空间分布变动的直接原因。上海作为我国长三角城市群经济发展的引擎,其工业经济在社会经济中占有重要地位,但近些年随

---

① 空间面板模型中变量的内生性检验据现有文献来看目前还没得到很好的解决,为此,本研究对空间面板模型中所引入变量进行内生性检验时主要基于一般面板模型的检验方法,其检验结果发现,在10%的显著水平上,除房价、医疗卫生服务水平和基础教育质量变量外,其余变量均不能拒绝原假设(即所采用变量是外生的)。

② 由于在实证分析中所研究区县不包括虹口区,为此在构造基于 Rook's 原则的地理邻接权重矩阵时,直接假定宝山、闸北、黄浦、浦东新区以及杨浦是相互邻接的。

着城市功能定位的转变,原有的大量工业企业开始逐步向郊区迁移,这必然带动部分就业人口随之迁移至郊区;同时,部分高新技术产业开发区在相关郊区的建立也将会引导部分人口向郊区分流。由此可见,以工业企业为代表的第二产业在不同地域间布局的调整势必会导致城市人口在空间分布上的变动。为此,本研究将以第二产业增加产值所占 GDP 的比重来测度上海产业的构成状况。

2. 收入水平($incom$)

城市的不同区位其生活成本存在很大差异,如房价的地域差异尤为显著,那么城市中的每个个体为了实现效用的最大化必定会在自身收入的约束下去选择最佳居住区位。特别是随着城市交通、通信等基础设施的改善,很多原来在城区租房居住的部分常住人口由于无力在城区购房而必然会根据自己的收入状况选择去郊区购房定居,这对一些拥有高学历的新增就业人口来说表现得尤其明显。当然也有部分高收入群体由于无法忍受城区日益严重的交通拥堵、环境污染等而选择去综合条件较好的郊区购房定居来提高自己的生活质量。由此可见,收入水平的高低对城市人口居住区位的选择也有至关重要的影响,为此,本研究以城镇在岗职工的平均工资来测度城市常住人口的收入水平。

3. 交通便利度($traf$)

一个地区交通运输和物流网络的密度与质量是决定其经济发展水平的重要因素,进而通过影响就业人口的就业概率和通勤成本来对其人口的空间分布产生作用。众所周知,市区人口之所以难以迁至郊区,其原因就在于郊区交通网络发展的滞后给部分外迁人口增加了额外的通勤成本;同时交通便利程度较高的市区也是工业企业和商业网点较为集中的区域,而郊区与之相比则相差很远。由此可见,交通便利程度的高低必然会对就业人口以及通勤人口的居住区位选择产生影响。为此,以上海各区县所拥有地铁站点的数量来测度其交通的便利程度①。

---

① 为了更准确地反映上海各区县的交通状况,在测算其交通便利程度时,如果某处有几条线路同时经过同一地铁站点,则认定该处地铁站点的个数与所经过地铁线路的数量相同。

4. 基础教育质量(rtt)

由于基础教育资源在同一城市的不同地域间分布极不均衡,如优质教育资源主要集中中心城区,而我国现在对中小学生的入学基本采取的是就近入学原则,那么中心城区教育资源高度集中的优势必然会形成极高的人口吸引力,从而对部分家庭的居住区位选择产生影响,进而影响城市人口的空间分布格局。为此,本研究以中小学的师生比来反映上海各区县基础教育的质量。

5. 医疗卫生服务水平($medi$)

医疗卫生资源的空间布局和教育资源有些类似,通常也是高度集中于中心城区,其郊区的医疗机构无论是数量还是提供服务的质量相对于中心城区来说都有不小的差距,而且中心城区的医保制度更为健全,去医院就医也较为方便。那么这种医疗服务的地域差异也会对城市人口的空间分布产生一定影响,为此本研究以千人床位数来测度医疗资源在上海不同区县间的差异。

6. 房价(hp)

众所周知,城市中的土地属于典型的稀缺资源,其可供房地产开发的数量在同一城市的不同地域存在很大差异,且极其有限。那么对那些拥有较多公共服务资源的区域来说,其有限的住宅供给能力就很难满足由于其综合社会福利优势所引致的大量新增外来人口的住房需求,这势必会导致该区域房价的快速上涨。与此同时,作为理性的消费者,外来人口在购房时必然会考虑较高的房价对其生活质量的影响,并在其有限的预算收入约束下通过比较不同区域房价的差异以及其他相关生活成本的高低来选择实现综合社会福利最大化的居住区位。由此可见,房价的地域差异也会对人口的空间分布产生一定影响。为此,本研究以一手住宅商品房交易的均价来测度上海各区县的房价。

(二)估计方法与数据来源

目前,对空间面板模型的估计主要有极大似然法(MLE)、广义矩估计法(GMM)以及两阶段最小二乘法(2SLS)等方法,其中 MLE 估计应用最为普遍。本研究采用 Elhorst(2003)提出的 MLE 以及由 Shehata 和 Mickaiel 编写的空间面板模型 Stata 程序对式(4.3)和式(4.4)的模型参数进行估计。

上海常住人口的统计最早始于 2005 年,为此,本研究的时间跨度为 2005—2015 年。在截面单位的选取上,由于南汇区 2009 年并入浦东新区以及卢湾区 2011 年并入黄浦区,所以截面单位的划分都以最新的行政区划为准,针对以前的统计数据按照最新的行政区划做了合并处理。另外,虹口区的数据统计口径与其他区县存在重大差异,为了使模型的估计结果更加准确,本研究在后续的实证分析中所选取的区县不包括虹口区。同时,本研究数据主要来源于《上海统计年鉴》、各区县统计年鉴以及国民经济和社会发展统计公报等。

三、上海人口空间分布的时空演变特征

上海地处长江入海口,与江苏和浙江两省相邻,是我国重要的经济、航运、科技、贸易和金融中心以及长三角城市群经济增长的引擎。上海下辖 17 区县,其中包括黄浦、静安、虹口、徐汇、长宁、普陀、闸北、杨浦、浦东新区、闵行、宝山、嘉定、金山、松江、青浦、奉贤和崇明县。

近年来,随着经济的快速发展以及城市化进程的加快,上海城、郊的人口在增加的同时,其人口分布的空间差异也呈现出扩大的趋势。由此可见,由于受经济、历史和社会因素的综合影响,目前上海常住人口仍高度集聚于城区,特别是受产业布局的约束,部分外来的新增人口仍通常选择在城区就业和定居,这在一定程度上导致了城区人口密度居高不下,甚至部分行政区域的人口密度呈现出快速增长的态势。上述分析是基于人口空间分布的绝对变化而言,那么从人口空间分布的相对变化来说是否也是如此?为此,本研究将采用人口地理集中度、人口相对迁移指数以及人口空间均衡分布偏离度等指标来探讨上海人口空间分布的演变特征及其趋势。

(一)人口地理集中度

人口地理集中度是衡量人口要素在某地域上集中程度的指标,它既

可以反映人口在空间上的分布状况,同时又可以反映某一区域在同级区域或整体中的地位与作用。其计算公式为:

$$GPR_i = \frac{\frac{Pop_i}{Acr_i}}{\frac{\sum Pop_i}{\sum Acr_i}} \qquad (4.5)$$

其中:GPR_i 表示某年 i 地区的人口地理集中度,Pop_i、Acr_i 分别表示 i 地区的人口和国土面积。为便于对比分析上海人口空间分布的变动,本研究选择 2005 年、2009 年、2012 年、2015 年作为代表性年份对上海 17 区县的人口地理集中度按以下标准进行统一分级:一级区为高于 2.5 倍均值[①];二级区为 1.5~2.5 倍均值;三级区为 0.5~1.5 倍均值;四级区为低于 0.5 倍均值,并把相关结果展示于表中,具体如表 4-2 所示。

(二)人口相对迁移指数

为了更清晰地反映上海各区县人口的相对变动趋势,本研究基于人口地理集中度的几何平均数与 1 的关系来构造人口相对迁移指数,其计算公式为:

$$\begin{aligned} I_p &= \frac{(Pop_{iT}/Pop_{i1})^{\frac{1}{T-1}}}{(\sum Pop_{iT}/\sum Pop_{i1})^{\frac{1}{T-1}}} - 1 \\ &= \frac{\left(\dfrac{Pop_{iT}/Acr_i}{Pop_{i1}/Acr_i}\right)^{\frac{1}{T-1}}}{\left(\dfrac{\sum Pop_{iT}/\sum Acr_i}{\sum Pop_{i1}/\sum Acr_i}\right)^{\frac{1}{T-1}}} - 1 \\ &= \left(\dfrac{\dfrac{Pop_{iT}/Acr_i}{\sum Pop_{iT}/\sum Acr_i}}{\dfrac{Pop_{i1}/Acr_i}{\sum Pop_{i1}/\sum Acr_i}}\right)^{\frac{1}{T-1}} - 1 \\ &= \left(\frac{GPR_{iT}}{GPR_{i1}}\right)^{\frac{1}{T-1}} - 1 \qquad (4.6) \end{aligned}$$

---

① 均值是指对应年份人口地理集中度的简单算术平均数。

其中：Pop_{iT}、Pop_{i1}分别是指研究区域内i单元人口在报告期和基期的总量，I_p表示研究区域内各单元人口的相对迁移指数，GPR_{i1}、GPR_{iT}分别表示研究区域内i单元人口在基期和报告期的地理集中度。当$I_p<0$时，该区域i单元人口表现为相对迁出；当$I_p=0$时，该区域i单元人口表现为相对维持现状；当$I_p>0$时，该区域i单元人口表现为相对迁入。本研究将根据该指数来分析上海各区县人口的相对迁移状况，具体计算结果如表4—2所示。

表4—2　　　上海各区县人口地理集中度及其人口集中度变动指数

区县名称	2005年 GPR	2005年 均值的倍数	2009年 GPR	2009年 均值的倍数	2012年 GPR	2012年 均值的倍数	2015年 GPR	2015年 均值的倍数	人口相对迁移指数(I_p)
崇明	0.20	0.04	0.19	0.04	0.16	0.04	0.14	0.04	−0.03
奉贤	0.38	0.08	0.39	0.09	0.44	0.11	0.40	0.12	0.02
松江	0.52	0.11	0.65	0.15	0.75	0.19	0.69	0.20	0.05
青浦	0.39	0.08	0.40	0.09	0.47	0.12	0.43	0.12	0.03
徐汇	6.42	1.35	5.80	1.31	5.41	1.40	4.82	1.39	−0.02
长宁	6.25	1.32	5.55	1.26	4.85	1.26	4.35	1.26	−0.04
静安	12.00	2.53	10.76	2.44	8.94	2.31	7.09	2.05	−0.04
普陀	7.19	1.52	6.84	1.55	6.28	1.62	5.60	1.62	
闸北	9.24	1.95	8.58	1.94	7.70	1.99	6.85	1.98	−0.03
虹口	11.88	2.50	10.83	2.45	9.59	2.48	8.66	2.50	−0.03
杨浦	7.06	1.49	6.56	1.48	5.79	1.49	5.19	1.50	−0.03
闵行	1.64	0.35	1.62	0.37	1.80	0.47	1.64	0.47	0.01
宝山	1.72	0.36	1.66	0.38	1.94	0.50	1.79	0.52	0.02
金山	0.36	0.08	0.39	0.09	0.35	0.09	0.33	0.09	−0.01
嘉定	0.73	0.15	0.79	0.18	0.88	0.23	0.81	0.23	0.03
黄浦	13.59	2.86	12.93	2.93	9.18	2.38	8.15	2.36	−0.05
浦东新区	1.08	0.23	1.14	0.26	1.16	0.30	1.90	0.55	0.01

注：均值的倍数是指上海各区县的人口地理集中度与其当年均值的比值。

(三) 人口空间分布不均衡指数

我们还是利用人口空间分布不均衡指数(HD)来探测2005—2015年间上海人口空间分布格局的演变，其计算公式同式(3.3)。由表4—2

的数据可知,2005—2015 年间上海的人口空间分布格局发生了很大变化。2005 年处于一级区的区县有 3 个,分别为静安、虹口和黄浦;到 2009 年,一级区仅剩黄浦区,其余两区则进入二级区;2012 年黄浦区也从一级区退出。而二级区所属区县的个数则由 2005 年的 2 个增加为 2012 年的 5 个,除由一级区退出的静安、虹口和黄浦进入二级区外,原处于二级区的普陀和闸北两区的人口地理集中度并没有发生明显变化。其他属于三级区和四级区的区县中,只有宝山的人口集聚程度有所提高,由四级区进入三级区,其他区县则维持原状。这在一定程度上意味着上海人口空间分布的高集聚格局有所缓解,人口开始由高度密集的城区向相对稀疏的郊区转移,根据式(3.3)所计算的人口空间分布不均衡指数在 2005—2015 年的演变趋势也佐证了这一点,具体如图 4－1 所示。尽管从 HD 的绝对数值来看上海人口的空间分布仍处于严重失衡状态,其在 2005—2015 年所计算的 HD 最小值为 1.347,远大于均衡分布时的 0 值;但从演变趋势来看,上海人口的空间分布格局正在面临着很大调整,其不均衡状态有所缓解。

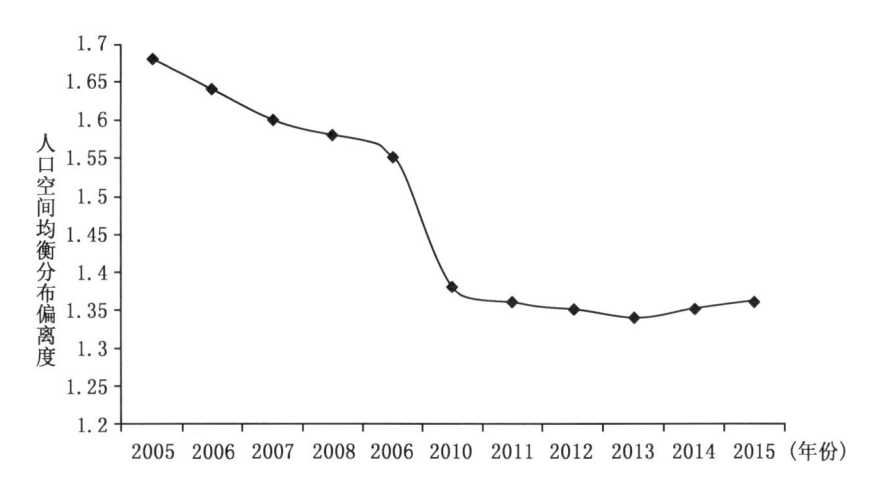

图 4－1　上海人口空间分布不均衡指数的演变趋势

根据人口相对迁移指数的计算结果可知,2012 年上海市区所属 9 区中只有处于四级区的浦东新区的人口具有相对明显的集聚特征,其人口相对迁移指数为0.01,属于相对迁入类型;剩余8区的人口相对迁移指数均为负值,处于人口的相对迁出状态。而郊区8区县的情况和上述9区则有明显差异,除原来处于四级区的金山和崇明的人口属于相对迁出类型外,其余6区的人口都具有相对明显的集聚特征,其人口相对迁移指数皆为正。由此可见,无论从何种视角来说,在2005—2015年间上海城区人口向外分流的趋势日益明显,而郊区人口则表现出了相对明显的集聚态势,这再次验证了众多学者提出的上海人口出现明显郊区化趋势的结论。那么是哪些因素导致了上海人口空间分布的演变？本研究将基于空间的视角对此进行实证分析。

四、上海人口空间分布的影响因素检验

(一)模型设定检验

在对空间面板模型的参数进行估计之前,首先要根据 Moran I 检验上海各区县人口分布的空间相关性。Moran I 的取值范围在-1到1之间,若为正,则表明各区县间的人口分布存在正相关,即存在空间集聚现象;反之,则表明存在空间排斥现象。此外,为使模型的估计结果更加准确可信,通常也要根据 LMlag、LMerr 以及它们的稳健形式(Robust LMlag 和 Robust LMerr)来检验其空间相关性,而且这些检验还将为空间面板模型的设定(SLPDM 或 SEPDM)提供一些判断依据(Anselin and Rey,1991)。如果 LMlag 和 Robust LMlag 相较于 LMerr 和 Robust LMerr 在统计上更为显著,则表明选择 SLPDM 更为合意,否则需采用 SEPDM 的设定形式。

由表4-3可知,Moran I、LMlag、LMerr、Robust LMlag 和 Robust LMerr 五种空间相关检验的统计值除 Robust LMlag 在统计上不显著外,其余统计值均在10%的水平上显著,说明上海的人口分布确实存在一定的空间相关性。其中,Moran I 为-0.147,表明上海在空间上邻接的区县间具有截然相反的人口集聚形态,这意味着上海人口的空间分布

并非是完全随机的,其空间关联性是真实存在的,同时也表明上海市区人口的集聚速度已远远低于人口相对稀疏且经济发展状况较好的部分郊区。为此,在研究上海人口空间分布的影响因素时就不能忽视人口分布所具有的空间效应,否则势必导致其模型的设定形式及其分析结果产生偏误。通过比较 $LMlag$（$Robust\ LMlag$）和 $LMerr$（$Robust\ LMerr$）的检验结果可以发现,只有 $LMerr$ 的检验值在 5% 的水平上是显著的,而 $Robust\ LMerr$ 和 $LMlag$ 的检验值在 10% 的水平上显著,同时 $Robust\ LMerr$ 的检验值在统计上则不显著,这说明 SEPDM 要优于 SLPDM,为此,本研究仅给出 SEPDM 的估计结果,并作为实证分析的依据。

表 4—3　　　　　　　　　　模型设定检验结果

检验方法	检验项目	样本容量	检验值	P 值	结论
$Moran\ I$	是否存在空间自相关	154	−2.359	0.018	存在
$LMlag$	是否存在空间自相关	154	2.658	0.092	存在
$LMerr$	是否存在空间自相关	154	3.827	0.050	存在
$Robust\ LMlag$	是否存在空间自相关	154	1.819	0.186	不存在
$Robust\ LMerr$	是否存在空间自相关	154	3.258	0.071	存在

资料来源:作者基于 Stata 软件计算而得。

(二)模型估计结果及讨论

为便于逐步观察各变量对上海人口空间分布的影响以及分析过程中各变量参数估计值的变化趋势,本研究在控制因变量的基础上通过逐步添加其他自变量的方式来估计模型参数(对应于表 4—4 中的模型 1 至模型 6),以此来检验模型估计结果的稳健性。另外,本研究还显示了混合最小二乘法(Pool OLS)(模型 7)和组间效应(BE)(模型 8)这两种传统面板模型估计方法的估计结果,以便和空间面板模型的估计结果进行对照。同时,表 4—4 中也给出了模型 1 至模型 6 的设定检验结果。尽管所有模型的 $Robust\ LMlag$ 的检验值在统计上并不显著,但 $Moran\ I$、$LMlag$ 和 $LMerr$、$Robust\ LMerr$ 的检验值除模型 2 以外,其余均在 10% 的水平上

表4—4　　　上海人口空间分布的影响因素检验结果(SEPDM)

	模型1	模型2	模型3	模型4	模型5	模型6	模型7	模型8
$inds$	−13.919*** (0.809) [−1.531]	−15.289*** (0.743) [−1.681]	−15.322*** (0.734) [−1.686]	−13.339*** (0.823) [−1.468]	−11.445*** (0.993) [−1.263]	−9.731*** (1.096) [−1.075]	−9.328*** (1.196)	−5.798* (2.924)
$incom$		−0.821*** (0.145) [−0.912]	−1.062*** (0.195) [−1.167]	−1.113*** (0.180) [−1.225]	−1.130*** (0.174) [−1.200]	−1.292*** (0.176) [−1.417]	−1.372*** (0.195)	−1.797*** (0.559)
$traf$			0.033* (0.016) [0.095]	0.052*** (0.015) [0.166]	0.064*** (0.016) [0.173]	0.056*** (0.015) [0.167]	0.053*** (0.016)	0.096* (0.048)
$rtt(-1)$				51.615*** (12.096) [1.363]	42.131*** (12.062) [1.049]	36.685*** (11.828) [0.968]	37.270*** (13.495)	64.017* (32.519)
$medi(-1)$					0.158*** (0.052) [0.253]	0.102** (0.055) [0.166]	0.093* (0.053)	0.069 (0.126)
$hp(-1)$						0.123*** (0.038) [0.419]	0.143*** (0.039)	0.273*** (0.102)
W_μ	−0.442*** (0.152)	−0.496*** (0.152)	−0.517*** (0.149)	−0.518*** (0.147)	−0.524*** (0.145)	−0.459*** (0.152)		
Moran I 检验值(P)	−2.545 (0.011)	−2.378 (0.017)	−2.476 (0.013)	−2.628 (0.009)	−2.722 (0.007)	−2.359 (0.018)		
LMlag 检验值(P)	3.163 (0.061)	3.654 (0.054)	3.416 (0.058)	3.008 (0.062)	2.967 (0.069)	2.658 (0.092)		
LMerr 检验值(P)	4.943 (0.026)	4.226 (0.040)	4.445 (0.035)	4.897 (0.027)	5.109 (0.024)	3.827 (0.050)		
R-LMlag 检验值(P)	2.224 (0.151)	2.514 (0.132)	2.304 (0.147)	2.216 (0.154)	1.999 (0.176)	1.817 (0.186)		
R-LMerr 检验值(P)	3.789 (0.052)	2.673 (0.102)	3.204 (0.074)	3.973 (0.046)	4.642 (0.031)	3.259 (0.071)		
R^2	0.734	0.776	0.776	0.803	0.821	0.846	0.827	0.796
样本容量	154	154	154	154	154	154	154	154
模型设定	SEPDM	SEPDM	SEPDM	SEPDM	SEPDM	SEPDM	Pool OLS	普通BE

注：表中上半部分圆括号内为标准差，方括号内为各变量的弹性系数；***、**、*分别表示在1%、5%和10%的水平上显著；R-LMlag、R-LMerr分别表示Robust LMlag、Robust LMerr。

拒绝了不存在空间自相关的假定，说明采用空间计量模型来实证考察上海人口空间分布的影响因素是合适的。而且模型的估计结果显示，所有空间面板模型的LMerr、Robust LMerr的检验值和显著性水平均大于LMlag、Robust LMlag，说明SEPDM模型较SLPDM模型更为合适，因此，本研究将以SEPDM模型的估计结果为基础进行实证分析。

模型1仅以产业结构作为基础变量进行参数估计,结果显示,产业结构对人口空间分布的影响为负,且在1%的水平上显著;模型2又引入了收入水平,其参数估计值同样也在1%的水平上显著为负,其产业结构的参数估计值和模型1相比符号相同且都在1%的水平上显著,表明产业结构的调整与收入水平的提高都加快了上海人口的郊区化进程。

模型3至模型5中又分别引入了交通便利度、基础教育质量和医疗卫生服务水平。众所周知,交通便利的程度、基础教育的质量以及医疗卫生服务的水平的高低是影响城市居民选择居住区位的重要因素,特别是基础教育的影响尤为明显,现在城市中大量学区房的出现就是一个例证。这意味着交通便利程度、基础教育质量和医疗卫生服务水平越高的地区,往往越容易吸引大量人口在此居住和就业。模型3至模型5的估计结果也表明了这一点,其参数估计值分别在10%和1%的水平上显著为正。

模型6则在上述变量的基础上把房价因素也考虑进来,其参数估计值在1%的水平上显著为正,即房价越高的区域对外来新增人口的吸引力越强,尽管该结果与基于理论分析所得出的结论是相悖的,但与实际情况却是相符的(如处于上海高房价区的中心城区每年涌入的新增就业者的数量远远高于其周边地区就说明了这一点),这在一定程度上意味着通过房价自主调节上海人口的空间分布是无法实现的。

由模型1至模型6的估计结果可知,模型中所引入变量的符号以及统计上的显著性均没有发生明显变化,唯一发生变动的是参数估计值的大小,而且变动幅度都不大。这充分表明,在考虑存在空间效应的条件下,上述因素对上海人口空间分布的影响是切实存在的。从模型6的参数估计结果来看,产业结构对上海人口集聚的边际效应为-9.729,弹性系数为-1.071,即郊区(市区)第二产业的比重每提高(降低)1%,上海人口空间分布的地理集中度降低1.071%,这意味着工业企业在空间布局上的调整(加快市区工业向郊区的转移)有助于平衡上海人口的空间分布,现实情况也说明了这一点。近几年随着上海中心城区功能定位的转变,原有工业企业大量向郊区迁移,从而使得上海近郊甚至个别远郊区县成为工业企业的主要集聚地,并创造了大量的就业岗位,从而吸引大量人口特别是一些新增就业人口在此就业和定居,这就使得中心城区过度集中的人口压力得到一定程度的缓解。从收入水平对上海人口空间分布的影响来看,其参数估计值和弹性系数分别为-1.288、-1.418,说明提高城镇职工的收入水平有助于缓解中心城区人口过度集中的压力,即原来在城区租房居住的部分群体随着城市交通网络的日益完善、郊区社会服务设施以及自身收入水平的提高,尤其是受郊区相对于中心城区来说其低廉房价的吸引,会根据自身的收入状况去选择条件相对较好的郊区购房定居。可见,产业结构调整与收入水平的提高都有助于加快上海人口的郊区化进程。

从交通便利度对上海人口空间分布的影响来看,其参数估计值为0.055,弹性系数为0.169,即交通便利程度每提高1%,人口地理集中度平均提高0.169%。说明相较于郊区而言,近些年来以轨道交通为代表的基础设施建设在上海市区推进较快,其交通的便利度和生活的舒适度得到很大提升,这就对外来的新增就业者产生了很强的引力,从而推动了人口向市区的快速集中。从基础教育质量以及医疗卫生服务水平对上海人口分布的影响来看,其明显不利于人口空间分布的均等化,这个从模型6的估计结果就可以发现,其参数估计值分别在1%和5%的水平上均显著为正。尽管上海是一个高度开放的国际性大都市,但其医疗卫生和教育等社会服务资源的空间分布和中国其他城市一样在城郊之间存在明显的地域差异,主要社会服务资源高度集聚于中心城区,从而对人口向中心城区的集聚产生了很强的引力。由此可见,上海郊区部分城市功能的低效严重阻碍了其人口的郊区化进程。

从房价对上海人口空间分布的影响来看,其参数估计值为0.120,弹性系数为0.419,这在一定程度上意味着房价越高的区域对外来人口的吸引力越强。为什么会出现这样看似矛盾的结果呢?究其原因,不外乎房价越高的区域其地理区位和经济发展水平通常越好,特别是对劳动力需求较多的第三产业较为发达且所占比重越来越高,这样就给新增就业人口特别是一些拥有高学历的求职者提供了更多的就业机会和发展空间；与此同时，这类区域的高房价使得新增就业人口通常以租房居住为主，尽管其房租相较于郊区要高得多，但是如果把通勤成本、时间成本以及心理因素等考虑进去，在市区租房居住的综合成本可能要低于郊区，这就使得中心城区对新增就业人口的吸引力大大增加，从而出现了房价越高的区域人口往往越集中的现象。

就各因素对上海人口空间分布的影响程度而言，在有利于促进人口空间分布均等化的因素中，产业结构调整的影响力度相较于收入水平来说其影响（综合模型1至模型6的估计结果来看）更为明显；而在不利因素中，基础教育质量对上海人口空间均衡分布的阻碍作用明显要高于交通便利程度、医疗卫生服务水平等因素的影响。由此可见，要想缓解上海中心城区的人口压力，除了通过调整产业布局来完善中心城区的功能定位外，通过增加财政投入特别是加大对郊区基础设施（如交通网络等）以及公共服务设施（如医疗、教育等）的投资力度也是一个非常重要的手段。

为了对模型的设定形式及其参数估计值的稳健性进行检验，本研究对不同模型设定形式下的估计结果做了以下对比分析。首先，通过比较模型6和模型7、模型8的估计结果可知，模型7和模型8的拟合优度明显低于模型6，说明SEPDM的估计效果要优于Pool OLS和普通BE。其次，从参数估计值的显著性来看，模型8中只有收入水平和房价因素的参数估计值在1%的水平上显著，其他部分变量则在10%的水平上显著，甚至个别变量在统计上不显著；而模型6和模型7无论是从参数估计值的大小还是从统计上的显著性来说区别都不大。最后，从模型1至模型8的参数估计值及其符号变化来看，上述8个模型参数估计值的符号是一致的，尽管其参数估计值发生了一定波动，但变动幅度都不大。通过上述对比分析表明，本研究根据模型的设定检验所选择的SEPDM是可行的，其估计结果也是稳健可信的。

第四节　本章小结

本章从理论与实证两个层面重点考察了影响长三角城市群人口空间分布的影响因素。与此同时，还以上海为例，进一步探析影响单一城市人口空间分布优化的影响因素。从长三角城市群人口空间分布的影响因素来看，人口集聚的惯性、城市化水平与工资收入的地区差异以及由于交通设施的改善而使得相关产业在局部空间的过度集聚是导致长三角城市群人口空间分布失衡的主要原因，并使得人口向局部地区集聚的趋势进一步加强；而通过制定完善的产业政策，提高相对落后地区的经济发展水平来推动某些产业由经济发展较好的城市向相对落后城市的转移，这对于引导产业高度集聚区人口的向外分流，实现产业空间布局的调整与优化是极为有利的，并在一定程度上缓解了局部地区人口过度集聚的压力。另外，房价的变动对长三角城市群人口分布的自主调节是无效的。并且，由于城市化水平的不同所导致的城市功能与社会服务水平的空间差异相较于产业布局的空间差异而言对人口空间分布的影响更为明显，是导致长三角城市群人口在局部地区出现过度集聚的重要原因。从上海人口空间分布的影响因素来看，产业布局调整和收入水平的提高都加快了上海人口分布的郊区化趋势，而交通的便利程度、基础教育质量以及医疗卫生服务水平由于城郊存在巨大差异，明显不利于人口空间分布的均等化，并在一定程度上延缓了市区人口向郊区的迁移。并且，产业布局的调整相较于收入水平提高而言对人口空间分布均等化的影响更为明显，是目前促进上海人口分布郊区化的主要原因，而房价对上海人口空间分布的自主调节是无效的。就阻碍人口郊区化的影响因素而言，基础教育质量的阻碍作用明显要高于交通便利度、医疗服务水平等因素的影响。

第五章　政府公共品供给与人口迁移及人口空间优化研究

改革开放以来,伴随着中国快速的经济增长和社会发展,大量的流动人口逐渐涌入城市。规模庞大的流动人口为劳动力资源的合理配置、推动经济集聚增长、推动城镇化进程以及农村剩余劳动力的非农就业转移问题做出了重要贡献。但由于受到户籍制度的影响,中国的公共服务供给受到属地化管理体制的限制,使得流动人口在工作地难以享受与本地户籍居民平等的公共服务,由此产生了诸如"留守儿童""候鸟型迁移""居留意愿不强"和"半城市化"等社会矛盾,给中国社会的和谐发展、新型城镇化进程以及全面建成小康社会的宏观战略带来了许多阻碍。整体来看,目前我国城市中针对流动人口人群的公共服务供给严重不足,城市人口的公共服务需求与供给之间表现出空间不均衡、不匹配等特征。

随着中共中央对民生问题越来越重视,围绕如何改善流动人口公共服务供需匹配的问题早已被提上工作日程。在党的"十八大"报告中明确提出"努力实现城镇基本公共服务常住人口全覆盖";国务院在《关于深入推进新型城镇化建设的若干意见》中进一步明确了"推进基本公共服务均等化"和"推进城镇基本公共服务常住人口全覆盖"等重要战略目标。党的十九大进一步提出"完善公共服务体系,保障群众基本生活""让改革发展成果更多更公平惠及全体人民"。那么政府公共服务供给到底会对劳动力迁移产生哪些影响?这种影响对流动人口获取公共服务、流动人口市民化和政府的人口管理带来哪些危机和挑战?为什么地方政府依然没有解决流动人口的公共服务供给?

本章将基于人口迁移与城市人口空间格局演变的相关理论,深入剖析政府公共服务供给对流动人口迁徙的影响机理和影响效应,探究政府公共服务供给、流动人口公共服务获取以及城市居留意愿三者之间的关系,在此基础之上,结合属地化管理下流动人口公共服务供需不匹配问题以及供需失衡的内在机理,探索流动人口公共服务供需匹配的优化对策,进而为破解公共服务供需不均衡性难题以及属地化管理体制下的公共资源配置扭曲问题,为努力实现惠及全体人民的基本公共服务均等化以及长三角城市群人口空间分布优化目标提供参考。

第一节 政府公共品供给对人口空间流动的门槛效应

国家统计局和卫计委流动人口动态监测数据显示,2016年全国农民工总量达2.81亿人,较2010年增长了0.39亿人,年均增长2.54%。劳动力从人均收入水平较低的中西部地区迁移至经济发展水平较高的东部沿海地区,由劳动生产率较低的传统农业部门转移至专业化程度较高的城市现代工业与服务业部门,已构成我国经济社会发展史上重要的特征化事实(郑真真,2013)。大规模劳动力迁移给东部沿海城市带来了充裕的劳动力资源和人力资本,推动了东部地区集聚经济发展并保障了城市化进程得以持续快速推进。但同时,劳动力向规模等级更高城市的偏向性涌入,使得东部沿海特大城市和超大城市公共服务供需矛盾凸显,公共软硬件基础设施面临巨大压力甚至"城市病"挑战加剧,迫使地方政府不得不提升入户"门槛",并实施与户籍制度挂钩的公共服务供给机制,来缓解摆在其面前的现实难题(Xu et al.,2014)。另外,劳动力偏向东部地区的极化流动,还导致区域发展差距扩大,户籍歧视与不平等问题突出(邢春冰,2010)。为了缩小区域发展差距,积极引导中西部地区劳动力本地就业以及由东部沿海城市回流创业,我国中央政府自20世纪末期起开始推行区域平衡战略,具体实施了一系列偏向中西部地区的财政扶持政策,这导致近15年来中西部地区的政府公共支出规模分别以20.52%和21.58%的年均速度增长,远高于东部地区的18.45%。尽管如此,劳动力向东部城市迁移的宏观流向并未发生根本逆转。相反,长三角、京津冀及珠三角城市群等区域在经济发展与吸引人口等方面表现出"强者恒强、强者更强"的态势。可见,充分认识现阶段劳动力迁移特征、政府公共政策干预效果以及两者之间的关系具有重要意义。

在 Barro(1990)看来,影响劳动生产率和工资水平的仅是生产型公共支出,并非公共支出总规模。将公共支出划分为生产型和消费型后,能够进入生产函数的仅为生产型公共支出(严成樑和龚六堂,2009)。不过,消费型公共支出因其能够转化为公共品而服务劳动者,所以具有提升劳动者效用的直接作用(金戈,2010;王麒麟,2011)。可见,这两类公共支出对劳动力迁移的作用机制并不相同。因此,单纯考察公共支出总规模对劳动力迁移的影响,而忽略了地方政府公共支出的异质性特征,可能是影响地方政府公共品空间配置效果的重要原因。基于这一认识,本章在区分公共支出异质性的基础上,进一步探讨不同类型公共支出对劳动力迁移的作用机制以及净效应,不仅有助于加深对现阶段中国劳动力迁移规律的认识,而且有助于科学合理地制定差别化的公共财政政策,进而引导劳动力合理有序流动并优化劳动力资源空间配置。本章研究的主要内容是:(1)理论模型中引入拥挤效应,并基于一般均衡分析框架考察劳动者、厂商及地方政府的行为决策,揭示了异质性公共支出对劳动力迁移的作用机制;(2)经验分析基于 283 个城市面板数据和非线性门槛模型,实证检验了劳动力迁移对生产型和消费型公共支出的异质性反应及其区域差异,以此解析地方政府公共品配置在引导劳动力要素跨区域合理流动时效果不明显甚至失灵的原因。

一、理论模型框架

按照 Barro(1990)的思路,地方政府公共支出可划分为生产型和消费型两种类型。其中,生产型公共支出能够为生产厂商提供生产性公共服务,并以生产外部性的形式进入生产函数,从而改善生产厂商的劳动生产率与物质资本使用效率。而劳动生产率的上升有助于提升地区平均工资水平,进而对劳动力迁入产生正向激励,本研究中称此为生产型公共支出的"生产率效应"。另外,消费型公共支出能够作为一种消费外部性进入劳动者效用函数,有助于劳动者效用的改善,对劳动力迁入表现出正向激励,本书中将此称为消费型公共支出的"消费性效应"。与此同时,地方政府还会以征税的方式为公共支出融资,增加公共支出便会加重地区税负,从而降低劳动者的净工资收入(付文林,2007),由此产生负向激励,这一负效应即为公共支出的"税负效应"(董理和张启春,2014)。基于此,本研究在一般均衡分析框架下,通过考察劳动者、生产厂商以及地方政府三个主体的决策行为,进而剖析异质性公共支出对劳动力迁移的作用过程。

(一)劳动者决策行为

对劳动者决策行为的考察,本研究主要借鉴具有生产部门的 OLG 模型(Diamond,1965),并假定典型行为人一生经历年轻期和老年期两个时期。而且,年轻人具有劳动行为能力和劳动时间禀赋,老年人不具有劳动行为能力且只能靠年轻期的储蓄维持生活。此外,假设年轻人劳动时间供给无弹性,第 t 期的劳动工资为 w_t,单位劳动的收入税率为 τ_t。假定劳动者的效用函数为 CRRA 形式,并结合 Barro(1990)、严成樑和龚六堂(2009)以及王麒麟(2011)的思想,将地方政府消费型公共支出纳入劳动者的效用函数中。于是,得到劳动者的最优规划:

$$\text{Max} \frac{(c_{1t}\widetilde{G}_t)^{1-\delta}-1}{1-\delta}+\lambda\frac{(c_{2t+1}\widetilde{G}_{t+1})^{1-\delta}-1}{1-\delta} \tag{5.1}$$

$$s.t. c_{1t}=(1-\tau_t)w_t-s_t ; c_{2t+1}=(1+r_t)s_t \tag{5.2}$$

其中:目标函数中的 c_{1t} 为第 t 期年轻人消费,c_{2t+1} 为第 $t+1$ 期老年人消费,$\widetilde{G}_t$ 为第 t 期消费型公共支出规模,δ 为常相对风险规避系数,λ 为跨期替代率。约束方程中的 r_t 和 s_t 分别为第 t 期利率及年轻人储蓄。根据贝尔曼方程求解法计算得到年轻人在第 t 期的消费与储蓄决策:

$$c_{1t}=\frac{(1-\tau_t)w_t}{1+\lambda^{\frac{1}{\delta}}(1+r_t)^{\frac{1-\delta}{\delta}}(\widetilde{G}_{t+1}/\widetilde{G}_t)^{\frac{1-\delta}{\delta}}} \tag{5.3}$$

$$s_t=\frac{\lambda^{\frac{1}{\delta}}(1+r_t)^{\frac{1-\delta}{\delta}}(\widetilde{G}_{t+1}/\widetilde{G}_t)^{\frac{1-\delta}{\delta}}(1-\tau_t)w_t}{1+\lambda^{\frac{1}{\delta}}(1+r_t)^{\frac{1-\delta}{\delta}}(\widetilde{G}_{t+1}/\widetilde{G}_t)^{\frac{1-\delta}{\delta}}} \quad (5.4)$$

(二)生产厂商决策行为

Barro 指出，生产型公共支出能够提升厂商的生产效率，所以这部分支出应该以生产外部性的形式进入生产函数。但是，Clementa 等(2008)和 Romano(2011)认为生产型公共支出具有"拥挤效应"[①]，即表现出竞争性特征。本章主要借鉴 Romano 的做法，在生产函数中引入拥挤指数，从而对标准 Solow 模型进行修正。构建的总产出模型为：

$$Y_t = AK_t^{\alpha}\left(\frac{\overline{G}_t}{N_t^{\rho}}\right)^{\beta} N_t^{1-\alpha-\beta} \quad (0<\alpha,\beta<1;0<\alpha+\beta<1;0\leqslant\rho\leqslant 1) \quad (5.5)$$

其中：A 为生产技术，为了简化分析，假定无外生的技术进步，即生产技术为常量；K、$\overline{G}$、N 分别为物质资本、生产型公共支出及劳动力数量；ρ 为拥挤率，衡量生产型公共支出的拥挤程度。其中，$\rho=1$ 表明生产型公共支出具有完全竞争性，$\rho=0$ 表明生产型公共支出不具有竞争性。生产厂商的最优决策方程为：

$$\text{Max}\prod\nolimits_t = AK_t^{\alpha}\left(\frac{\overline{G}_t}{N_t^{\rho}}\right)^{\beta} N_t^{1-\alpha-\beta} - w_tN_t - r_tK_t \quad (5.6)$$

根据式(5.4)求得：

$$r_t = \alpha AK_t^{\alpha-1}\overline{G}_t^{\beta} N_t^{1-\alpha-\beta-\rho\beta} \quad (5.7)$$

$$w_t = (1-\alpha-\beta-\rho\beta)AK_k^{\alpha}\overline{G}_t^{\beta} N_t^{-\alpha-\beta-\rho\beta} \quad (5.8)$$

依据 OLG 模型的假设条件，经济体第 t 期的总储蓄将等于生产厂商第 $t+1$ 期的物质资本投入。于是，得到等式：

$$K_{t+1} = S_t(w_t) = s_tN_t \quad (5.9)$$

另外，劳动力数量的变化取决于两个因素，即人口自然增长率 n 与劳动力迁移率 m，假定初始劳动力数量为 N_0，则可以得到以下等式：

[①] "拥挤效应"是指生产型公共支出过于"拥挤"而导致支出效率低下，劳动生产率和物质资本使用效率下降，劳动者工资收入水平下降，从而对劳动者迁入表现出负向激励。

$$N_{t+1}=(1+n+m)N_t=(1+n+m)^t N_0 \tag{5.10}$$

(三)地方政府决策行为

为保障经济活动正常运行,地方政府利用课税的方式筹集全部公共支出所需资金,并以此向劳动者和生产厂商提供公共品,而且地方政府征收统一的收入税[①](Barro,1990;夏纪军,2004;王麒麟,2011)。假定政府收支平衡,不存在财政收支余额或赤字,便得到财政收支的约束方程:

$$\overline{G}_t+\widetilde{G}_t=\tau_t w_t N_t \tag{5.11}$$

(四)一般均衡分析

在一般均衡框架下,综合式(5.2)和式(5.7),得到物质资本的传递方程:

$$K_{t+1}=\frac{\lambda^{\frac{1}{\delta}}(1+r_t)^{\frac{1-\delta}{\delta}}(\widetilde{G}_{t+1}/\widetilde{G}_t)^{\frac{1-\delta}{\delta}}}{1+\lambda^{\frac{1}{\delta}}(1+r_t)^{\frac{1-\delta}{\delta}}(\widetilde{G}_{t+1}/\widetilde{G}_t)^{\frac{1-\delta}{\delta}}}(1-\tau_t)(1-\alpha-\beta-\rho\beta)AK_k^\alpha \overline{G}_t^\beta N_t^{1-\alpha-\beta-\rho\beta} \tag{5.12}$$

同时,根据式(5.6)和式(5.9),得到物质资本与生产型公共支出及消费型公共支出的关系式:

$$K_t=\left[\frac{\overline{G}_t+\widetilde{G}_t}{\tau_t(1-\alpha-\beta-\rho\beta)AK_k^\alpha \overline{G}_t^\beta N_t^{-\alpha-\beta-\rho\beta}}\right]^{1-\alpha} \tag{5.13}$$

沿平衡增长路径(Balanced Growth Path),各类型投入要素增长率保持不变,即物质资本、政府公共支出以及劳动力均以相同比率增长。如果定义 $k_t=K_t/N_t$、$\overline{g}_t=\overline{G}_t/N_t$、$\widetilde{g}_t=\widetilde{G}_t/N_t$,则可以发现平衡增长路径上的人均物质资本、人均生产型公共支出以及人均消费型公共支出均不变。因此,将式(5.10)与式(5.11)合并,即可到得均衡时的传递方程:

---

① 此处的收入税并非狭义的个人工资税,而是广义的个人税负负担,既包括了对工资税率的直接影响,又包含了地区税负水平对个人名义收入的间接影响(Barro,1990;Razin et al.,2002;蒋含明和李非,2013)。因为不管地方政府征收总量税还是征收工资税,均会对劳动者的个人名义工资产生实质性影响,且征收总量税时的劳动者工资为 $w_t=(1-\tau)(1-\alpha-\beta-\rho\beta)AK_t^\alpha \overline{G}_t^\beta N_t^{-\alpha-\beta-\rho\beta}$。

$$\frac{(\bar{g}_t+\tilde{g}_t)^{1-\alpha}}{\bar{g}_t^\beta} \frac{N^{\rho\beta}}{\tau_t^{1-\alpha}(1-\tau_t)^\alpha A(1-\alpha-\beta-\rho\beta)}$$

$$=\left[\frac{\lambda^{\frac{1}{\delta}}(1+r_t)^{\frac{1-\delta}{\delta}}(1+n+m)^{\frac{1-\delta}{\delta}}}{1+\lambda^{\frac{1}{\delta}}(1+r_t)^{\frac{1-\delta}{\delta}}(1+n+m)^{\frac{1-\delta}{\delta}}}\right]^\alpha (1+n+m)^{-\alpha-\rho\beta} \quad (5.14)$$

根据隐函数求解法则，求解得到：

$$\frac{\partial m}{\partial \bar{g}}=-\frac{1}{(\alpha+\beta+\rho\beta-1)}Q \quad (5.15)$$

$$\frac{\partial m}{\partial \tilde{g}}=\frac{1}{(\alpha+\beta+\rho\beta-1)}P \quad (5.16)$$

由于 Q 与 P 均大于零①，那么由式(5.13)和式(5.14)可知，当拥挤率低于临界值 $\hat{\rho}=(1-\alpha-\beta)/\beta$ 时，即 $\alpha+\beta+\rho\beta-1<0$ 时，则有 $\partial m/\partial \bar{g}>0$、$\partial m/\partial \tilde{g}<0$；而当拥挤率高于临界值 $\hat{\rho}=(1-\alpha-\beta)/\beta$ 时，即 $\alpha+\beta+\rho\beta-1>0$ 时，则有 $\partial m/\partial \bar{g}<0$、$\partial m/\partial \tilde{g}>0$。

(五)理论假说

根据一般均衡分析结果，本章得到两个理论假说：

假说一：生产型公共支出与劳动力迁移率之间呈现出倒"U"形关系（见图5-1）。当初始劳动力拥挤率较低时，生产型公共支出的"生产率效应"大于"拥挤效应"与"税负效应"之和，对劳动力迁移的净效应为正，即生产型公共支出增加将对地区劳动力净迁移产生正向影响。一旦劳动力拥挤率达到临界值水平，生产型公共支出的"拥挤效应"与"税负效应"之和将大于"生产率效应"，生产型公共支出的进一步增加不仅不能促进劳动力迁入，反而会对地区劳动力净迁移产生负向作用。尽管随着劳动

---

① 其中，$Q=$

$$\frac{N_t^{\rho\beta}\tau_t^{\alpha-1}(1+n+m)^{\alpha+\beta^2+1}(\tilde{g}_t+\bar{g}_t+\alpha\bar{g}_t+\beta\bar{g}_t)[\lambda^{1/\delta}(1+r_t)^{(1-\delta)/\delta}(1+r_t)^{(1-\delta)/\delta}(1+n+m)^{(1-\delta)/\delta}+1]^2}{A\bar{g}_t^{-1+\beta}(\tilde{g}_t+\bar{g}_t)^\alpha(1-\tau_t)^\alpha[\lambda^{1/\delta}(1+r_t)^{(1-\delta)/\delta}(1+n+m)^{(1-\delta)/\delta}]^\alpha\left[\frac{\alpha}{\delta}+\beta\beta+\lambda^{1/\delta}(1+r_t)^{(1-\delta)/\delta}(1+n+m)^{(1-\delta)/\delta}(\alpha+\beta\beta)\right]}$$

>0；$P=$

$$\frac{N_t^{\rho\beta}\tau_t^{\alpha-1}(1-\tau_t)^\alpha(1+n+m)^{\alpha+\beta^2+1}[\lambda^{1/\delta}(1+r_t)^{(1-\delta)/\delta}(1+n+m)^{(1-\delta)/\delta}+1]^2}{A\bar{g}_t^{-\beta}(\tilde{g}_t+\bar{g}_t)^\alpha[\lambda^{1/\delta}(1+r_t)^{(1-\delta)/\delta}(1+n+m)^{(1-\delta)/\delta}]^\alpha\left[\frac{\alpha}{\delta}+\beta\beta+\lambda^{1/\delta}(1+r_t)^{(1-\delta)/\delta}(1+n+m)^{(1-\delta)/\delta}(\alpha+\beta\beta)\right]}$$

>0

力拥挤率上升,税基扩大有利于降低地区税负水平及"税负效应",但生产型公共支出会因过于"拥挤"而导致"拥挤效应"上升速度大于"税负效应"的下降速度。

假说二:消费型公共支出与劳动力迁移率之间呈现出"U"形关系(见图5—2)。当地方政府通过课税来补偿公共支出时,劳动力拥挤率过低意味着劳动力人口密度过低或税基过低,地方政府势必会直接或间接地提高人均税负水平来平衡财政收支,而过高的税负水平将对劳动力迁入产生抑制效应,即"税负效应"。此时,消费型公共支出的"税负效应"凸显并大于"消费性效应",从而对劳动力迁移的净效应为负,即对劳动力迁入产生负向激励。一旦劳动力拥挤率达到临界值水平,消费型公共支出的"税负效应"逐步弱化并被"消费性效应"占优,即消费型公共支出的"消费性效应"大于"税负效应",增加消费型公共支出会对劳动力净迁移产生正向影响。

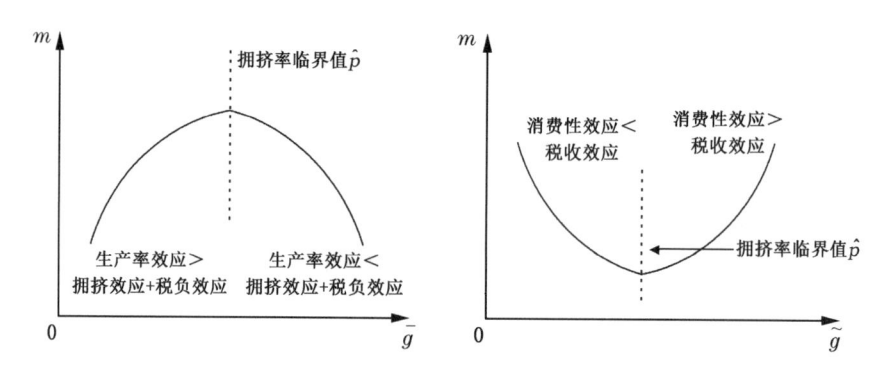

图 5—1　生产型公共支出与劳动力迁移率　　图 5—2　消费型公共支出与劳动力迁移率

二、计量模型设计及估计方法

(一)计量模型选择与估计方法

面板数据非线性门槛模型的核心思想就是考察被解释变量与解释变量之间的相关关系是否发生结构性突变,即当门槛变量数值高于或低于某一临界值时(经济中发生跃升的临界点),部分重要解释变量的估计系数是否会发生显著性变化。通常来讲,这种估计系数所产生的"折凹现象"往往与现实经济情境较为相近,同时又能反映出较丰富的经济学意义,所以受到经济学者关于非线性关系研究的热衷。鉴于前述的理论研究发现,生产型公共支出($\bar{g}$)、消费型公共支出($\tilde{g}$)对劳动力迁移率的净效应会随劳动力拥挤率的变化而发生结构性突变。因此,本章借鉴 Hansen(1999)的面板门槛模型思想,构建了一个面板数据多门槛模型:

$$\begin{aligned} migration_{it} = &\alpha + \beta_1 \ln g_{it-1} I(density \leqslant \rho_1) + \beta_2 \ln g_{it-1} I(\rho_1 < density \leqslant \rho_2) + \cdots + \\ &\beta_n \ln g_{it-1} I(\rho_{n-1} < density \leqslant \rho_n) + \beta_{n+1} \ln g_{it-1} I(density > \rho_n) + \theta_1 differ \\ &ential_{it-1} + \theta_2 price\_income_{it-1} + \theta_3 industry_{it-1} + \theta_4 urbanization_{it-1} + \\ &\theta_5 unemployment_{it-1} + \theta_6 \ln internet_{it-1} + \theta_7 \ln road_{it-1} + \theta_8 provincial_{it-1} \\ &+ \theta_9 coastal_{it-1} + \varepsilon_{it} \end{aligned}$$
(5.17)

其中:i 表示城市,t 表示时间,g 为受门槛变量影响的主要解释变量(生产型公共支出 $product\_g$ 和消费型公共支出 $consump\_g$),$density$ 为门槛变量,ρ 为待估算的门槛值,$I(\cdot)$ 为示性函数,β 为不同区段解释变量 g 的影响系数,θ 为控制变量的影响系数,$\varepsilon_{it} \sim iid(0,\sigma^2)$ 为随机干扰项。另外,劳动者迁移决策通常早于迁移行为,所以,影响劳动力迁移的变量属于前定变量。为体现这种影响的滞后性,本模型中对所有前定变量取滞后一期值。而且,这样处理还有利于缓解劳动力迁移率与公共支出之间可能因双向因果关系的存在而导致联立性偏误问题。

根据 Hansen(1999)的面板门槛模型估计方法,首先,将任意 ρ_n 作为初始值赋给 ρ,再对式(5.17)进行 OLS 估计,并得到相应的残差平方和 $S_1(\rho)$。其次,依次在 ρ 的取值范围内选定不同的候选门槛值,并得到相应的残差平方和 $S_1(\rho) = \hat{e}(\rho)'\hat{e}(\rho)$。最后,根据 $\hat{\rho} = \arg\min S_1(\rho)$ 原则,筛选出最优的门槛值 $\hat{\rho}$,并对面板门槛模型进行回归估计,进而得到所有参数的估计值。

接下来,需要检验门槛效应是否显著,即 $\beta_1、\beta_2\cdots\beta_n$ 是否存在显著性差异。具体参考 Bai 和 Perron(1998)的做法:首先在原假设条件 $H_0:\beta_1 = \beta_2$ 下,利用自举法(Bootstrap)从回归残差分布中转换得到统计量 F_1

$=[S_0-S_1(\rho)]/\sigma^2$ 及对应的 P 值,由此确定首个门槛 $\hat{\rho}_1$;在固定第一阶段 $\hat{\rho}_1$ 后,按照 $\hat{\rho}_2=\arg\min S_2(\rho_2)$ 原则,确立第二个门槛值 $\hat{\rho}_2$,并构造统计量 $F_2=[S_1(\rho_1)-S_2(\rho_2)]/\sigma^2$,进而判定第二个门槛 $\hat{\rho}_2$ 是否显著;依次类推,即可搜索至第 n 个门槛,直到第 $n+1$ 个门槛不显著为止。

最后,还需要检验所估计的门槛值是否与真实门槛值具有一致性,原假设为 $H_0:\hat{\rho}=\rho_0$。为了避开干扰参数的影响,Hansen(1996)提出使用极大似然统计量 $LR(\rho)=[S_1(\rho)-S_1(\hat{\rho})]/\sigma^2$ 来构造渐近有效置信区间"非拒绝域",并以此来检验门槛值。

(二)变量说明与数据来源

1. 变量说明

(1)被解释变量。

本章的被解释变量为劳动力净迁移率(*migration*)。现有权威统计资料缺乏对劳动力迁移宏观数据的统计,所以,本章借鉴许召元和李善同(2008)、蔡昉和王美艳(2009)以及李建平和邓翔(2012)等学者的思路,即以常住人口迁移率来反映劳动力迁移率,具体计算方法为:

$$\text{劳动力迁移率}=\left(\frac{\text{当年}}{\text{常住人口总数}}-\frac{\text{上年}}{\text{常住人口总数}}\right)\div\frac{\text{上年}}{\text{常住人口总数}}-\text{人口自然增长率}$$

用常住人口迁移率近似反映劳动力净迁移率的原因是:常住人口迁移率与劳动力迁移率之间的偏差主要来源于随迁的非劳动力(包括老年的父母与未成年的子女)和在外地求学的学生。从许召元和李善同(2008)的统计数据来看,伴随着 1 个单位的劳动力迁移,仅有 0.14 个非劳动力人口随之迁移,可见随迁的非劳动力所占比重极小。另外,由于我国近十年来各大中院校扩招速度逐步放缓,表现在各城市的大中院校在校学生人数变动不大且差分后的值接近于零,这意味着外出求学学生产生的偏差极小且可以忽略不计。为了进一步证实这一结论,本章根据《2005 年全国 1% 人口抽样调查数据》计算得出 2005 年因外出学习培训而迁移的人口数量仅占迁移人口总数量的 2.96%,说明 1 单位迁移劳动力中仅有 0.03 个非劳动力人口因为外出学习培训而迁移。

(2)主要解释变量。

本章的主要解释变量生产型公共支出($product\_g$)和消费型公共支出($consump\_g$)分别以人均值来表示,即生产型公共支出、消费型公共支出除以常住人口数量。对于生产型公共支出和消费型公共支出内容的划分,学术界还存在一定的分歧。近年来,国内学者赵志耘和吕冰洋(2005)给出了一个较为成熟的划分标准,受到国内学者的一致认可和引用(严成樑和龚六堂,2009;石奇和孔群喜,2012),即将基本建设支出、教育支出及科学研究开发支出划分为生产型公共支出。而在唐颖和赵文军(2014)的研究中,则直接将生产型公共支出归为教育事业费、科技三项费用和科技事业费等项目。本章则是参照赵志耘和吕冰洋(2005)、严成樑和龚六堂(2009)、石奇和孔群喜(2012)、唐颖和赵文军(2014)的做法,将财政教育支出、财政科学研究开发支出纳入生产型公共支出范畴。对于财政基本建设支出没有纳入:一是因为赵志耘和吕冰洋(2005)的实证检验发现财政基本建设支出对经济增长的影响不显著,按照Devarajan等(1996)的思想就没有列入生产型公共支出项目;二是因为公共支出项目分类在2007年发生了调整,财政基本建设支出项目在公共支出科目中已经没有了。另外,考虑到财政医疗健康支出也有利于提升人力资本(陈浩,2010;祁毓等,2015),本章中也将其纳入生产型公共支出范畴。并且,将上述几类之外的其他公共支出项目划分为消费型公共支出。

(3)门槛变量。

本章选择城市常住人口密度($density$)作为门槛变量,来反映劳动力拥挤程度,具体以常住人口数量与城市面积之比来度量。在城市气候、温度、水、生态环境以及土地资源等自然资源约束下,劳动力过度集聚将导致交通拥堵、环境恶化、住房紧张、资源供给压力过大等"城市病"凸显。尤其是北京、上海、广州、深圳等超大城市的土地与人口正双双面临"天花板":一是土地空间有限的强约束"天花板",二是人口规模最大承载力"天花板"。极大部分人口在城市等级较高的特大城市或超大城市聚集,使得这些城市因常住人口密度过高而导致"城市病"加剧,影响了公共支出效率。不过,城市常住人口密度过低也会造成劳动力用工成本和搜寻成本上升、经济集聚效率低下以及经济增长乏力等问题,同样也会影响公共支出效率。

(4)控制变量。

区域收入差距($differential$)。在 Harris-Todaro 模型中,微观经济主体根据预期收入差距来决定是否外流,而且预期地区间收入差距越大,劳动者选择外流的倾向和规模越高(Kennan and Walker,2011;樊士德和沈坤荣,2014)。改革开放以来,中央政府实施的偏向性发展政策使得我国工农产品价格剪刀差不断加剧,形成了城乡二元经济体,最终导致城乡收入差距不断扩大,为劳动力跨区域迁移提供了根本动力。部分学者则从实证角度检验了区域收入差距对劳动力迁移的显著影响,如王格玮(2004)等。本章使用城市平均收入与其他所有城市平均收入比来度量区域收入差距。

人口经济饱和度($price\_income$)。在各类资源禀赋不变的状况下,劳动力的不断迁入会加大对生活资料和住房的需求,导致物价水平和住房价格攀升,由此形成人口在经济层面的饱和(Andrew et al.,2013)。由于当前我国住房支出在城市居民生活支出中占据较大比重,所以,本章使用房价收入比(房价负担)直观地反映人口经济饱和度,具体以商品房零售均价与城镇居民人均可支配收入之比来度量。

产业结构($industry$)。当前的经济学理论与实践经验表明,地区产业结构对于劳动力就业具有显著的影响。特别是第二、三产业较强的城市,其就业吸纳能力明显高于其他城市。为此,本章选用城市第二、三产业产值占比来衡量地区产业结构。

城镇化率($urbanization$)。研究表明,我国劳动力迁移主要表现为从落后的农村地区迁往较发达的城镇地区(劳昕和沈体雁,2015)。可见,城镇化率也是影响劳动力迁移的重要因素,其内在机理在于高城镇化率地区具有更高就业率、更好的职业发展机会、更优的公共服务设施以及更舒适的居住环境,对劳动力迁入具有正向激励作用。鉴于我国当前的城镇化更多地反映为人口城镇化,所以,本章以城镇常住人口占总人口比例作为城镇化率的衡量指标。

失业率（*unemployment*）。Harris 和 Todaro（1970）认为，劳动力在做迁移决策时不仅会考虑到区域收入差距，还会考虑迁入地实现就业的概率。通常，地区失业率越低，意味着劳动力就业概率越大，则劳动力的迁入意愿越高。本章中的失业率以城镇登记失业率来度量。

经济地理因素。不论是地理区位还是改革开放后的优惠政策，都偏向于沿海城市，所以沿海城市在经济集聚以及就业吸纳能力方面都优越于内陆城市。另外，作为一省的政治中心和商业服务业中心，省会城市、副省级城市及计划单列市在吸纳就业方面更有优势。因此，本章控制了省会城市、副省级城市及计划单列市（*provincial*）和沿海地区（*coastal*）等经济地理因素变量。

新经济地理因素。在 Fujita（1988）和 Krugman（1991）看来，邮电通信和交通运输条件改善有助于降低企业交易成本、提升城市通勤效率并形成集聚经济，对城市扩容提质具有正向促进作用。于是，本章中还控制了互联网宽带接入用户数（*internet*）和人均城市道路面积（*road*）等变量。

2. 数据来源

由于公共支出项目分类在 2007 年发生了调整，所以，本章选择的研究时间区段为 2007—2015 年。另外，在财政分权制度背景下，伴随着财政分权程度的不断加深，从地级城市层面探究公共支出与劳动力迁移的关系，可能会比省级层面的研究更能反映地域性差异及公共支出的异质性特征，同时也为省域视角的研究模式转换提供了难以替代的条件。因此，本章选择 2007—2015 年我国 283 个地级城市面板数据作为分析数据集。各变量指标数据主要来源于历年《中国城市统计年鉴》《中国区域经济统计年鉴》以及《中国统计年鉴》，部分缺失数据由相应年份各省市统计年鉴国民经济和社会发展统计公报以及政府工作报告进行补充[①]。

[①] 受到篇幅限制，本章没有具体报告各变量数据的描述性统计结果，若有需要可向作者索取。

三、门槛效应检验与估计

(一)门槛效应检验

1. 门槛效应存在性检验

在确定面板门槛模型的具体形式前,首先需要检验门槛效应的存在性以及门槛个数。为此,本章依次设定单一门槛、双重门槛以及三重门槛等假设条件,并对关键解释变量的门槛效应进行检验。考虑到受门槛变量影响的解释变量有生产型公共支出和消费型公共支出两个,而 Hansen 方法无法同时对两个解释变量进行检验。为处理这一问题,本章采用交叉估计方法来检验门槛效应的存在性,即在控制其中一个解释变量的同时,检验另一个解释变量的门槛效应。重复操作两次,就可以检验出两个主要解释变量的门槛效应。根据 Bootstrap 法 1000 次计算得到两个解释变量门槛效应检验的 F 统计值和 P 值(见表 5-1)。生产型公共支出的门槛效应检验结果为:单一门槛效应在 5% 水平上显著,对应的 F 统计值和 P 值分别为 33.470 和 0.047;双重门槛、三重门槛效应在统计上不显著。与此对照,消费型公共支出的门槛效应检验结果为:单一门槛效应在 1% 水平上显著,对应的 F 统计值和 P 值分别为 128.68 和 0.010;双重门槛、三重门槛效应在统计上不显著。可见,生产型和消费型公共支出两个解释变量均仅存在单一门槛。

表 5-1　门槛效应检验

主要解释变量	门槛类型	F 统计值	P 值	门槛值	置信区间下限	置信区间上限
生产型公共支出	单一门槛	33.470 0**	0.047 0	766.000	765.000	768.000
	双重门槛	14.040 0	0.218 0	—	—	—
	三重门槛	9.800 0	0.402 0	—	—	—
消费型公共支出	单一门槛	128.68***	0.010 0	167.000	165.100	168.000
	双重门槛	6.000 0	0.389 0	—	—	—
	三重门槛	3.290 0	0.843 0	—	—	—

注:***、**、* 分别表示在 1%、5%、10% 水平上显著。95% 的置信区间根据 Bootstrap 法 1 000 次而得。

2. 门槛值估计与区间划分

确定存在单一门槛效应后,本章还估计出生产型和消费型公共支出的门槛值及95%水平的置信区间(见表5—1),而且生产型和消费型公共支出对应的单一门槛值分别为766、167(人/平方千米)。根据两个变量的单一门槛值,本章将城市人口密度划分为不同区段:生产型低密度区(5,766],生产型高密度区(766,5 323);消费型低密度区(5,167],消费型高密度区(167,5 323)。① 为便于理解门槛值的识别及其置信区间的构造过程,本章绘制了生产型公共支出和消费型公共支出单一门槛识别的似然比函数图②。与此同时,本章还报告了我国三大区域门槛区间的划分结果(见表5—2)。其中,生产型高密度区含样本城市37个,主要集中在长三角、珠三角以及京津冀城市群等东部沿海地区,部分城市集中在成渝城市群以及中原城市群等中西部经济较发达地区;消费型低密度区含样本城市69个,主要集中在陕甘宁、云贵、黑龙江以及内蒙古等中西部欠发达地区。深入研究发现:生产型高密度城市样本也位于消费型高密度区内,消费型低密度城市样本也位于生产型低密度区内;生产型低密度区既有消费型低密度城市样本,又有部分消费型高密度城市样本;消费型高密度区既有生产型高密度城市样本,又有部分生产型低密度城市样本。

表5—2　　　　　　　　三大区域门槛区间划分

门槛区间	东部地区	中部地区	西部地区
生产型高密度区	北京、上海、深圳等26个城市	郑州、武汉、漯河等9个城市	西安、成都2个城市
生产型低密度区	东营、承德、韶关等74个城市	十堰、怀化、临汾等87个城市	西宁、兰州等85个城市
消费型高密度区	深圳、东莞、南京等92个城市	郑州、武汉、长沙等76个城市	昆明、南宁等46个城市

---

① 区段中的5和5 323分别为低于常住人口密度的最小值、高于常住人口密度最大值的临近整数。

② 由于篇幅限制,本章没有具体报告生产型公共支出、消费型公共支出单一门槛识别的似然比函数图,若有需要可向作者索取。

续表

门槛区间	东部地区	中部地区	西部地区
消费型低密度区	丹东、龙岩、承德等8个城市	十堰、忻州、朔州等20个城市	酒泉、固原等41个城市

(二)面板门槛模型回归估计

由于 Hansen(1999)面板门槛模型估计是以固定效应模型为基础,所以在回归估计前需要检验面板门槛模型是否具有显著的固定效应。根据固定效应检验得到回归方程(1)~(4)(见表5-3)的 F 统计值分别为10.100、10.000、9.900及9.800,且均在1%水平上显著,说明四个回归方程具有显著的固定效应,而且面板门槛模型所估计的参数在统计上是可靠的。

从方程(1)和(2)(见表5-3)的估计结果来看,生产型公共支出对劳动力迁移的净效应呈现出明显的结构性变化特征。在生产型低密度区,生产型公共支出对劳动力迁移的净效应显著为正,说明生产型公共支出的"生产率效应"大于"拥挤效应"与"税负效应"之和。此时,消费型公共支出对劳动力迁移的净效应也显著为正,说明在该区间内,消费型公共支出的"消费性效应"大于"税负效应"。至于净效应大小远低于方程(1)中消费型公共支出的估计系数,可能与该区间内同时分布着消费型高密度城市样本和消费型低密度城市样本有关。因为根据理论研究结论和方程(1)和(2)的检验结果,消费型公共支出在消费型低密度区和消费型高密度区的净效应方向相反。在生产型高密度区,生产型公共支出对劳动力迁移的净效应显著为负,虽然净效应仅在10%水平上显著。这是因为随着劳动力数量的不断增多,生产型公共支出的竞争性和拥挤性逐渐凸显,人均生产型公共支出下降使得对厂商物质资本使用效率及劳动生产率的改善作用不断减弱,以至于生产型公共支出的"拥挤效应"和"税负效应"之和大于"生产率效应"。在此区间,消费型公共支出对劳动力迁移的净效应显著为正且净效应大小有所增强。主要原因为生产型高密度区同时也是消费型高密度区,而消费型公共支出的净效应在该区间内一直为正。

总的来看,劳动力先是偏向生产型公共支出规模较大的城市集聚,而随着城市常住人口密度的不断上升并达到临界点水平后,生产型公共支出的继续上升不能进一步吸引更多的劳动力集聚,反而部分劳动者会因过高的城市生活成本、住房成本以及过长的上下班通勤时间而选择向周边城市或中小城市迁移①。因此,从长期来看,城市人口空间分布最终将回归平衡,这就是从集聚走向平衡的过程(陈钊和陆铭,2009;陆铭,2015)。

表5—3　　　　　　　　　面板门槛回归估计结果

变量	(1)生产型低密度区	(2)生产型高密度区	(3)消费型低密度区	(4)消费型高密度区
$cons$	−4.665 2 (6.330 6)	−7.326 0 (6.096 3)	−3.218 1 (6.369 0)	−0.542 8 (5.701 4)
$\ln(product\_g)$	0.708 1** (0.333 1)	−0.615 1* (0.324 4)	0.851 2*** (0.105 4)	0.074 3 (0.063 2)
$\ln(consump\_g)$	0.141 2*** (0.059 3)	0.320 2*** (0.124 1)	−0.817 6** (0.416 6)	0.379 9*** (0.141 3)
$differential$	1.336 5*** (0.387 3)	1.619 7*** (0.401 9)	1.634 9*** (0.386 2)	1.609 8*** (0.389 1)
$price\_income$	2.028 7 (1.515 4)	−1.684 3* (1.015 2)	2.011 3 (1.627 3)	2.154 0 (1.413 5)
$industry$	1.823 4*** (0.347 4)	1.329 0*** (0.389 5)	0.973 6*** (0.339 0)	1.493 7*** (0.364 1)
$urbanization$	1.554 2*** (0.401 0)	0.719 6* (0.400 6)	1.309 0*** (0.398 5)	1.485 4*** (0.401 7)
$unemployment$	−0.458 2* (0.270 2)	−0.466 2* (0.270 2)	−0.398 1* (0.207 5)	−0.415 8* (0.251 6)
$\ln(internet)$	−0.163 0 (0.470 1)	0.077 8 (0.453 3)	−0.279 9 (0.491 4)	−0.386 8 (0.490 0)
$\ln(road)$	0.099 5 (0.395 9)	0.123 1 (0.395 5)	0.114 0 (0.394 7)	0.055 3 (0.393 9)
$provincial$	控制	控制	控制	控制
$coastal$	控制	控制	控制	控制
$Obs.$	1 981	1 981	1 981	1 981

---

① 详见新华网《别让上下班耗掉幸福感 北上广深通勤时间超90分钟》。

续表

变量	(1)生产型低密度区	(2)生产型高密度区	(3)消费型低密度区	(4)消费型高密度区
R^2	0.680	0.650	0.580	0.605
F统计量	13.700***	12.200***	10.900***	11.080***
固定效应F检验	10.100***	10.000***	9.900***	9.800***

注：括号内为标准误；***、**、*分别表示在1%、5%、10%水平上显著。

从方程(3)和(4)的估计结果来看，消费型公共支出对劳动力迁移的净效应也发生了结构性变化。在消费型高密度区，消费型公共支出对劳动力迁移的净效应显著为正，说明消费型公共支出能够直接改善劳动者效应水平，进而对劳动者迁移表现出正向激励。尽管地方政府以课税的方式为消费型公共支出融资，但由于城市人口密度大、税基高，所以该区间的税负水平相对较低，消费型公共支出的"消费性效应"大于"税负效应"。此时，生产型公共支出对劳动力迁移的净效应则不显著，这是因为消费型高密度区内同时含有生产型高密度城市样本和低密度城市样本，而生产型公共支出在生产型高密度区和低密度区的净效应方向相反。在消费型低密度区，消费型公共支出对劳动力迁移的净效应为负，说明消费型公共支出的"税负效应"[①]大于"消费性效应"。这是因为城市常住人口密度过低意味着税基低，地区税负压力上升，最终导致消费型公共支出的"税负效应"大于"消费性效应"。即使中央政府在"中部崛起"和"西部大开发"战略实施过程中，加大了对中西部地区的财政扶持与转移支付，但中西部地区公共支出效率低下也难以集聚劳动力(陈诗一和张军，2008)。而且，常住人口密度较小的中西部城市容易因缺乏监管而滋生腐败，从而导致消费型公共支出"缺斤少两"、政府财政资源配置效率低下，难以成为劳动者理想的归属地(刘勇政和冯海波，2011)。不过，在此区间内，生产型公共支出对劳动力迁移的净效应显著为正，因为消费型低密度区同时

---

① 本章还借鉴董理和张启春(2014)的做法，对"税负效应"这一机制进行实证检验。研究发现，在消费型低密度区，公共支出规模增加的确推升了地区的税负水平，由此说明"税负效应"是存在的。

也属于生产型低密度区。

从控制变量的估计结果来看,区域收入差距的估计系数在四个回归方程中均显著为正,说明劳动者在做迁移决策时,总是偏向收入水平较高的城市(王格玮,2004)。而且,区域收入差距越大,劳动力迁移的动机和强度越高,这与我国户籍制度改革及劳动力迁移历史极为吻合。1958年,《户籍登记条例》的颁布使得户籍制度成为限制劳动力自由流动的"有形屏障"。1978年,户籍制度改革提上日程,这一桎梏了20年的"有形屏障"逐步被破除。到了2003年,东部沿海城市已经在"东部率先发展"战略中得到飞速发展,与中西部地区的经济差距愈演愈烈(王克强等,2014)。受东部沿海城市高收入的吸引,中西部地区农民纷纷涌入东部沿海城市就业,这一大规模的劳动力迁移现象也由此而成为世界性奇观。在 Harris 和 Todaro 看来,劳动力在做迁移决策时除了考虑区域收入差距,还会考虑迁入地的就业机会,这一观点在本章的实证检验中得到印证,即失业率的估计系数显著为负。另外,产业结构的估计系数也均显著地为正,说明城市第二、三产业占比越高,则对劳动力就业的吸纳能力越强,这与于涛方(2012)的实证结论一致。人口经济饱和度仅在生产型高密度区显著为负,而在其他门槛区间内均不显著,说明房价负担仅对生产型高密度城市的劳动力迁入产生抑制性作用。更进一步分析可知,生产型高密度城市主要集中在东南沿海和极少数中西部省会城市,这些城市的住房价格自2007年后快速上升,使得房价负担对劳动力迁入的影响越发显著。而且,这种抑制作用对于那些刚拥有学历文凭及工作技能,并寄希望在北京、上海、广州、深圳等特大城市长期定居的劳动者更为明显。由此可见,过高的住房价格已经对特大城市的城镇化进程产生了制约(李拓和李斌,2015)。另外,城镇化率对劳动力迁移的影响显著为正,说明我国劳动力迁移具有明确的目标性,城镇化水平越高的城市通常在地理、政治、经济以及社会发展等层面具有更高的优势,进而成为劳动力迁移的首选地。不过,从估计系数来看,生产型高密度城市的回归系数最小,这或许是因为生产型高密度城市的城镇化水平都比较高,而在土地"天花板"

这一强约束下,有限的城镇化发展空间将会导致劳动力迁入意愿弱于其他城市。此外,本章中还控制了互联网宽带接入用户数和人均城市道路面积等新经济地理因素,不过这些因素对劳动力迁移的影响并不显著,鉴于上述因素不是本章关注的重点,所以在此不做深入探讨。

(三)稳健性检验

1. 基于工具变量法的稳健性检验

劳动力迁入扩大了迁入地城市的税基,这意味着迁入地政府将更有能力提供公共品并优化公共服务。由此看来,劳动力迁移与公共支出之间可能存在循环累积的双向因果关系,传统的OLS估计可能会高估公共支出对劳动力迁移的净效应。为此,本章用滞后三期值和相邻城市公共支出平均值作为地方政府公共支出的IV变量,来进行稳健性检验。根据已有的研究经验,滞后三期值作为IV变量能够缓解模型的联立性偏误,用相邻城市公共支出平均值作为IV变量,一定程度上也能克服双向因果关系问题。另外,本章除了分别利用上述两组IV变量进行回归估计外,还同时使用上述两组IV变量进行识别检验,如果三组检验结果非常接近,则可以认为IV变量检验结果具有有效性(钟辉勇和陆铭,2015)。在进行IV变量估计前,还需对门槛效应存在性及门槛值进行稳健性检验。结果表明:生产型和消费型公共支出均存在单一门槛,而且生产型公共支出的门槛值位于置信区间765~768内,消费型公共支出的门槛值位于置信区间165~168内,说明两个变量的门槛效应具有稳健性。接着,根据稳健门槛值对回归方程进行分段IV变量估计(见表5—4)。

估计结果显示,生产型低密度城市样本、生产型高密度城市样本、消费型低密度城市样本、消费型高密度城市样本中的各自三组IV变量估计结果较为相近,说明IV变量估计具有有效性。而且,各估计方程的第一阶段F检验和Hansen-Sargan检验均证实了所有IV变量非弱工具变量,也不存在过度识别问题。从变量的回归系数来看,生产型和消费型公共支出的IV变量估计结果与OLS基准回归系数方向一致,但数值略小于OLS估计系数,说明生产型、消费型公共支出与劳动力迁移率之间的

表 5-4　工具变量估计结果

变量	生产型低密度区 (5) IV(lag2)	(6) IV(neig.)	(7) IV(both)	生产型高密度区 (8) IV(lag2)	(9) IV(neig.)	(10) IV(both)	消费型低密度区 (11) IV(lag2)	(12) IV(neig.)	(13) IV(both)	消费型高密度区 (14) IV(lag2)	(15) IV(neig.)	(16) IV(both)
cons	−9.833***	−6.785***	−9.769***	−7.088**	−6.984***	−7.232**	−9.731***	−5.754***	−9.855***	−9.496***	−7.235***	−5.773
	(3.334)	(1.655)	(3.736)	(2.765)	(1.533)	(3.457)	(1.775)	(1.834)	(3.344)	(3.277)	(1.824)	(3.743)
ln(product_g)	0.335***	0.321***	0.295***	−0.189*	−0.212*	−0.197*	0.432***	0.457***	0.448***	0.053	0.075	0.068
	(0.124)	(0.113)	(0.107)	(0.099)	(0.122)	(0.108)	(0.143)	(0.152)	(0.133)	(0.121)	(0.094)	(0.142)
ln(consump_g)	0.109**	0.112**	0.103**	0.302***	0.294***	0.311***	−0.246***	−0.308***	−0.290***	0.294***	0.335***	0.265**
	(0.052)	(0.058)	(0.049)	(0.094)	(0.101)	(0.117)	(0.056)	(0.075)	(0.060)	(0.101)	(0.128)	(0.107)
Obs.	1 415	1 939	1 385	1 415	1 939	1 385	1 415	1 939	1 385	1 415	1 939	1 385
First Stage F	2 218.7***	464.2***	3 815.5***	1 546.8***	129.2***	1 433.3***	1 425.1***	978.6***	242.5***	1 516.7***	675.6***	2 439.8***
Sargan Test (P)	—	—	0.498	—	—	0.665	—	—	0.176	—	—	0.215
Wald Stat.	96.33***	171.26***	98.14***	96.42***	174.13***	93.42***	123.26***	165.58***	94.89***	98.47***	174.62***	90.38***
R^2	0.716	0.724	0.709	0.650	0.673	0.675	0.663	0.636	0.651	0.675	0.716	0.623

注：括号内为标准误，***、**、*分别表示在1%、5%、10%水平上显著。受篇幅限制，表中没有给出其他控制变量的估计结果，若有需要，请向作者索取。

双向因果关系导致 OLS 估计结果的确被高估。不过,生产型、消费型公共支出对劳动力迁移率的影响分别呈现倒"U"形和"U"形的单一门槛效应这一结论是稳健的。控制变量估计结果显示,除失业率变得不显著外,其他控制变量的估计结果均与基准回归结果一致。

2. 公共支出分类标准的稳健性检验

另外,本章还从两个方面来验证生产型公共支出和消费型公共支出分类标准的稳健性。第一,借鉴王麒麟(2011)的做法,在生产型公共支出项目中还增加了农业支出、林业支出、水利和气象支出、工业和交通支出等项目。不过,在 2007 年后的公共支出项目分类标准中,上述支出项目被调整为农林水事务、交通运输、国土资源气象。第二,遵循赵志耘和吕冰洋(2005)、石奇和孔群喜(2012)的思路,在生产型公共支出项目中去掉财政医疗健康支出。对调整后第一种分类标准的检验发现,生产型公共支出、消费型公共支出均表现为单一门槛效应,而且门槛值都处于置信区间 765~768、165~168 内,门槛估计结果也与基准估计一致。对调整后第二种分类标准的检验发现,生产型公共支出、消费型公共支出也均表现为单一门槛效应,生产型公共支出的门槛值处于置信区间 765~768 内,消费型公共支出的门槛值 162 稍低于基准门槛检验的置信区间下限值 165。进一步比较分析后发现,调整后第二种分类标准划分的城市样本误差仅表现在呼和浩特、绥化、来宾 3 个城市,不到该区间城市总样本的 5%,由此看来,调整后第二种分类标准也比较稳健。另外,门槛模型估计也得到了与基准回归估计的一致性结论。总之,基于两种分类标准得到的估计结果与基准估计结果比较一致,说明生产型公共支出和消费型公共支出对劳动力迁移的净效应是稳健的。

四、实证研究结论

本章基于一般均衡理论框架,考察了劳动者、生产厂商及地方政府三个主体的行为决策,并以此剖析了异质性公共支出对劳动力迁移的影响机制。理论研究发现:生产型公共支出影响劳动力迁移的净效应取决于

"生产率效应"与"拥挤效应""税负效应"的平衡,消费型公共支出影响劳动力迁移的净效应取决于"消费性效应"与"税负效应"的平衡;两类公共支出对劳动力迁移的影响均存在门槛效应,且净效应方向相反。接着,利用283个城市面板数据及非线性门槛模型进行了实证检验,并得到以下结论:第一,生产型和消费型公共支出对劳动力迁移的影响均呈现出单一门槛效应,对应的门槛值分别为766(人/平方千米)和167(人/平方千米);第二,生产型、消费型公共支出对劳动力迁移的净影响分别表现为倒"U"形和"U"形的单一门槛效应。

第二节 长三角流动人口公共服务获取与城市居留意愿

根据《中国流动人口发展报告2016》的统计数据,截至2016年年末,中国流动人口总量为2.45亿人,占全国总人口的1/6。如此大规模的流动人口涌入城市,对城市提出了越来越高的公共服务需求。然而,中国目前的公共服务总体水平偏低(蔡秀云、李雪、汤寅昊,2012),且公共服务的供给较少考虑当地的流动人口(杨昕,2008;吴业苗,2012;韩福国,2016),这提高了流动人口社会融入的难度,尤其是处在制度隔离之外农民工群体,在城市中遭受了一定程度的社会排斥,面临生活上的各种困难,日益呈现出边缘化的特点(Wong et al.,2007;郑秉文,2008;陈云松、张翼,2015)。

很多研究指出,除了获取较高的收入之外,获取更好的城市公共服务是流动人口在城乡间、城市间流动的重要因素(童玉芬、王莹莹,2015;侯慧丽,2016),而劳动力在城乡间、城市间流动是劳动力资源合理配置、促进农村剩余劳动力转移和城镇化进程的重要途径。因此,无论从经济增长还是社会发展的角度,研究流动人口的城市公共服务获取是有意义的。

从根本上看,流动人口之所以无法获取与当地居民平等的公共服务,是因为户籍制度造成的。尽管近些年来,各级地方政府逐渐放宽了外来人口的户籍管理政策,但作为经济发达程度较高、人口密集的长三角城市群,户籍制度仍然相对较紧(何英华,2004;樊士德、严文沁,2015),该地区流动人口在养老、医疗、子女教育、住房等方面仍然面临诸多限制。在此背景下,研究长三角城市群流动人口的公共服务获取情况,将有助于透视制度性障碍的影响效应。此外,长三角作为中国流动人口最为集聚的地区之一,面临诸多社会矛盾和治安问题(朱志华、周长康、孙永刚,2009),国务院在2008年就发布了《关于进一步推进长江三角洲地区改革开放和经济社会发展的指导意见》,要求加快推进流动人口服务和管理的创新,建立健全区域内流动人口管理与服务协调机制。

在户籍约束下,国内流动人口的流动与国外发达国家或地区的移民(跨国移民、洲际流动等)是有较大差异的,主要体现在由于国内流动人口无法享受到与当地居民平等的公共服务,提高了流动人口在当地生活和工作的成本,因而极可能影响到流动人口在此地的长期居留意愿,尤其是农村户籍的劳动力,表现出极高的流动性(Knight et al.,2004;严善平,2006;白南生、李靖,2008;梁雄军等,2007;王子成、赵忠,2013)。因此,考察流动人口的公共服务获取情况对其长期居留意愿的影响是理解劳动力流动特征、非农劳动供给特征和城镇化进程的重要视角。

本章研究的意义在于:第一,揭示了流动人口获取城市公共服务的影响因素,阐述了户籍制度、人力资本、家庭因素、流动特征和城市异质性的影响效应,为政府促进流动人口公共服务供给提供了一定的参考和依据;第二,进一步探讨了流动人口公共服务获取对其留城意愿的影响,为认识和理解当前流动人口的劳动供给特征、社会融入和市民化提供了经验补充。

一、理论模型框架设定与推导

关于流动人口的居留意愿,参考Hunt和Mueller(2004)关于移民模型的设定,假设流动人口i在城市j定居的间接效用函数为:

$$U_{ij}=U(s_{ij},\theta_{ij}) \tag{5.18}$$

其中:s_{ij}代表流动人口i在城市j获取公共服务的水平,θ_{ij}代表影

响流动人口 i 在城市 j 定居的其他影响因素，包括户籍因素、个体因素、家庭因素、城市因素等。

流动人口 i 在城市 j 定居后直到退休的间接效用函数可以表示为：

$$LU_{ij} = \int_0^T U_{ij}(\cdot)e^{-\rho\tau}d\tau \qquad (5.19)$$

其中：$T=T^*-y_i$ 代表流动人口定居后的工作时间，T^* 代表预期寿命，y_i 代表流动人口 i 的年龄，$e^{-\rho\tau}$ 代表折现因子，其中折现率为 ρ，τ 代表持续时间。

假设流动人口在今后的效用函数结构和折现率 ρ 均保持不变，则效用函数式(5.19)可以表示为：

$$LU_{ij} = \frac{1}{\rho}U_{ij}(\cdot)\{1-\exp[-\rho(T^*-y_i)]\} \qquad (5.20)$$

即流动人口 i 在城市 j 定居的效用函数可以表达为：

$$LU_{ij} = LU(\rho, y_i, s_{ij}, \theta_{ij}) \qquad (5.21)$$

设定 $j=0$ 代表流动人口不在城市 j 定居，则流动人口 i 不在城市 j 定居的间接效用函数可以表示为：

$$U_{i0} = U(s_{i0}, \theta_{i0}) \qquad (5.22)$$

相应地，流动人口 i 不在城市 j 定居后直到退休的间接效用函数可以表示为：

$$LU_{i0} = LU(\rho, y_i, s_{i0}, \theta_{i0}) \qquad (5.23)$$

在一个随机设定中，流动人口 i 选择在城市 j 定居的过程可以表示为：

$$P_{ij} = \text{Prob}[(LU_{ij}+\varepsilon_{ij}) \geq (LU_{i0}+\varepsilon_{i0})], j \neq 0 \qquad (5.24)$$

其中：ε_{ij} 和 ε_{i0} 为随机扰动，基于需要可以假设其服从相应随机分布（如正态分布、逻辑分布等）。

因此，流动人口 i 选择在城市 j 定居的概率是依赖于变量集 $Z=(y_i, s_{ij}, s_{i0}, \theta_{ij}, \theta_{i0})$ 的函数。

二、计量模型构建及变量选取

(一)计量模型构建

为了系统考察流动人口获取城市公共服务的特征,建立实证模型如下:

$$pub\_service = \alpha_0 + \alpha_1 rural\_reg + \sum_{b=1}^{t}\theta_b X_b + \sum_{m=1}^{n}\lambda_m Y_m + \mu_j M_j + \eta_j City_j + u \quad (5.25)$$

其中:$pub\_service$ 代表城市公共服务变量,$rural\_reg$ 代表农村户籍虚拟变量,X 代表个体特征变量,Y 代表家庭特征变量,M 代表城市流动模式变量,$city$ 代表城市规模变量,u 为残差项。

为了进一步分析公共资源获取对于流动人口在城市居留意愿的影响效应,基于理论模型的结论,建立了流动人口的城市居留意愿实证模型:

$$city\_will = \beta_0 + \beta_1 pub\_service + \sum_{i=1}^{n}\mu_i Z_i + \varepsilon \quad (5.26)$$

其中:$city\_will$ 代表流动人口在城市的长期居留意愿,Z 代表影响流动人口在城市长期居留意愿的其他因素,包括个体因素、家庭因素、城市因素等。

基于式(5.24)的设定,如果假设 ε_{ij} 和 ε_{i0} 均服从正态分布,则式(5.26)可以采用 Probit 模型进行估计。

(二)数据来源和变量说明

本章采用的是 2014 年全国流动人口卫生计生动态监测调查数据,该数据采用随机原则在全国 31 个省(区、市)和新疆生产建设兵团流动人口较为集中的流入地抽取样本点,针对在流入地居住一个月以上,非本区(县、市)户口的 15～59 周岁流入人口进行抽样调查。本章选取了长三角城市群(上海、江苏、浙江和安徽四省市)流动人口抽样数据为分析对象,样本总量为 38 998 个。

借鉴蔡秀云等(2012)、韩福国(2016)对城市公共服务分类的做法,选取了城市社会保障、社区居民健康档案、健康教育和医疗保障四个变量作为代表城市公共服务的核心变量。其中,城市社会保障变量(0/1)指是否获得失业保险、城镇职工养老保险、城镇居民养老保险、住房公积金中的一种或几种;社区居民健康档案变量(0/1)指是否已经建立居民健康档案;健康教育变量(0/1)指是否获得职业病防治、艾滋病防治、生殖与避孕、结核病防治、性病防治、精神障碍防治、慢性病防治、营养健康知识、其他传染病防治的教育中的一种或几种;城市医疗保障变量(0/1)指是否获得城镇职工基本医疗保险、城镇居民基本医疗保险、工伤保险、生育保险、公费医疗中的一种或几种。

表5-5列出了长三角城市群流动人口获得城市公共服务的基本情况。整体来看,除了获取健康教育的水平在60.5%之外,流动人口获得城市社会保障和医疗保障的概率都较低。另外,对于城市居民而言,他们往往同时获得了社会保障、健康教育和医疗保障中的多种服务,所以与当地居民相比,流动人口获得城市公共服务的水平仍然较低。

表5-5 流动人口获取城市公共服务的描述性统计

变量	样本量	均值	标准差	最小值	最大值
社会保障	38 998	0.323	0.468	0	1
社区居民健康档案	38 988	0.127	0.333	0	1
健康教育	38 998	0.605	0.489	0	1
医疗保障	38 998	0.357	0.479	0	1

资料来源:2014年全国流动人口卫生计生动态监测调查数据以及作者整理。

由于在流动人口样本中同时包含城镇户籍劳动力和农村户籍劳动力,考虑到不同户籍流动人口在获取城市公共服务方面可能存在着差异,表5-6列出了两类流动人口在获取城市公共服务方面上的情况。对比城镇户籍流动人口和农村户籍流动人口的均值数据可以看出,城镇户籍流动人口获取公共服务的概率均高于农村户籍流动人口,尤其表现在最重要的社会保障和医疗保障上,城镇户籍流动获取社会保障和医疗保障的比例均接近70%,远高于农村户籍流动人口。

表 5—6 分户籍流动人口获取城市公共服务的均值统计

	社会保障	社区居民健康档案	健康教育	医疗保障
城镇户籍	0.689	0.181	0.683	0.699
农村户籍	0.268	0.119	0.593	0.305

资产来源：2014年全国流动人口卫生计生动态监测调查数据以及作者整理。

为了进一步考察流动人口的个体特征可能对其获取城市公共服务带来的影响，表5—7列出了不同类型流动人口在获取城市公共服务方面上的情况。从表5—7的数据可以看出：第一，汉族群体获取城市公共服务的比重高于少数民族群体；第二，随着流动人口教育水平的不断提高，其获取城市公共服务的概率也不断提高；第三，不同性别特征和婚姻状况的流动人口在获得城市公共服务的概率上未表现出明显差异。

表 5—7 以个人特征区分流动人口获取城市公共服务的均值统计

		社会保障	社区居民健康档案	健康教育	医疗保障
性别	女性	0.310	0.145	0.633	0.335
	男性	0.333	0.113	0.583	0.374
民族	汉族	0.328	0.129	0.607	0.359
	少数民族	0.224	0.0880	0.550	0.324
教育程度	未上过学	0.122	0.0713	0.457	0.182
	小学	0.171	0.0921	0.524	0.212
	初中	0.239	0.119	0.591	0.280
	高中	0.427	0.142	0.658	0.451
	大学专科	0.663	0.167	0.694	0.668
	大学本科	0.855	0.214	0.714	0.859
	研究生	0.970	0.249	0.763	0.964
婚姻状况	未婚	0.329	0.0967	0.572	0.393
	已婚	0.322	0.135	0.613	0.348

资料来源：2014年全国流动人口卫生计生动态监测调查数据以及作者整理。

很多研究如韩福国(2016)、李树苗等(2014)认为,流动人口的职业状况是其获取城市公共服务的影响因素。相应地,表5—8列出了不同职业特征的流动人口获取城市公共服务的情况。表5—8数据显示,职业特征与公共资源获取之间存在着紧密的相关性,相对而言,非体力劳动者获取城市公共服务的概率要显著高于体力劳动者,而且雇员获取城市公共服务的比重要高于雇主或自营劳动者。

表5—8 以工作特征区分流动人口获取城市公共服务的均值统计

		社会保障	社区居民健康档案	健康教育	医疗保障
是否体力劳动	体力劳动	0.281	0.121	0.597	0.316
	非体力劳动	0.715	0.182	0.679	0.740
是否雇员	雇员	0.419	0.121	0.597	0.478
	雇主/自营劳动	0.156	0.131	0.627	0.141

资料来源:2014年全国流动人口卫生计生动态监测调查数据以及作者整理。

考虑到流动人口的家庭特征可能对其获取城市公共服务产生影响,表5—9列出了不同家庭孩子数量下流动人口获取公共服务的情况。从表5—9中的数据可以看出,家庭没孩子的流动人口获取社会保障、医疗保障等城市公共服务的比重最高;对有孩子的家庭而言,随着孩子数量的增多,流动人口获取城市公共服务的比重逐渐降低。尤其对于家庭有5个孩子的流动人口,其获取社会保障的比重仅占4%。

表5—9 以家庭孩子数量区分流动人口获取城市公共服务的均值统计

孩子数量	社会保障	社区居民健康档案	健康教育	医疗保障
0	0.507	0.158	0.659	0.528
1	0.368	0.146	0.642	0.387
2	0.241	0.116	0.574	0.278
3	0.192	0.107	0.514	0.232
4	0.155	0.080 5	0.489	0.172
5	0.040 0	0.080 0	0.400	0.120

资料来源:2014年全国流动人口卫生计生动态监测调查数据以及作者整理。

郭力等(2011)经济地理的角度来看,流动人口的流动表现出跨省、跨市和市内流动等不同模式,不同流动模式的劳动者在流动特征上存在着较大差异。表5—10列出了不同流动模式下流动人口获取城市公共服务的情况,从数据可以发现省内城市流动的流动人口获取城市公共服务的比重是最高的,其次是跨省流动人口,而市内流动人口享受城市公共服务的比重最低。

表5—10 以流动模式区分流动人口获取城市公共服务的均值统计

	社会保障	社区居民健康档案	健康教育	医疗保障
跨省流动	0.317	0.118	0.584	0.361
省内城市流动	0.372	0.194	0.680	0.374
市内流动	0.284	0.133	0.639	0.288

资料来源:2014年全国流动人口卫生计生动态监测调查数据以及作者整理。

参考侯慧丽(2016)对不同规模城市的划分,本章基于《国务院关于调整城市规模划分标准的通知》,将城市划分为大型城市(超大城市、特大城市和大城市)和中小城市(中等城市、小城市)两类。表5—11列出了两类城市流动人口获取城市公共服务的概率统计。

表5—11 以城市规模区分流动人口获取城市公共服务的均值统计

	社会保障	社区居民健康档案	健康教育	医疗保障
大型城市	0.488	0.189	0.649	0.486
中小城市	0.281	0.111	0.519	0.324

资料来源:2014年全国流动人口卫生计生动态监测调查数据以及作者整理。

从表5—11的统计结果来看,处在大型城市的流动人口整体获得城市公共服务的概率要高于中小城市。

为了检验流动人口获取城市公共服务方面的特征,需要综合考察流动人口的户籍状况、个体特征、家庭特征、流动模式和城市规模对其获取城市公共服务的影响。表5—12列出了主要变量的描述性统计。

表 5—12　　　　　　　主要变量的描述性统计

变量	样本量	均值	标准差	最小值	最大值
男性	38 998	0.564	0.496	0	1
少数民族	38 998	0.0420	0.200	0	1
年龄	38 998	32.56	9.208	16	59
教育年限	38 998	9.734	3.054	0	18
已婚	38 998	0.797	0.402	0	1
农村户籍	38 998	0.868	0.339	0	1
非体力劳动	38 998	0.0975	0.297	0	1
雇主/自营劳动	35 283	0.290	0.454	0	1
家庭总收入（元）	38 998	3 029	2 527	400	150 000
家庭孩子数量	31 589	1.403	0.701	0	5
省内城市流动	38 998	0.917	0.276	0	1
大型城市	38 998	0.795	0.404	0	1

资料来源：2014年全国流动人口卫生计生动态监测调查数据以及作者整理。

三、实证估计与讨论

(一)公共服务获取

表 5—13 列出了式(5.25)的回归结果。其中，第一列的因变量"公共服务"是对社会保障、居民健康档案、健康教育、医疗保障四个变量采用主成因素分析，并以主成因素的方差贡献为权重计算的代表城市公共服务的整合变量[①]；表中第 1 列为采用了最小二乘法进行估计的结果；表中第 2～5 列结果是采用了 Probit 模型进行估计得出的偏效应。

整体来看，流动人口的户籍、个体特征、家庭因素、流动模式和城市规

---

① 受篇幅的限制，本章并未列出主成因素分析的相关结果。

模对于其获取城市公共服务具有显著影响。具体表现为:第一,相对于城镇户籍流动人口,农村户籍流动人口获得城市公共服务的概率显著较低,而且从数量来看,对于社会保障和医疗保障来说,户籍变量的影响效应更大。这表明户籍约束仍然是阻碍农村流动人口获得城市公共服务的重要原因,尽管近些年来部分中小城市已经逐步放开户籍门槛,但长三角城市群相对较紧的户籍限制仍然使得流动人口在获取城市公共服务方面大打折扣。第二,从个体因素来看,相对于男性,女性流动人口更容易获取城市公共服务,可能的解释是基于生理上的差异,女性流动人口在养老保障、医疗教育和医疗保障方面的需求更强,也更加积极主动的获取这方面的资源;而少数民族流动人口在获取城市公共服务方面处于劣势,这可能源于生活方式、价值观等文化方面的差异,使得少数民族流动人口更难以获得有关公共服务方面的信息和渠道,因而导致获取较少的城市公共服务;随着年龄的增长,流动人口获取城市公共服务的概率是逐渐提高的,但这一增长趋势是随着年龄的增长逐渐减弱;另外,受教育水平越高,流动人口更容易获得城市公共服务,这一结果和相关研究如叶继红和李雪萍(2011)、韩福国(2016)的结论是一致的;最后,相对于未婚群体,已婚流动人口获取城市公共服务的概率更高,尽管婚姻状况对于居民健康档案、健康教育和医疗保障的影响并不显著。第三,从职业特征看,非体力劳动者在获取城市公共服务方面更具优势,且从数量来看,其影响效应十分明显;雇主/自营劳动者更难以获取城市公共服务,且从数量来看,影响效应也较大。该结果表明非体力劳动者由于在职业上的优势,更容易获得城市公共服务,而且城市公共服务供给的主要对象是雇员,雇主或自营劳动者在获取公共服务方面还缺乏相应的权利意识和相关途径。第四,从家庭特征来看,家庭收入越多的流动人口获得城市公共服务的概率也越大,而家庭孩子数量越多,越难以获得城市公共服务。该结果表明,家庭负担越小(经济压力小、孩子抚养责任小),越有利于流动人口在城市获取公共服务,可能的解释是家庭负担越小,流动人口回流返乡的概率越低,在城市工作的时间越长久,因而越容易获得更好的工作和有关公共服务方面的信息和资源。第五,从流动模式来看,进行省内城市流动的流动人口更容易获得城市公共服务,可能的原因是相对于市内流动人口,跨城市流动人口具有更高的人力资本或者社会网络关系,因而也更容易获得城市公共服务。另外,相对于跨省流动,跨城市流动人口面临的流动成本越低、文化差异越小,在获取城市公共服务的途径和信息方面越有优势。第六,从城市规模来看,相对于中小城市,大型城市中的流动人口获取城市公共服务的概率更高,这表明城市的规模、经济社会发展水平影响了流动人口对公共服务的获取,可能的解释有两个:一是供给层面,大型城市由于在公共财政方面的优势,公共服务供给的质量和水平较高,流动人口更容易获得城市公共服务;二是需求层面,在大型城市获得公共服务对流动人口具有更高的吸引力。

表 5—13　　　　　　　　公共资源获取模型回归结果

	公共服务	分类别			
		社会保障	居民健康档案	健康教育	医疗保障
农村户籍	−0.306*** (0.012 9)	−0.717*** (0.028 5)	−0.0746** (0.030 3)	−0.0152 (0.026 1)	−0.746*** (0.028 7)
男性	−0.078 7*** (0.007 93)	−0.085 4*** (0.017 7)	−0.165*** (0.019 6)	−0.191*** (0.015 9)	−0.166*** (0.017 5)
少数民族	−0.086 9*** (0.019 8)	−0.220*** (0.045 6)	−0.136** (0.054 7)	−0.043 4 (0.039 1)	−0.065 4 (0.042 4)
年龄	0.046 9*** (0.003 85)	0.127*** (0.008 97)	0.016 0 (0.009 78)	0.028 8*** (0.007 64)	0.101*** (0.008 71)
年龄平方	−0.000 584*** (5.20e−05)	−0.001 59*** (0.000 122)	−0.000 132 (0.000 132)	−0.000 404*** (0.000 103)	−0.001 28*** (0.000 118)
教育年限	0.057 8*** (0.001 60)	0.129*** (0.003 76)	0.038 1*** (0.004 04)	0.045 0*** (0.003 22)	0.108*** (0.003 67)
已婚	0.082 6*** (0.030 5)	0.198*** (0.067 9)	0.095 4 (0.078 9)	0.093 2 (0.060 8)	0.061 2 (0.065 8)
非体力劳动	0.239*** (0.013 8)	0.530*** (0.031 3)	0.152*** (0.032 1)	0.067 4** (0.027 9)	0.492*** (0.031 3)
雇主/自营劳动	−0.344*** (0.008 57)	−0.915*** (0.020 7)	−0.048 0** (0.021 3)	−0.106*** (0.017 2)	−1.137*** (0.021 1)
家庭总收入	1.59e−05*** (1.51e−06)	4.25e−05*** (3.42e−06)	9.64e−06*** (3.28e−06)	7.73e−06** (3.34e−06)	3.64e−05*** (3.44e−06)

续表

	公共服务	分类别			
		社会保障	居民健康档案	健康教育	医疗保障
家庭孩子数量	−0.054 7***	−0.111***	−0.053 8***	−0.075 4***	−0.062 2***
	(0.006 21)	(0.014 1)	(0.015 9)	(0.012 3)	(0.013 9)
省内城市流动	0.155***	0.168***	0.273***	−0.043 9	0.223***
	(0.013 8)	(0.031 8)	(0.031 3)	(0.027 8)	(0.032 2)
大型城市	0.109***	0.375***	0.289***	0.297***	0.241***
	(0.009 84)	(0.021 5)	(0.023 3)	(0.019 6)	(0.021 5)
样本量	28 339	28 346	28 339	28 346	28 346
R^2/Pseudo R^2	0.226 4	0.217 9	0.221 0	0.218 1	0.218 8

注：***、**、*分别表示估计值在1％、5％、10％水平下显著。

总之，在户籍制度约束下，流动人口仍然难以与当地居民获得同等水平的公共服务，尤其是作为弱势的农村户籍流动人口。要改善流动人口在获取城市公共服务的不利局面，除了从根本上进一步改革户籍制度、逐步取消户籍限制之外，进一步提高流动人口的教育状况，给予其更好的职业培训，提高流动人口职业待遇和公民权利意识也十分重要。此外，从家庭视角来看，制定和实施包含土地、财政在内一揽子配套政策，从根源上减轻流动人口的家庭负担，提高流动人口长期在城市生活和工作的积极性，应该是当前中国城镇化和流动人口市民化的政策取向。最后，要重视中小城市公共服务供给对流动人口的吸纳作用，引导流动人口在不同规模城市间进行合理配置。

(二)城市居留意愿

表5—14中的数据显示，在长三角城市群，有57.7％的流动人口想要在城市长期居住(5年以上)，尽管流动人口在城市生活的压力较大，成本较高(在城市拥有住房的比重不足12％)，且获取比较有限的城市公共服务，但流动人口在城市长期生活的主观意愿还是比较强的。

表 5—14　　流动人口城市房产状况和居留意愿变量的描述性统计

变　量	样本量	均值	标准差	最小值	最大值
房产拥有(0/1)	38 998	0.119	0.324	0	1
长期居留意愿(0/1)	38 998	0.577	0.494	0	1

资料来源：2014 年全国流动人口卫生计生动态监测调查数据以及作者整理。

那么，流动人口获取城市公共服务的情况对他的长期居留意愿是否有影响？影响有多大？表 5—15 列出了流动人口在城市居留意愿模型的估计结果。

表 5—15　　　　　　　　　城市居留意愿模型估计结果

变　量	全部样本	分类别			
公共服务	0.243*** (0.0122)				
社会保障		0.345*** (0.0191)			
健康档案			0.268*** (0.024 2)		
健康教育				0.112*** (0.016 1)	
医疗保障					0.359*** (0.018 5)
农村户籍	−0.306*** (0.012 9)	−0.717*** (0.028 5)	−0.074 6** (0.030 3)	−0.015 2 (0.026 1)	−0.746*** (0.028 7)
大型城市	0.182*** (0.020 4)	0.167*** (0.020 4)	0.193*** (0.020 3)	0.221*** (0.020 3)	0.189*** (0.020 3)
样本量	28 339	28 346	28 339	28 346	28 346
Pseudo R^2	0.282 5	0.251 2	0.245 7	0.243 7	0.247 6

注：***、**、* 分别表示估计值在 1%、5%、10% 水平下显著；限于篇幅限制，表中未列出流动人口的个体特征、职业特征和家庭特征、流动特征变量的估计结果。

表 5—15 是采用 Probit 模型估计的偏效应。从估计结果可知，流动人口的公共服务获取对于其长期居留意愿的影响显著为正，表明获取城市公共服务是促使流动人口在城市长期居住、工作和社会融入的重要途

径,从这一意义上来说,围绕户籍制度改革,给予流动人口更好的城市公共服务资源,降低流动人口在城市生活的负担是促使农村劳动力的城乡转移、流动人口市民化的重要途径;而且从公共服务的重要性角度来看,分类别的估计结果显示,获取比较重要的社会保障和医疗保障的影响效应要大于健康档案和健康教育的影响效应。另外,相对于城镇户籍,农村户籍流动人口的长期居留意愿水平显著较低。最后,相对于中小城市,大型城市虽然户籍制度最紧(何英华,2004),但流动人口在大型城市的长期居留意愿最强,童玉芬、王莹莹(2015)认为,"北上广"地区的高工资、发达的第三产业和较好的公共服务是吸引流动人口流入的主要原因。

为了进一步讨论户籍制度对已经获取城市公共服务流动人口长期居留意愿的影响。本章在式(5.26)中引入了城市公共服务相关变量与农村户籍的交互项,表5-16列出了相关变量的估计结果。

表5-16　　　　　　　　城市居留意愿扩展模型估计结果

	全部样本	分类别			
公共服务×农村户籍	0.055 7 (0.034 3)				
社会保障×农村户籍		0.028 8 (0.053 4)			
健康档案×农村户籍			0.101 (0.066 1)		
健康教育×农村户籍				0.129 (0.084 7)	
医疗保障×农村户籍					−0.005 77 (0.053 7)
大型城市	0.183*** (0.020 4)	0.168*** (0.020 4)	0.194*** (0.020 3)	0.222*** (0.020 3)	0.189*** (0.020 3)
样本量	−1.562*** (0.163)	−1.571*** (0.163)	−1.836*** (0.162)	−1.810*** (0.162)	−1.678*** (0.162)
Pseudo R^2					

注:***、**、*分别表示估计值在1%、5%、10%水平下显著;限于篇幅限制,表中未列出流动人口的户籍特征、公共服务、社会保障、健康档案、健康教育、医疗保障、个体特征、职业特征、家庭特征和流动特征变量的估计结果。

表5−16的结果显示,交互项前的估计系数均不显著,该结果表明公共服务获取情况不依赖于户籍变量对流动人口的居留意愿产生影响,这意味着对于在城市已经获取部分或全部公共服务资源的流动人口而言,农村户籍流动人口和城镇户籍流动人口在长期居留意愿方面没有明显差异,这表明户籍制度对流动人口长期居留意愿的影响仅限于在城市未获取公共服务的群体。因此,估计结果意味着城市公共服务资源是户籍制度所涉及的重要内容,如果剥离城市公共服务资源在不同户籍流动人口之间的供给差异,则户籍制度本身对于流动人口在城市长期定居意愿的影响是很小的。从这一结果来看,进一步提高城市公共服务对流动人口的覆盖率,将明显提高流动人口在城市长期工作和生活的积极性。

四、实证研究结论

流动人口无法公平地享有社会和经济发展带来的公共福利是我国城镇化进程中的突出问题,流动人口尤其是农民工难以融入城市生活给经济和社会发展带来了诸多矛盾。本章利用2014年全国流动人口卫生计生动态监测调查数据,分析了流动人口获取城市公共服务的影响机制,通过实证的分析发现:(1)农村流动人口与城镇流动人口在社会保障和医疗保障获取水平上存在巨大差距,提高流动人口公共服务获取水平和质量仍有很大空间;(2)户籍因素对流动人口公共服务获取的影响是显著的,而且对社会保障和医疗保障的影响更大;(3)相对而言,男性、汉族、已婚、非体力劳动者、雇员、省内城市流动人口或大型城市流动人口在获取城市公共服务方面更有优势;(4)家庭负担越重的流动人口更难获得城市公共服务。此外,本章进一步探讨了流动人口的公共服务获取特征对其长期居留意愿的影响,结果表明,流动人口获得城市公共服务能够显著提高其留城意愿,而且从数量看,相对来说公共服务的影响效应要更大。在城镇化和流动人口市民化的背景下,城市公共政策应该更加偏重广大的流动人口群体,提高流动人口城市公共服务供给的覆盖面,减轻流动人口在城市工作和生活的后顾之忧,才能从根本上激发流动人口融入城市的主动性。

当然,本研究还存在一些不足之处,比如,限于数据约束,本章并未选取代表流动人口社会网络的变量,尽管迁移模式变量可以间接揭示部分流动人口社会网络的特征,但不能直接分析流动人口社会网络特征对公共服务获取和长期居留意愿的影响。因此,在可获得数据的前提下,可以进一步讨论流动人口社会网络特征的影响效应。

第三节 政府公共品供需匹配与城市人口空间分布优化

一、高流动社会背景下流动人口公共服务供需匹配特征分析

20世纪80年代中期,户籍严控制度开始松动,标志着这一桎梏人口流动的"有形屏障"逐步被破除,跨区域的人口流动成为可能(王克强等,2014)。到了21世纪初期,地区间以及城乡间的经济差距愈演愈烈,驱动着中西部地区的农民工纷纷涌入东部沿海城市就业,这种大规模的人口流动现象也由此成为世界性奇观。据国家卫计委统计,"十二五"期间的流动人口年均增长约800万人,根据第七次人口普查数据可知,在2020年年末流动人口规模达到3.758亿人。流动人口的偏向性涌入使得流入地公共服务供需失衡问题凸显、公共资源配置机制面临严重挑战。

(一)流动人口公共服务需求垂直性上升和水平性转移特征

自改革开放至今,我国经济社会发生了翻天覆地的变化,城镇和农村居民的人均可支配收入由1978年的343.4元和133.6元增长为2016年的33 616.0元和12 363.0元,年均增长12.82%和12.65%。人均可支配收入的大幅上升带来了城乡居民对教育、医疗、文体等公共服务需求的不断提高,这一现象在流动人口中也较明显。进入高流动社会后,人们选择从经济落后的农村流向经济发达的城市就业,其收入水平和消费能力也相应提升,由此产生的对公共服务需求也明显高于流动前,并表现出垂直性上升的态势。与此同时,城乡居民的跨区域流动也使得其对公共服

务的需求由原户籍地转移至流入的非户籍居住地,此时的流动人口公共服务需求则表现为水平性转移特征。这种水平性转移特征在流动人口的子女教育、医疗卫生、社会保障等方面表现得尤为突出。

(二)流动人口公共服务供给的刚性特征

属地化管理体制下,地方政府依据户籍制度进行公共资源配置,所提供的公共服务对象是户籍人口,涉及的公共服务范围也是以行政管辖区域为界。这种公共资源配置机制适用于人口流动相对静态的社会,而且各地方政府的公共服务供给能力也表现出刚性特征,这种刚性特征主要归因于地方政府可支配财力约束、公共服务设施建设用地限制以及公共服务管理行政编制严控。其表现为:第一,地方政府可支配财力约束迫使公共服务供给难以根据人口流动规模进行动态调整。以人口流入数量排名前五位的北京、上海、广东、江苏以及浙江为例,2014年人均户籍人口的公共财政支出分别为5.36万元、3.42万元、1.03万元、1.10万元及1.06万元,远高于人均常住人口的公共财政支出3.32万元、2.03万元、0.85万元、1.06万元及0.94万元,且缩减比重分别为38.03%、40.69%、17.23%、3.46%和11.78%。第二,公共服务设施建设用地限制加剧了地方政府公共服务供给刚性。2007年,中央政府明确提出了18亿亩耕地红线并将耕地保护红线分解到各省市自治区,以致地方政府公共服务设施建设用地指标受到强约束。第三,公共服务管理行政编制严控也强化了地方政府公共服务供给刚性。20世纪90年代以来,我国的行政体制改革一直遵照严控财政供养人员的方针,这一方针严格限制了公共服务管理行政编制,使得公共服务供给在人力资源上表现出刚性特征。

(三)流动人口公共服务供需失衡特征

从流动人口公共服务需求来看,经济社会的快速发展带动了流动人口对公共服务消费的垂直性上升,这种递增化的需求主要集中表现在人口流入地。与此同时,步入高流动社会后,流动人口的公共服务需求也开始由原户籍所在地转移至工作地或现居地,这种水平性转移需求进一步加剧了流入地流动人口及其随迁子女和父母对公共服务的刚性需求。从流入地政府公共服务供给来看,可支配财力、公共服务设施建设用地指标以及公共服务管理行政编制这三大资源要素约束限制了人口流入地政府公共服务供给能力。因此,日益上升的流动人口公共服务需求与流入地政府公共服务供给能力刚性间形成了矛盾,以致流动人口公共服务供给与需求出现失衡,也正是这种供需失衡扭曲了流入地政府的财政激励,强化了流入地政府在配置公共服务资源时依据户籍进行供给的倾向(孙红玲等,2014)。

二、属地化管理体制下流动人口公共服务供需失衡机制解析

(一)地方政府财政激励相容约束

属地化管理体制下,公共服务的供给主体是地方政府,中央政府则按照"要在中央、事在四方"的原则进行地方政府事权划分。改革开放初期,地方政府配置公共资源的重要原则是以户籍人口为基数、以行政管辖为边界,不明确负有流动人口公共服务供给的责任。进入高流动社会后,中央对地方政府的事权进行了重新划分,并要求实现包含流动人口的公共服务均等化。自此,高流动社会与属地化管理体制间的矛盾不断恶化,流动人口公共服务供需失衡问题也不断加剧。20世纪80年代初到90年代中期,我国中央政府打破了全国财政大锅饭体制,并开始实施以省级为主的财政承包制和分税制,即以"分灶吃饭"为特征的分权化财政体制(曹爱军,2015)。承包式分税制财政框架下,中央与地方政府间按不同税种进行财力分配,完成中央政府规定上缴额后的税收存余即为地方政府自留财力。除此之外,中央政府还会对地方政府给予一定的转移支付,来弥补地方政府可支配财力的不足(亓寿伟和胡洪曙,2015)。

在属地化管理体制下,地方政府的财政激励是以公共服务供给为前提,通过吸引人口流入来实现辖区最优规模限制下的税收收入最大化。财政激励机制运行的内部环境突出现行财政体制以假定人口不流动为前

提(刘尚希,2012),外部环境突出户籍制度约束且地方政府能够依据户籍制度规避公共服务供给责任(王丽娟,2010)。这种省级财政承包责任制一定程度上固化了地方政府财政利益,而且按"财政供养人口"财力分配机制更是难以使公共服务融资实现随人流动。最终结果就是,随着辖区内流入人口规模的不断扩大,人均享有的公共财力水平趋于下降,地方政府公共财政资源难以实现流动人口公共服务全覆盖。财政激励扭曲将诱使地方政府选择户籍制度作为公共服务供给的甄别工具,以此实现对流动人口公共服务的歧视(甘行琼等,2015)。由此可见,流动人口公共服务供需失衡与属地化管理体制下的地方政府财政激励相容约束以及公共服务资源配置机制扭曲密不可分。

(二)公共服务设施建设用地配置

自18亿亩耕地红线划定后,各地方政府的建设用地指标受到严控。中央政府根据国土空间开发规划划拨建设用地指标至省级政府,省级政府则进一步分解建设用地指标至下一级政府。另外,对于划拨指标外的非农建设用地配置则必须实行省内"占补平衡",并严格立足"占一补一、占优补优"原则。耕地占补平衡制度的实施对各地区建设用地使用造成了较强的约束,同时也对各地区的公共服务设施建设用地产生了限制。根据国家住房和城乡建设部《城市用地分类与规划建设用地标准(GBJ 137-90)》,公共服务设施建设用地可分为居住小区及以下的公共设施和服务设施用地、居住区及其以上的公共服务机构和设施用地两个大类,以及行政办公用地、文化设施用地、教育科研用地、体育用地、医疗卫生用地、社会福利设施用地、文物古迹用地、外事用地、宗教设施用地9个中类。2008年,住建部发布了《城市公共设施规划规范(GB 50442—2008)》,对上述9类公共服务设施建设用地指标进行了规范。根据城市公共设施规划用地综合指标,Ⅲ型大城市人均规划用地面积为10~13.2平方米/人。但在东部沿海地区,尤其是北京、上海、广州、深圳这些特大城市,建设用地指标十分稀缺,现已短缺的公共服务设施更是"无地可建"。

以上海为例,当前的公共服务设施人均用地面积为 5.5～6.0 平方米/人,约为Ⅲ型大城市人均规划用地面积的一半。与此同时,上海建设用地规模已超过 3 000 平方米,接近上海市域面积 6 340 平方千米的一半。按照生态保护红线和可持续发展规律,城市建设用地面积应低于市域总面积的一半,可见,上海可开发土地面积已接近规划极限。因此,即使将上海所有可建设用地指标配置于公共服务设施建设,也难以维系或满足常住人口的正常公共服务需求。可建设用地紧缺直接导致上海各类公共服务供不应求。据《上海农民工子女教育蓝皮书》统计,上海学前阶段教育目前尚缺 9 300 多个班级,小学阶段教育空缺 8 100 多个班级,初中阶段教育空缺 3 100 多个班级。既然可以在"占补平衡"原则下实现公共服务设施建设用地指标由人口流出地转移至人口流入地,那么为什么人口流入地区仍然表现出公共服务设施建设用地紧缺? 这是因为人口流动方式除了省内流动还存在跨省流动,而建设用地指标只能在"占补平衡"原则下实行省内调剂,不允许在省际之间进行调剂。总之,流动人口公共服务供需失衡与公共服务设施建设用地配置机制密切相关。

(三)公共服务管理行政编制配置

除了地方政府财政激励相容约束、公共服务设施建设用地配置与流动人口公共服务供需失衡密切相关外,公共服务管理行政编制配置也会影响到流动人口公共服务供需匹配(周建明,2014)。根据《国务院行政机构设置和编制管理条例》和《地方各级人民政府机构设置和编制管理条例》,中央政府关于行政编制配置类似于建设用地配置机制,即实行中央政府统一领导、地方政府分级管理的配置机制。其中,中央政府根据地区行政面积、人口规模、生产总值以及财政收入来核定各省行政编制限额基数,然后结合各地区的民族风俗及语言文化等特性设定行政编制限额调整系数。各省级政府则在中央机构编制委员会办公室的监管下,根据各地区的实际情况及职能需要进行行政编制分配。

属地化管理体制下,省级政府既是事权责任单位,同时也是公共服务管理行政编制的配置单位,并按照严格控制财政供养人员的方针对行政编制进行从严管控。一般来讲,公共服务管理工作具有两种编制,即行政编制和事业编制。其中,公共服务管理事业编制总额不受中央政府限制,省级编制管理部门能够在财力范围内根据地区公共服务管理实际需要进行事业编制限额调整。但是,行政编制(公务员编制)限额则必须受到中央政府的管控,各省级政府无权自行增减,唯一能够操作的就是在中央政府的限额约束下,按照类似"占补平衡"的逻辑进行省内各地方政府的内部限额调剂。因此,步入高流动社会后,对于因省内人口流动而造成的地区公共服务管理行政编制紧缺,省级行政编制管理部门可以对省内行政编制资源进行调剂或者扩充事业编制来弥补行政编制的不足。

随着人口流动规模(尤其是跨省流动规模)的日益增强,人口流入地政府无法利用行政编制跨省调剂且难以运用事业编制扩充来满足日益增长的公共服务供给与管理需求。以城中村为例,大规模人口流动及快速城市化进程造就了城中村,这些区域通常位于城乡接合部或城乡边缘地带,是社会秩序最紊乱、社会矛盾最尖锐、环境污染最突出、利益诉求最复杂、城乡二元体制性障碍最明显的区域,为当地公共服务供给与管理带来了挑战。为了治理城中村的顽疾,地方政府不得不大量扩招非编人员来补充行政编制不足。即使如此,城中村社会治理力量仍显不足,类似的行政编制不足的现象在公共服务供给与管理的其他领域中也同样存在。足以见得,流动人口公共服务供需失衡还与公共服务管理行政编制配置密切相关。

三、供给侧改革与流动人口公共服务供需匹配的优化对策研究

(一)合理划分地方政府事权与供给责任

事权划分是公共服务财政体制设计的逻辑起点,同时也是实现地方政府财政激励相容的基本条件。合理划分中央与地方政府的事权范围,明确地方政府公共服务供给责任,是有效解决人口流入地公共服务供需失衡的首要路径(任晓辉和朱为群,2015)。为了缓解地方政府财政激励相容约束和公共服务资源配置机制扭曲,中央政府应依据事权划分的激

励原则,上收部分在规划中本应由地方政府供给但在现实中难以实现的事权责任。并且,通过进一步扩大中央政府在流动人口公共服务供给的事权范围,来淡化地方政府的财政激励相容和利益约束。诸如流动人口社会保障基金的统筹、社会保障关系的转移接续以及流动人口随迁子女的基础教育投资等。除此之外,应进一步明确地方政府的事权范围,细化与事权责任相对应的支出项目及范围,从而降低地方政府依据户籍制度配置公共服务资源并逃避供给责任的概率。对于那些具有供给弹性的公共服务而言,如果不能明晰各级地方政府的事权范围和支出项目,就容易造成公共服务经费投入不足以及管理不到位等一系列问题。因此,为了应对地方政府可能出现的事权责任缺失问题,还可以借鉴西方发达国家有关事权配置的经验,将各级政府的事权责任划分以法律的形式确定下来。

(二)完善纵横结合的转移支付制度设计

属地化管理体制下地方政府财政激励相容约束和公共服务资源配置机制扭曲的根本原因在于,高流动社会对地方政府公共服务供给要素资源的冲击,即大规模人口流动导致了地方政府事权与可支配财力匹配的不确定性上升。转移支付的实施就是为了缓解地方政府公共服务均等化的财力不足。我国单一制政府结构以及集中式的财政体制造就了以中央与地方政府为核心的单一纵向转移支付制度。在纵向转移支付制度框架下,中央政府凭借一般性转移支付和专项转移支付一定程度上弥补了地方政府的可支配财力不足,这在保障留守儿童基本教育、"空巢老人"医疗保险、流动人口就业培训及保障房建设等公共服务方面发挥了重要作用。但是,步入高流动社会后,传统式的单一纵向转移支付也难以满足大规模流动人口的公共服务供需平衡,此时,需要重塑省级以下的转移支付模式并建立纵横交错的转移支付新制度。横向转移支付制度建立主要是为了充分发挥省级政府的"辖区财政"功能,实现省域内县级政府间的横向财政协调及空间匹配,从而解决同级地方政府在配置公共服务资源过程中表现的财力不均衡问题。此外,纵向转移支付配置还应以常住人口作为分配依据,促进纵向转移支付顺应流动人口市民化发展方向。

(三)优化建设用地和行政编制配置机制

公共服务供给侧改革的本质就是通过加强公共服务资源要素配置来实现供给与需求匹配。由于我国流动人口公共服务所面临的供需失衡在某种程度上是一个"空间不匹配"问题,所以,推动供给侧改革的重点在于加强供求的"空间匹配"。作为公共服务核心资源要素,建设用地指标以及行政编制均存在明显的供给约束和供给抑制,这在较大程度上限制了人口流入地政府的公共服务供给。要改变建设用地和行政编制资源误配现状,除了在"占补平衡"原则下促进建设用地和行政编制指标在省内调剂外,还应实现土地资源供应及行政编制配置与人口流动方向一致,设立存量建设用地指标及行政编制名额跨省交易和再配置机制。一方面,在耕地红线内推进城乡建设用地增减挂钩并扩大增减挂钩的规模与范围,允许土地利用效率较高的城镇地区通过有偿交易的方式从土地利用效率较低的农村地区转入建设用地指标,以此来保障人口流入地政府公共服务有效供给。另一方面,鼓励人口流入地政府在自有财力范围内增加事业编制限额或扩招非编合同制人员来弥补公共服务管理行政编制的不足。另外,推进中央行政编制配置机制改革,强化行政编制配额与地区常住人口规模间的联动性。

(四)建立公共服务多元化协同供给网络

随着我国城市化进程步入加速期,当前的公共服务供给显现出一系列困境,以地方政府为核心的传统单一主体线性供给模式难以满足高流动社会状态下的公共服务需求,迫切需要通过供给模式改革与创新来实现流动人口公共服务供需均衡。鉴于地方政府、营利性组织以及非营利性组织在公共服务配置方面具有不同表现,所以,探索构建集地方政府、营利性组织及非营利性组织为一体的多元化协同供给网络有助于实现公共服务供给的整体倍增效应,从而缓解流动人口公共服务供需不匹配难题(张晓莉,2007)。在多元化协同供给网络框架下,地方政府能够将适合市场化方式运营的公共服务项目交由条件成熟且信誉良好的营利性组织或非营利性组织来承担，从而在充分发挥营利性组织和非营利性组织相应优势的同时有效地缓解地方政府公共服务供给压力（叶响裙，2014）。另外，多元化协同供给网络还有利于形成"竞争-合作-协调"的生产体系，这对于政府公共资源优化配置、公共服务生产成本降低以及整体供给效能提升具有正向促进作用。而且，多元化协同供给网络所提供的公共服务，不仅能够满足流动人口日益增长的公共服务需求，还能够迎合流动人口公共服务需求的多样化、动态化变化趋势。

第四节　本章小结

我国当前所面临的大规模劳动力迁移是快速城市化进程中市场经济发展的必然趋势。符合经济社会导向、社会发展规律的劳动力迁移，有利于资源优化配置，有望在人口集中和经济集聚中实现效率提升和收入公平。基于公共服务供给的角度，引导劳动力合理有序地迁徙。首先，需要发挥"市场主导、政府引导"作用，因地制宜、因时制宜、因人制宜予以规划引导，除了调整公共支出规模，还可以根据劳动力迁移对不同类型公共支出的异质性反应，来实施差别化的公共财政政策。其次，完善政府公共财政政策及公共品供给机制，通过供给侧改革来解决公共品供给与需求的"空间不匹配"问题，推进公共品供给从依据"规划人口"向顺应劳动力流动趋势转变，并进一步强化城市公共品供给与地区常住人口税收贡献之间的联动性。另外，北京、上海、广州、深圳等超大城市还应打破城乡二元化桎梏，渐进地、差别化地放松户籍管制，扭转长期以来把户籍制度与公共福利挂钩的僵化局面，并把"居住证制""积分制"与基本公共服务均等化相结合，提升外来常住劳动者的公共福利与人文关怀，这与近期国务院颁布的《居住证暂行条例》相吻合。

从经济社会持久发展的眼光来看，中国城镇化不能局限于仅仅依靠提供就业机会暂时把大量流动人口吸引到当地，而更应该注重依托公共服务供给扩展流动人口在城市发展的空间，实现流动人口的市民化。从长远来看，这不仅有利于提高劳动力资源的配置效率，实现经济的持久发展，而且有利于避免诸如贫富差距、留守儿童、留守老人等诸多社会问题。在当前新型城镇化背景下，随着经济快速增长和综合国力不断增强，政策制定者有责任为农业转移人口群体提供更好的公共服务，而不应该以人口调控为目的，试图通过公共服务的有限供给来对流动人口进行管理，因为这不仅仅是低效率的，也是不公平的。在中国快速城镇化的进程中，如果继续实行限制外来人口的调控政策，不能及时有效地为农业转移人口群体提供更好的公共服务，为其在城市生活和职业发展提供空间，市民化进程将持续陷入困境，还有可能引发新的经济问题和社会矛盾。

最后，考虑到城市经济和社会发展的差异，需要依托公共财政和政策扶持加强对中小城市劳动力市场的建设，从而促进不同规模城市间公共服务发展的均衡性和人口空间布局的合理性。

第六章 长三角城市群扩容与区域经济增长及人口空间优化研究

城市群扩容是为了实现城市群一体化而进行的空间扩张,要理解城市群扩容,就要更好地理解城市群一体化。城市群一体化隶属区域一体化的范畴,是区域一体化在一国范围内的主要表现形式。因此,城市群一体化主要指同一城市群内的各个城市,为了共同的经济利益,在地域分工与利益分配的基础上,消除城市间的各种贸易、非贸易壁垒及经济歧视,进而协调各城市的经济政策及调控措施,推动人口、商品和服务自由流动,实现要素资源合理配置、地域合理分工和经济协同发展。本章希望探究城市群的"行政"扩容过程对城市群经济和人口的影响,进一步评估目前实施的城市群扩容政策是否有助于推动长三角城市群的人口空间优化。

第一节 城市群扩容的基本内涵与外延

城市群扩容,是指城市群空间地域范围的向外扩张,其目的是为了缓解中心城市的资源"瓶颈"和人口空间集聚压力,发挥中心城市的辐射溢出作用、带动落后地区发展,进而实现城市群内部城市之间、城乡之间的一体化。有学者指出,城市群的选择和发展是一个"自然历史过程"(方创琳等,2015),即随着城市之间的经济联系与合作程度加深、范围变广,而"自然"形成的城市群范围扩张。然而,基于长三角城市群的现实情况,城市群范围的确定过程首先为地方政府提出"入长"申请,经长三角城市经济协调会协商,依据国家和地方政策最终确定名单并颁发"户口",更多地表现为行政力量主导下的"行政"扩容,且该扩容过程能够从组织机构的设置或政府文件中得以识别。

从城市群一体化的理论基础来看,一体化的理论发展可谓源远流长、意义重大。归纳来说,可以分为以下四个部分:(1)区位理论。比如,杜能(Von Thunen)于 1826 年在其著作《孤立国中的农业和国民经济关系》一书中阐述了农业区位理论,他认为在排除土质条件、土壤肥力、河流、气候等因素干扰的情况下,农产品的地租收入将取决于农产品价格、生产费用以及产地与城市之间的距离。由于农产品特质和运费差异,因此形成了以城市为中心并由内向外逐渐分层的农业土地圈层结构(自由式农业圈-林业圈-轮式农业圈-谷草式农业圈-三圃式农业圈-畜牧圈)。(2)分工理论。比如,亚当·斯密(Adam Smith)1776 年在其出版的《国民财富的性质及原因研究》中提出了"绝对优势理论",他认为每个国家或地区都拥有其生产特定产品的绝对有利条件,如果每个国家或地区都按照这些绝对有利条件进行产品生产与出口,并进口其他国家或地区的绝对优势产品,那么这种贸易模式对彼此双方都有利,根本内因在于专业化生产有助于发挥规模经济、提高劳动生产率。(3)自由贸易理论。比如,美国经济学家维纳(Viner)于 1950 年在其著作《关税同盟问题》中提出了关税同盟理论,关税同盟作为两个或两个以上国家缔结的双边协定,对内实行减免关税、减少贸易限制和促进商品自由流动,对外实行统一的关税和对外贸易政策。因此,关税同盟区具有贸易创造、贸易转移、贸易扩张效应。在此基础上,米德(J. E. Meade,1955)和约翰逊(H. G. Johnson,1965)弥补了关税同盟理论的不足,并提出自由贸易理论。英国学者罗伯森(Robson)的《国际一体化经济学》出版标志着自由贸易区理论的成熟,该理论强调缔约国之间要取消绝大部分货物的关税和非关税壁垒,促进商品和服务的自由流动。(4)协同理论。比如,德国理论物理学家哈肯(Haken)创立在其 1981 年出版的《协同学:大自然构成的奥秘》中指出:"协同是一切领域中普遍存在的现象,也是一切系统演化发展的必然趋势。协同发展是指构成系统的各个要素通过协调合作,达到系统整体功能大于各个要素功能之和的一种系统结构状态,它既反映了系统发展的协调合作过程,又反映了系统通过这一过程所达到的结构状态优化的结果。"不同地区中的生产要素、工业系统、城镇体系、制度框架构成了区域经济系统中的要素,这些空间要素既存在着各自的独立运转系统,又存在着相互影响、相互制约的关联作用系统,区域经济的持续平衡发展有赖于不同地区的协同发展。英国古典经济学家阿尔弗雷德·马歇尔(Alfred Marshall)提出外部性理论,随后,罗默(Romer,1986)、凯勒(Keller,2002)对外部性理论进行了丰富,并扩展到空间经济中。由于不同地区之间的经济联系,区域经济存在着空间依赖、空间溢出等特性。国内学者从我国经济发展实践中整理出区域协调发展理论,刘再兴(1993)认为区域协调就是各地区合理分工、优势互补、各展优势,从而集局部优势形成整体优势。曾坤生(2000)则认为区域协调发展囊括空间系统协调、经济与人口动态协调、产业结构协调、经济与资源环境协调。徐康宁(2014)认为区域协调发展体现在区域间相对均衡型发展水平以及区域间分工合作、互利、共赢、共享的一体化机制。

综上所述,可以发现,城市群一体化的内涵主要包括三个层面的内容(见图6-1):(1)分工是城市群一体化的基础。所谓"分工",是指价值创造过程中,各个行为主体依据自身的禀赋与优势而选择特定的生产、分配、交换与消费活动。根据一体化中的"绝对优势理论""相对优势理论"及"要素禀赋理论"来看,该理论认为城市群内部的各城市应该根据自身的绝对优势、比较优势、区位优势与要素禀赋来进行产品生产与功能分工,从而实现劳动力与资本的有效配置、专业化生产以及规模经济。根据一体化中的区位理论来说,该理论显示出城市群中的不同城市因地理位置、市场需求、运输费用、劳动力费用、距离中心城市路程等因素的差异,进而产生了以中心城市为内核并逐步向外分层的不同产业聚集带。因此,就城市群分工的类型而言,主要包括产业分工、产品分工、价值链分工以及空间分工,分工是促进城市群一体化的基础。(2)竞争是城市群一体化的前提。所谓"竞争",是指行为双方获取优势、实现自身利益的过程。

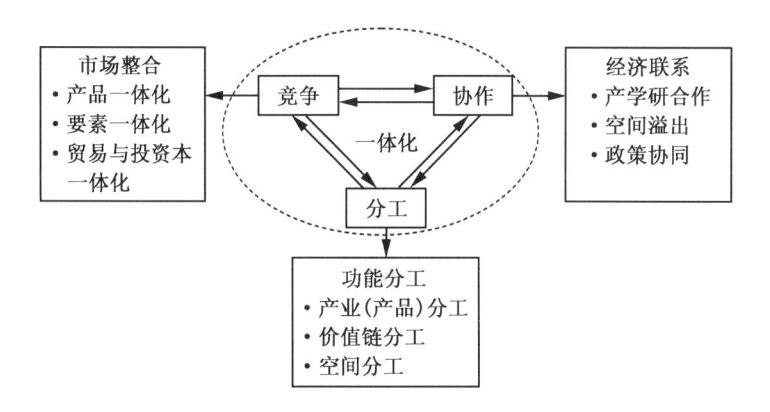

图 6—1　城市群一体化内涵的三个维度

正如斯密所言,竞争是经济发展的动力之源。从一体化的自由贸易理论来看,该理论认为区域一体化主要是两个或两个以上国家或地区缔结双边协定,逐步消除区域间的贸易与投资壁垒、歧视性政策等,促进商品、要素以及资本的自由流动,推动各经济行为主体在更广阔的市场空间上进行自由竞争,从而有利于提高经济效率、获取贸易创造、贸易转移以及贸易扩张效应。因此,就市场整合的结果而言,主要包括产品一体化与要素一体化。就市场整合的过程而言,主要指贸易与投资一体化。在我国的城市群一体化进程中,"十三五"规划也强调要确保竞争的核心地位、发挥市场机制在支配商品、服务与人才流动中的绝对性作用。由此可见,竞争是推进城市群一体化的前提。(3)协作是城市群一体化的手段。所谓"协作",是指系统中的各个要素通过协调合作,达到系统整体功能大于各个要素功能之和的一种系统结构状态。根据一体化的协同理论来看,城市群中各个城市的生产要素、工业系统、城镇体系、制度框架构成了区域经济系统中的要素,城市群一体化有赖于系统中各个要素通过协调合作,从而达到系统整体功能大于各个要素功能之和的一种系统结构状态。立足城市群一体化的过程,协作实现了城市群内部各城市之间的密切联系与协同发展。就城市间协作的主要内容而言,主要包括产学研合作、政策协同以及创新活动的空间依赖与空间溢出。并且,就城市间协作的机制而言,主要包括经济与人口动态协调机制、产业结构协调机制、经济与资源环境协调机制等。归纳来说,城市群一体化是上述三种要素的有机统一,只有竞争与协作,一体化将难以定位;只有分工与竞争,一体化将失去平衡;只有分工与协作,一体化将缺乏效率。

第二节　长三角城市群扩容的制度背景与发展历程

一直以来,长三角城市群的范围有多大、边界在何处、要不要进行空间地域的外向扩容,这一话题始终成为政界、学界以及业界讨论的热点与焦点,归纳来说,行政意义上的长三角城市群范围经历了"迅速扩展→骤然缩小→稳步扩容"的反复过程。

第一阶段表现为"上海经济区"的成立与消亡。自1982年12月国务院批准设立以上海全境、江苏省和浙江省部分范围内10城市为主体的上海经济区以来,上海经济区的范围迅速膨胀,特别是从1984年至1986年,经济区扩张至江苏、浙江、安徽、江西、福建和上海全境。上海经济区的设立对于打破传统计划经济体制的条块分割,走依靠中心城市的发展路子,探索开放式与网络型经济区的建设,具有重要意义。但由于中央行政调控不足,尤其是在财政分权制度、"行政区经济"的冲击下,各地方政府纷纷出于自身利益以及官员政绩的需要,产生了许多偏离中央政府宏观调控目标的行为。各地区间"貌合神离",必将最终走向消亡。

第二阶段表现为长期限定在"15(+1)"模式。为了继续推进中国改革开放进程与区域一体化发展,长三角城市群的协同发展与区域合作问题再次引起中央高层的密切关注。1992年,由上海等14个市经协委(办)发起,组织并成立长三角经协委(办)主任联席会,以此来推动长三角城市群经济联合、协作以及区域治理。在此基础上,上述14个城市和新成立的泰州市于1997年组建了一个新型跨区域经济协调组织——长三角城市经济协调会。并且浙江的台州市在2003年8月被吸纳为正式会员,至此,长三角城市经济协调会基本形成"15(+1)"模式。值得强调的是,国家发改委在2005年、2010年先后颁布的《长江三角洲地区区域经济规划方案》中均将长三角限定为上述16个城市。长三角"15(+1)"模式的限定遵守了"地域相邻、经济联系相依"原则,并通过经济协调会以全权负责长三角城市群的经济协同发展与治理,一方面有助于长三角区域发展规划的整体编制,另一方面有利于降低地方保护主义、破除"行政区经济"的藩篱,对长三角一体化与可持续发展具有举足轻重的作用。

第三阶段表现为"北上、南下、西进"的稳步扩容。随着长三角区域内外城市之间经济联系的不断加强与深化,长三角稳步向江苏北部、浙江南部、安徽东部等地区进行了扩容。2010年3月,协调会第十次会议正式吸收合肥、盐城、马鞍山、金华、淮安、衢州6个城市为会员。2013年4月,第十三次会议正式接收芜湖、连云港、徐州、滁州、淮南、丽水、宿迁、温州8个城市为会员,总计达到30个城市,长三角城市群连续两次大规模地外向扩张。值得注意的是,国家发改委在2016年颁布的《长江三角洲城市群发展规划》中,设定的长三角城市群没有涵盖淮安等8市,但扩充了安徽宣城等4市,共计26个城市。长三角逐次外向扩容反映了长三角对外围城市扩散能力的加强以及城市间经济联系的强化。长三角扩容不仅有利于在更广阔的地域范围内实现人流、物流、资金流、信息流的交织与融通,而且有助于不同城市的资源禀赋优势与区位优势的发挥、规模效应与结构效应的优化,从而提高长三角城市群的整体竞争力。

长三角城市群范围界定的演变如表6-1所示。

表6-1　　　　　　　　　长三角城市群范围界定的演变

年份	组织机构或政策文件	范围界定
1983	上海经济区	上海、苏州、无锡、常州、南通、杭州、嘉兴、湖州、宁波、绍兴(10市)
1986	上海经济区	上海、江苏、浙江、安徽、江西(4省1市)
1987	上海经济区	上海、江苏、浙江、安徽、福建、江西(5省1市)
1992	长三角经协委(办)主任联席会	上海、苏州、无锡、常州、南通、杭州、嘉兴、湖州、宁波、绍兴、舟山、扬州、南京、镇江(14市)

续表

年份	组织机构或政策文件	范围界定
1997	长三角城市经济协调会第一次市长联席会议	上海、苏州、无锡、常州、南通、杭州、嘉兴、湖州、宁波、绍兴、舟山、扬州、南京、镇江、泰州(15市)
2003	长三角城市经济协调会第四次市长联席会议	上海、苏州、无锡、常州、南通、杭州、嘉兴、湖州、宁波、绍兴、舟山、扬州、南京、镇江、泰州、台州(16市)
2005	国家发改委颁布《长江三角洲地区区域规划方案》	上海、苏州、无锡、常州、南通、杭州、嘉兴、湖州、宁波、绍兴、舟山、扬州、南京、镇江、泰州、台州(16市)
2007	国家建设部颁布《长江三角洲城镇群规划》	上海、苏州、无锡、常州、南通、杭州、嘉兴、湖州、宁波、绍兴、舟山、扬州、南京、镇江、泰州、台州、盐城、连云港、温州、合肥、马鞍山、芜湖、铜陵(23市)
2008	国务院颁布《进一步推进长江三角洲地区改革开放和经济社会发展的指导意见》	上海、江苏、浙江(2省1市)
2010	长三角城市经济协调会第十次市长联席会议	上海、苏州、无锡、常州、南通、杭州、嘉兴、湖州、宁波、绍兴、舟山、扬州、南京、镇江、泰州、台州、合肥、盐城、马鞍山、金华、淮安、衢州(22市)
2010	国家发改委《长江三角洲地区区域规划》	上海、南京、苏州、无锡、常州、镇江、扬州、泰州、南通、杭州、宁波、湖州、嘉兴、绍兴、舟山、台州(16市)
2013	长三角城市经济协调会第十三次市长联席会议	上海、苏州、无锡、常州、南通、杭州、嘉兴、湖州、宁波、绍兴、舟山、扬州、南京、镇江、泰州、台州、合肥、盐城、马鞍山、金华、淮安、衢州、芜湖、连云港、徐州、滁州、淮南、丽水、宿迁、温州(30市)
2016	国家发改委颁布《长江三角洲城市群发展规划》	上海、南京、苏州、无锡、常州、镇江、扬州、泰州、南通、杭州、宁波、湖州、嘉兴、绍兴、舟山、台州、盐城、金华、合肥、芜湖、马鞍山、滁州、宣城、安庆、铜陵、池州(26市)

资料来源:作者整理。

纵览长三角城市群的经济社会发展历史,长三角城市经济协调会已俨然成为区域内各项事务的"大管家"。那么,协调会究竟对会员城市产生怎样的影响,其具体的运营模式如何实施? 具体来说,在组织机构方面,协调会实行轮值和常任相结合的运作方式,上海市为常任主席方,执行主席方由各成员城市轮值担任。长三角协调会设立专门的办公室负责处理协调会的各项日常事务。各成员城市的发改委(经协部门)分管领导担任办公室成员,业务处室负责同志任联络员。在运营模式方面,协调会

实行"热点主题、常设专题、前沿课题、合作协议"(简称"三题一议")的运转模式,具体如下:

(1)历届协调会根据当时的时事热点设立会议主题,进行深入研讨。比如,2003年第四次会议关注了"世博经济与长江三角洲联动发展"、2011年第十一次会议聚焦了"高铁时代的长三角城市合作"、2016年第十六次会议商讨了"互联网＋长三角城市合作与发展"。

(2)协调会通过常设专题指导区域内各城市的合作。比如,2004年第五次会议设立信息、规划、科技、产权、旅游、协作六大专题,2010年第十次会议批准新设"医疗保险合作""金融合作""会展合作"3个专题。

(3)协调会还设立前沿课题,为未来的经济合作与共同发展提供形势预判与政策建议。比如,2011年第十一次会议新设"长三角高端商务旅游产品开发""探索建立长三角城市群产业转移与承接利益分享机制"等9大课题,2012年第十二次会议新设"长三角城市群专利运用合作体系建设"等10个课题。

(4)长三角协调会的城市会员共同签署《城市合作协议》,对未来一年的具体合作项目进行内容安排。比如,2003年第四次会议签约项目30个,投资总额近172亿元。因此,长三角城市经济协调会的组织架构与运营模式在一定程度上支撑着各城市经济合作、协同发展与区域治理。

综上所述,可以发现:长三角城市经济协调会凭借高效的组织结构、科学的运营模式,俨然成为长三角城市群经济社会发展各项事务的主要负责机构,依据协调会的会员城市来推断长三角城市群的地域范围也更具科学性、得到更多支持。综观来看,本章将重点评估2010年长三角扩容(本次长三角城市经济协调会同意吸收合肥、盐城、马鞍山、金华、淮安、衢州6市为正式会员)。究其原因,关键在于:(1)行政区划多,本次扩容首次扩展到安徽省的行政区划范围内,实现了长三角行政关系由"两省一市"向"三省一市"的突破;(2)扩容范围大,本次扩容涉及江、浙、皖三省中的六大城市,共计6.23万平方千米;(3)可观测性强,本次扩容自2010年到2016年有6年时间,从而能够获取多年的可观测数据进行评估。

第三节　长三角扩容对区域经济增长的影响及其内在机制检验

一、长三角城市群扩容对区域经济增长的影响

(一)研究设计

本研究采用合成控制法来检验城市群扩容对经济增长的影响。合成控制法(Synthetic Control Method,SCM)首次由 Abadie 和 Gardeazabal(2003)创立以研究西班牙巴斯克地区恐怖活动的经济成本,现被学者广泛运用于烟草限购、行政区划调整、房产税试点、通货膨胀目标制试行等政策评估领域(Abadie et al.,2010;王贤彬和聂海峰,2010;刘甲炎和范子英,2013;苏治和胡迪,2015)。该方法的基本原理是:选取特定的预测变量(包括评估变量本身及影响评估变量的主要因素),通过对控制组中各样本的预测变量进行加权,从而拟合一个与处理组特质相近的反事实合成组,通过比较政策实施后处理组与合成组之间的长期差异来评估政策影响。操作步骤如下:(1)筛选合适的控制组,确定合理的预测变量;(2)拟合一个适宜的反事实合成组;(3)对比合成组与处理组的差异以评估政策冲击的影响。基于此,本研究将根据 SCM 的基本原理与操作步骤,详细阐述合成控制法在评估长三角扩容对区域经济增长影响的应用。

假设能观测到 $J+1$ 个城市 T 期的经济增长数据 $Y_{j,t}$,其中,第一个城市是扩容政策调整的目标城市,其余 J 个城市是不受扩容政策调整的对照城市。本研究用 T_0 表示扩容政策实施之前的年份,满足 $1 \leqslant T_0 \leqslant T$,对应上述分析中的 2010 年。将 $Y'_{j,t}$ 定义为城市 j 在时刻 t 没有受到扩容政策调整时的经济增长数据,$Y''_{j,t}$ 定义为城市 j 在时刻 t 受到扩容政策调整时的经济增长数据,当 $t \in [1, T_0]$,则满足 $Y'_{j,t} = Y''_{j,t}$;当 $t \in (T_0, T]$,则满足 $Y'_{j,t} = Y''_{j,t} - \beta_{j,t}$。式中 $\beta_{j,t}$ 表示第 j 个城市在时刻 t 由于受到扩容政策调整所带来的经济增长,如果 $\beta_{j,t} > 0$,则扩容政策实施能引致

目标城市的经济增长;如果$\beta_{j,t}<0$,则扩容政策实施阻碍了目标城市的经济增长;$\beta_{j,t}=0$,则扩容政策实施对目标城市的经济增长无影响。但是,对于受扩容政策调整的城市j来说,虽然可以直接观测到其T_0年之后的经济水平$Y''_{j,t}$,却无法观测到其T_0年之后不受政策影响的经济发展水平$Y'_{j,t}$,因此,要确定$\beta_{j,t}$的大小,需要先估计出$Y'_{j,t}$,Abadie等(2010)提出基准模型为:

$$Y'_{j,t} = \alpha_t + \delta_t Z_j + \theta_t \mu_j + \varepsilon_{j,t} \tag{6.1}$$

其中:α_t表示影响经济增长的时间固定效应,Z_j是一个$(r\times1)$维向量,表示城市j不受扩容政策影响的可观测变量,δ_t是对应控制变量的估计参数,μ_j是特定城市不可观测的固定效应,θ_t表示不可观测变量的时期效应,$\varepsilon_{j,t}$为每个城市观测不到的瞬时冲击。

合成控制法(SCM)要求:对受到扩容政策调整的目标城市形成一个$(J\times1)$维权重向量$W=(w_2,\cdots,w_{J+1})'$,任意的j,都满足$w_j\geqslant0$,且$w_2+\cdots+w_{J+1}=1$。对于受到扩容调整的目标城市,向量W代表潜在的合成控制组合,组合中的每一个w_j,衡量控制组中城市对目标城市的合成贡献率,因此,合成控制的结果变量为:

$$\sum_{j=2}^{J+1} w_j Y_{j,t} = \alpha_t + \delta_t \sum_{j=2}^{J+1} w_j Z_j + \theta_t \sum_{j=2}^{J+1} w_j \mu_j + \sum_{j=2}^{J+1} w_j \varepsilon_{it} \tag{6.2}$$

假定存在向量组$(w_2^*,\cdots,w_{J+1}^*)$,对于受扩容政策调整的目标城市$j=1$而言,满足:

$$\sum_{j=2}^{J+1} w_j^* Y_{j,1} = Y_{1,1}, \sum_{j=2}^{J+1} w_j^* Y_{j,2} = Y_{1,2}, \cdots, \sum_{j=2}^{J+1} w_j^* Y_{j,T_0} = Y_{1,T_0} \text{ 和 } \sum_{j=2}^{J+1} w_j^* Z_j = Z_1 \tag{6.3}$$

如果$\sum_{t=1}^{T_0}\lambda'_t\lambda_t$为非奇异,则下式成立:

$$Y'_{j,t} - \sum_{j=2}^{J+1} w_j^* Y_{j,t} = \sum_{j=2}^{J+1} w_j^* \sum_{s=1}^{T_0} \lambda_t \left(\sum_{t=1}^{T_0}\lambda'_j\lambda_j\right)^{-1} \lambda'_s (\varepsilon_{j,s} - \varepsilon_{1,s}) - \sum_{j=2}^{J+1} w_j^* (\varepsilon_{j,t} - \varepsilon_{1,t}) \tag{6.4}$$

Abadie等(2010)证明,式(6.4)的左边趋近于0,因此,在扩容政策实

施期间,可以用 $\sum_{j=2}^{J+1} w_j^* Y_{j,t}$ 来近似代替 $Y'_{j,t}$ 的无偏估计,对受扩容政策调整的目标城市 $j=1$ 而言,扩容对其经济增长影响的估计值为:$\hat{\beta}_{1,t}=Y'_{j,t}-\sum_{j=2}^{J+1} w_j^* Y_{j,t}$,$t \in [T_0+1,\cdots,T]$。为了尽可能得到 $\hat{\beta}_{1,t}$ 的无偏估计,式(6.3)中向量 $W^*=(w_2^*,\cdots,w_{J+1}^*)'$ 的确定成为关键。Abadie 等(2010)通过最小化 X_1 和 X_0W 之间的距离 $\|X_1-X_0W\|$ 来确定最优权重 W^*,其中,X_1 为扩容政策实施之前目标城市 $j=1$ 的 $(k\times1)$ 维特征向量(Z);X_0 为 $(k\times J)$ 矩阵,其第 j 列假定为城市 $j(j>1)$ 在扩容政策实施之前对应的特征向量(Z)。特征向量(Z)为影响城市经济增长的主要因素或经济增长变量的任意线性组合,统称为预测变量。一般而言,距离函数界定为:

$$\|X_1-X_0W\|_v=\sqrt{(X_1-X_0W)'V(X_1-X_0W)} \qquad (6.5)$$

其中:V 是一个 $(k\times k)$ 的对称半正定矩阵。尽管距离函数中,对任意的 V 都成立,但 V 的取值影响方程的均方误差,因此,选择满足 MSPE 最小化条件下的 V^*,进而确定 w_j^*,确保在扩容政策实施前($t\in[1,T_0]$),使目标城市($j=1$)通过加权合成的经济增长路径能尽量拟合其对应年份实际的经济增长路径。同时,为了避免由于目标城市与控制组城市的差距过大而带来估计偏差,需将目标城市的预测变量组合限制在控制组的预测变量的凸组合内(King and Zeng,2006),即满足 $w_j^*\geqslant0$。本研究采用 Abadie 等(2010)开发的 Synth 程序来估计长三角扩容对区域经济增长的影响。

(二)变量说明

本研究主要考察 2010 年长三角扩容对经济增长的影响,因此经济增长作为评估变量,借鉴韩其恒等(2016)的研究结果,本研究将采用人均 GDP 来衡量区域经济增长。根据已有研究结论,本研究将影响评估变量的主要因素设定为城市化率($Urba_{i,t}$)、对外开放度($Open_{i,t}$)、基础设施($Infr_{i,t}$)、产业结构($Indu_{i,t}$)、人口密度($Dens_{i,t}$),以及财政支出

($Fin_{i,t}$)。其中,城市化率代表了实物资本和人力资本快速向城市积累的途径,从而可以引致大规模的消费需求,为经济增长提供巨大动力(张远军,2014),本研究将采用非农人口占总人口比重来衡量;对外开放度可以通过提升要素禀赋结构和加快改革进程以促进经济增长(孙瑾等,2014),考虑到部分地级市进出口总额数据缺失较多,本研究将采用外商直接投资占总产出比重来代替对外开放度;基础设施对区域经济增长同样具有重要作用(张学良,2012),本研究将采用人均道路铺装面积来计算;产业结构的合理化和高级化进程均对经济增长具有明显的影响(干春晖等,2011),本研究将采用二次产业就业人数占三次产业就业人数来测算;人口密度影响了经济发展的集聚水平与增长速度(章元和刘修岩,2008),本研究将采用每平方千米人口数来度量;财政支出通过影响家庭的劳动——休闲选择、储蓄——消费选择以及生产性公共支出占总产出的比例,从而影响经济增长(严成樑和龚六堂,2009),本研究将采用财政支出总额来反映。

(三)样本选择与数据说明

本章选取 1998—2014 年中国 208 个地级市数据为初始样本,其中,将 2010 年长三角城市群扩容后的 22 个城市设定为处理组,其余 186 个城市设定为控制组。本章中涉及所有预测变量的数据主要来源于国内权威的统计年鉴,其中,城市的地区生产总值,总人口,非农人口,二、三产就业人口,外商直接投资,道路铺装面积,财政支出来源于对应年份的《中国城市统计年鉴》和《中国统计年鉴》,部分缺失数据将从相应城市对应年份的统计年鉴中加以补充。

二、实证结果解析

本章实证分析思路如下:(1)运用 SCM 检验扩容政策实施是否对整体城市、原位城市、新进城市的经济增长产生影响;(2)运用安慰剂法和排列检验法,检验扩容政策实施对经济增长影响的有效性;(3)通过迭代法和 PSM-DID 估计,进一步验证长三角扩容促进城市群经济增长的稳健性。

(一)扩容对长三角城市群经济增长的作用

考虑到合成控制法仅能对单个分析单元的评估变量进行合成,如果需要对多个分析单元进行整体评估时,则需要将多个分析单元合并成一个新的分析单元(Abadie et al.,2010)。为了深入评判此次扩容政策究竟对不同类型城市经济增长产生何种影响,本章将处理组划分为三组:2010年扩容后的22个城市合并成整体城市,长三角原有的16个城市合并成原位城市,新加入的6个城市合并成新进城市。

图6—2从左至右分别展示了整体城市、原位城市、新进城市的实际与合成的经济增长路径,其中实线代表实际经济增长路径,虚线代表合成经济增长路径,垂直虚线代表扩容政策实施的起始年份(2010年)。结果显示,在扩容政策实施年份之前,实际与合成的经济增长路径几乎完全重合,说明合成分析单元较好地拟合了扩容政策实施之前各城市的经济增长路径。而在扩容政策实施之后,整体城市、原位城市和新进城市的实线均在合成虚线之上,这说明三大区域的实际经济增长路径均高于其合成的经济增长路径,但是不同区域实际与合成的经济增长态势呈现出差异性。具体来看,对于整体城市而言,在2010—2014年间,实际经济增长路径缓慢高于合成经济增长路径;对于原位城市而言,在2010—2012年间,

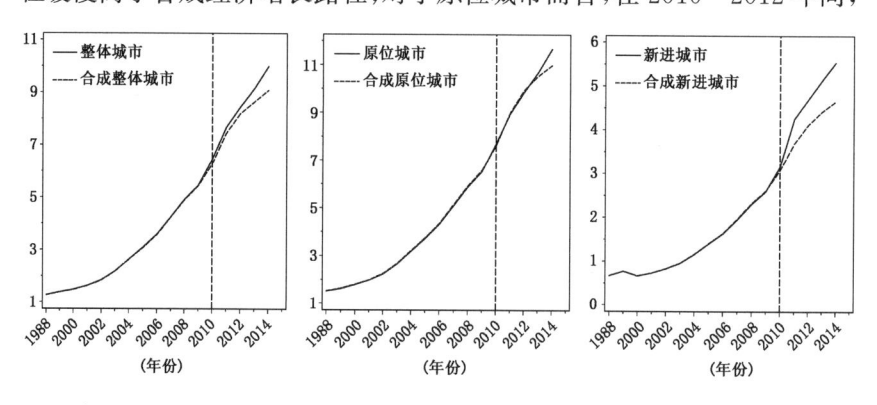

资料来源:作者绘制。

图6—2 三个分析单元实际与合成的经济增长路径对比

实际与合成的经济增长路径依然高度重合,2013年后才呈现拉大趋势;对于新进城市而言,在2010—2014年间,实际经济增长与合成经济增长之间的差异快速拉大。由此可见,长三角扩容促进了三大区域的经济增长,且不同区域呈现出差异性。

表6—2　　　　　　　　　实际值与合成值对比　　　　　　　　单位:万元

人均GDP	整体城市			原位城市			新进城市		
	实际值	合成值	差值	实际值	合成值	差值	实际值	合成值	差值
2010年	6.446 2	6.283 0	0.163 2	7.679 9	7.608 8	0.071 2	3.156 4	3.078 3	0.078 1
2011年	7.665 1	7.432 0	0.233 1	8.945 2	8.987 9	−0.042 6	4.251 5	3.687 0	0.564 4
2012年	8.442 6	8.193 7	0.248 9	9.848 2	9.937 0	−0.088 9	4.694 6	4.111 6	0.583 0
2013年	9.157 6	8.646 7	0.510 9	10.669 7	10.530 6	0.139 1	5.125 4	4.416 1	0.709 4
2014年	9.994 3	9.084 1	0.910 2	11.665 2	10.988 7	0.676 5	5.538 6	4.655 3	0.883 4

注:差值=实际值−合成值,衡量扩容政策实施对经济增长的影响。
资料来源:作者整理。

为了更具体地观测扩容政策实施对三个分析单元经济增长的影响,本章计算了在扩容政策实施之后,实际与合成的经济增长差异及平均增长率(见表6—2)。整体来说,三个分析单元的实际值与合成值之间的差异在逐年提升,如整体城市在2010年实际与合成经济增长的差异仅为1 632元,而在2014年则为9 102元,平均每年增长1 494元,即2010年扩容政策实施促进了整体城市平均每年的人均GDP增长了1 494元。同样,受2010年扩容政策的影响,原位城市、新进城市平均每年的人均GDP增长分别达到1 211元、1 611元。

1. 有效性检验

为了增强研究结论的有效性,本章将采用安慰剂法(Placebo Test)和排列检验法(Permutation Test)来检验扩容对经济增长的有效性,两种方法主要区别在于控制分析单元的选取,前者选择与目标分析单元最相似的控制分析单元,后者则随机选择控制分析单元。图6—3和图6—4分别展示了安慰剂法和排列检验法对长三角扩容促进整体城市、原位城市和新进城市经济增长的有效性检验结果。

从安慰剂法的有效性检验结果(见图6—3)来看,整体城市、原位城市和新进城市的 RMSPE(表示均方预测误差的平方)分别为 41.66、10.69 和 84.94(即图中虚线柱形部分),均远高于其对应的相似控制分析单元,说明合成控制法估计的扩容政策实施促进经济增长的实证结果是有效的。值得说明的是,根据合成控制法原理,控制组中城市的权重越大,说明该城市与目标城市越相似,因此安慰剂法中的相似控制组城市选择其合成权重大于均值的城市。如以整体城市为例,在 186 个控制组城市中,其合成权重不为 0 的控制组城市为 182 个,因此其权重均值为 0.005 5(1/182),所以整体城市选择权重大于 0.005 5 的 14 个城市来进行安慰剂检验,其 RMSPE 如图 6-3 左 1 中实线柱形部分。类此分析,原位城市采用权重大于 0.007 1(1/141)的 11 个城市、新进城市采用权重大于 0.005 4(1/184)的 21 个城市分别进行安慰剂检验。

资料来源:作者绘制。

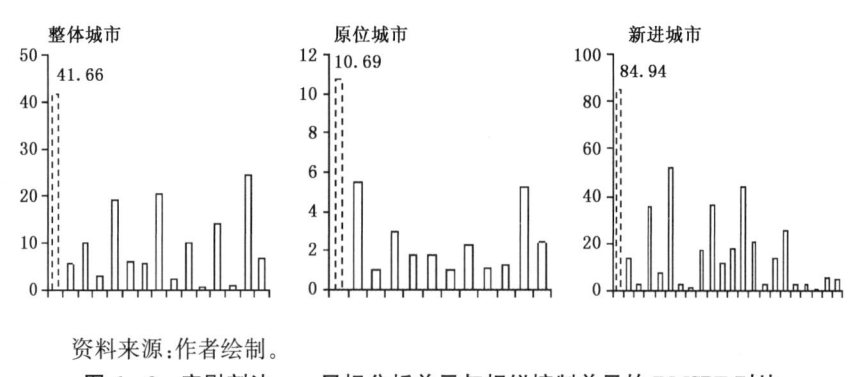

图 6-3 安慰剂法——目标分析单元与相似控制单元的 RMSPE 对比

从排列检验法的有效性分析结果(见图 6-4)来看,图中实线代表整体城市的预测误差,虚线代表了随机控制单元的预测误差,可以明显观测到实线高于虚线,这意味着如果随机选择一个控制单元进行估计,要得到与目标分析单元一致的结果的确是小概率事件,说明目标分析单元与随机控制分析单元的合成残差存在显著差异,即利用合成控制法分析扩容政策实施促进目标分析单元经济增长的结果是有效的。需要说明的是,考虑到本研究的控制组数量多达 186 个城市,因此本章采取等间距方法进行随机抽样,设定等间距为 4 进行随机抽样,共随机选取 46 个控制组进行合成,然后分别计算其扩容实施政策前的平均预测标准差(APSD),最后对比其分别与整体城市、原位城市与新进城市 APSD,如果控制组城市的 APSD 值较大,这说明合成控制法不能很好地模拟该城市,本章予以剔除,另外,如果控制组城市的 APSD 值与目标分析单元的 APSD 值相差很大,则说明该控制组与目标分析单元没有可比性,因此,本章借鉴王贤斌和聂海峰(2010)的做法,剔除 APSD 值高于目标城市 2 倍的随机控制城市,最后整体城市、原位城市与新进城市保留的随机控制单元个数分别为 31、10 和 21。

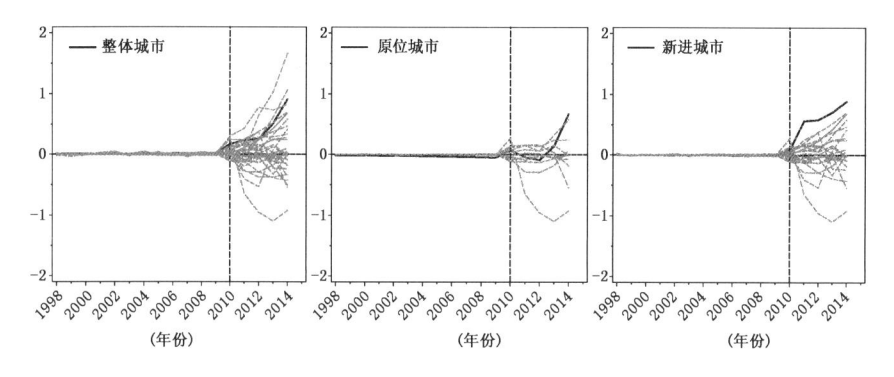

资料来源:作者绘制。

图 6—4 排列检验法——目标分析单元与随机控制单元的预测残差分布图

2. 稳健性检验

为确保分析结果的稳健性,避免因为控制组和估计方法不同致使分析结果存在差异,本章继续采用迭代法和双重差分倾向得分匹配(PSM-DID)法对实证结果的敏感性进行检验。图 6—5 和表 6—3 分别展示了两种估计方法对扩容促进经济增长的敏感性检验结果。

从迭代法稳健性检验结果(见图 6—5)来看,在逐一去除控制组城市的情况下,整体城市、原位城市和新进城市迭代合成路径均与原始的合成路径一致,并未出现较大波动,这说明利用合成控制法来估计长三角扩容政策实施促进经济增长的实证结果是稳健的,并不随控制组的变动而出现较大差异。需要说明的是,此处逐一去除的控制组城市与有效性分析中的安慰剂法选取城市相同。

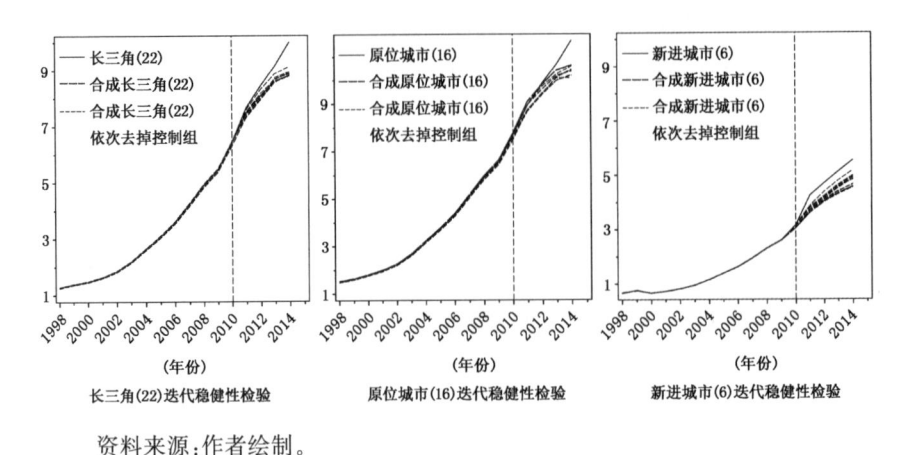

图 6—5 迭代法——迭代去除控制组城市的合成分析单元经济增长路径

资料来源:作者绘制。

从 PSM-DID 稳健性检验回归结果(见表 6—3)来看,整体城市的双重差分检验结果虽然表现为正(0.31),但不显著,而原位城市的双重差分检验结果为负(−0.25)同样不显著,可能的原因是采用 PSM-DID 方法估计时,需要为处理组中的每一个城市寻找与之匹配的城市组合,而原位城市和整体城市中包含一些特殊城市(如上海、苏州、无锡等),其经济发展水平要显著高于控制组城市,从而使这类城市很难在本研究选取的控制组中找到合适的匹配组,因此导致这两类城市采用 PSM-DID 方法的估计结果不显著。反观新进城市的双重差分检验结果为 0.83,在 1% 的水平显著,说明扩容政策实施显著促进了新进城市的经济增长,且其系数明显高于整体城市和原位城市,即 2010 年长三角城市群扩容对新进城市的促进作用明显高于原位城市。因此,PSM-DID 方法估计的检验结果部分验证了上述研究结论的稳健性。

表 6—3 PSM-DID 稳健性检验:扩容政策实施对经济增长影响

人均GDP	调整前的控制组	调整前的处理组	调整前处理组与控制组差异	调整后的控制组	调整后的处理组	调整后处理组与控制组差异	双重差分检验结果
整体城市	2.781 0	2.803 0	0.022 0 (0.247 0)	8.013 0	8.341 0	0.328 0 (0.383 0)	0.306 0 (0.456 0)

续表

人均GDP	调整前的控制组	调整前的处理组	调整前处理组与控制组差异	调整后的控制组	调整后的处理组	调整后处理组与控制组差异	双重差分检验结果
原位城市	2.963 0	3.401 0	0.437 0 (0.267 0)	9.578 0	9.762 0	0.184 0 (0.411 0)	−0.254 0 (0.490 0)
新进城市	1.639 0	1.286 0	−0.353 0*** (0.129 0)	4.076 0	4.553 0	0.478 0** (0.199 0)	0.831 0*** (0.237 0)

注:①控制组的总样本数为1 755,整体城市、原位城市、新进城市双重差分估计的 R^2 分别为0.21、0.26和0.31。

②***、**分别表示在5%和1%的置信水平上显著。

(二)长三角扩容促增长的机理解析与验证

根据前述研究结果,可以发现:2010年长三角扩容不仅明显推动了整个城市群经济增长,而且显著提高了原位城市与新进城市的经济增长态势。那么,长三角扩容如何促进区域经济增长? 其作用机制是什么?

1. 长三角扩容促增长的机理解析

经济联系机制。所谓"经济联系机制"是指长三角扩容有助于加强各城市之间的经济联系程度,进而促进区域的经济增长。具体而言,长三角城市群扩容增强各城市之间经济联系主要包括以下几个方面:(1)人员流动的疏通。扩容有助于区域之间的边界效应弱化、就业信息获取,从而促进人员跨区流动就业(Braakmann and Vogel,2011)以及边界地区的人口集聚(Elsner,2013;Ivlevs,2013)。长三角协调会常设人才专题,统一部署、协力打造长三角人才发展高地,各会员城市将根据《长江三角洲人才发展思路》制订合理的人才计划与就业安排。随着长三角扩容到安徽境内,一方面有助于安徽剩余劳动力转移到上海、苏州、杭州等大城市进行就业,另一方面有助于缓解上海服务业,苏州、无锡、常州制造业劳动力短缺的压力。据统计,2015年年末上海常住人口总数为2 415.27万人,外来常住人口981.65万人。其中,安徽人占比第一,达到284.68万人,相较于2010年的260.23万人,累计增长9.40%。(2)经济资源的互补。施建军和梁琦(2007)认为长三角扩容能够实现不同区域间资源的互补与利用。长三角扩容首先实现了地域面积上的扩张,一些经济发达地区已经出现向欠发达地区购买土地指标的情况。此外,长三角范围的扩大实现了区域资源的合作和互补。例如,马鞍山、铜陵的矿产资源主要输送到长三角的工业中,上海等地富余的资本也将流入新进城市进行投资创业。(3)交通设施的联通。方大春和孙明月(2015)基于社会网络分析发现:高铁有利于长三角城市群内资源有效配置和空间结构优化。长三角扩容实现了在广阔的区域范围内构建交通网络。例如,2011年3月在镇江召开的协调会专门设立了"高铁时代的长三角城市合作"主题讨论会。长三角扩容实现了各城市基础设施互联互通,通过《长江三角洲城市间综合交通规划》的实施,迅速在长三角城市群范围内形成了以铁路、高速公路、水路等主要形式的交通脉络,极大地促进了城市间人流、物流、资金流、信息流的流动,以此推动区域经济的腾飞。

产业分工机制。所谓"产业分工机制"是指长三角扩容有利于协调各城市之间的产业分工与布局,进而推进区域的经济增长。整体来说,长三角扩容主要通过如下几条途径来优化各区域的产业分工:(1)依托区域竞争优势的产业布局。随着Krugman等经济学家创立新经济地理学以来,学者们将运输成本、贸易壁垒等地理因素纳入经济模型分析,创建了"中心-边缘"理论,该理论认为区域的中心与边缘地区应集聚着不同产业。长三角扩容即是各区域依托自身资源禀赋优势、区位优势进行产业布局的过程,长三角扩容不仅能够引导各区域依托自身竞争优势,积极发展特色产业,合理布局产业空间、降低产业同构性。而且有助于深化区域内产业分工,提高各区域的专业化水平。例如,2016年国务院常务会议通过的《长江三角洲城市群发展规划》中指出,以杭州、嘉兴、湖州、绍兴4市为主体的杭州都市圈,将凭借创业创新优势来发展信息经济、电子商务等新业态、新引擎。以苏州、无锡、常州三市为主体的苏锡常都市圈,将全面布局先进制造业和现代服务业集聚区。(2)顺应产业生命周期的梯度转移。长三角扩容是提高区域一体化的主要手段,而区域一体化又对产业空间转移具有重要影响。2010年协调会第十次会议特设了"长三角园区共建"专题,共议共谋长三角范围内的产业转移。长三角扩容一方面为沿海发达地区产业转移提供了广阔的地域空间,另一方面推进各区域之间的产业对接协作,形成区域间上下产业游联动机制、构建完善的产品价值链。例如,一些跨国公司将总部设在上海,而将制造工厂设置在周边城市的工业园区里。特别是安徽东南部城市融入长三角以后,随着皖江产业转移示范区的成立,示范区积极承接长三角沿海发达城市的产业转移。这将极大地推进沿海城市产业结构优化升级与经济增长方式转变,同时也为安徽内陆城市经济发展注入产业活力。

市场统一机制。所谓"市场统一机制"是指长三角扩容有益于各城市之间错位竞争、有序竞争以及统一市场,进而推动区域经济的可持续增长。概括来说,长三角扩容统一区域市场主要囊括以下几个部分:(1)大市场的形成。以 Scitovsky 和 Deniau 为代表的学者创立大市场理论,该理论认为区域发展要打破市场分割、激发竞争、促进贸易自由,从而获取规模经济。长三角扩容推动了区域大市场的形成。例如,加入长三角的会员城市需要遵守《长江三角洲城市群发展规划》的统一部署,并签订城市间合作发展协议。各城市必须破除"行政区经济"的藩篱,降低地方保护主义。长三角扩容实现了区域大市场的统一,从而产生贸易创造效应。2013 年在合肥召开的协调会第十三次会议指出,长三角将努力构建产学研合作的区域创新体系、区域环境保护体系,并进一步降低市场准入门槛,促进经济要素自由流动,营造国际一流的贸易发展环境,提高区域整体对内对外开放水平,真正实现要素自由流通、产业分工协作、心理认同归属、公共服务均等互通的"融合"。(2)竞争的有序。扩容有助于区域内经济的协同发展、共同治理以及文化融合(Dahlman,2004;Xheneti et al.,2012)。长三角扩容将打破原有区域的竞争格局,重塑区域之间的竞争新态势,并构建一个统一、开放、竞争、有序的区域市场体系。这不仅有利于市场机制的充分发挥、资源的有效配置、经济效率与可持续性的保持,而且有助于长三角城市群中不同城市在新的竞争态势中寻求联动发展,从而为长三角城市群整体竞争力提供坚实的体制基础。2003 年协调会第四次会议强调,必须突破行政区划界限,推进区域有序竞争与联动发展。

2. 长三角扩容促增长的机理验证

为了对上述机制进行验证,本研究构建如下待检验模型:

$$Y_{i,t} = \partial_0 + \partial_1 Enla_{i,t} + \partial_2 Cone_{i,t} + \partial_3 Cone_{i,t} \times Enla_{i,t} + \partial_4 Divi_{i,t} + \partial_5 Divi_{i,t} \times Enla_{i,t} + \partial_6 Unif_{i,t} + \partial_7 Unif_{i,t} \times Enla_{i,t} + \partial_c C_{i,t} + u_{i,t} \quad (6.6)$$

其中:$Y_{i,t}$是因变量,表示城市i在第t年的经济增长情况,本研究继续采用人均GDP加以衡量(韩其恒等,2016);$Enla_{i,t}$是自变量,表示城市i在第t年是否实施扩容政策的虚拟变量,自2010年起赋值$Enla_{i,t}=1$,2010年之前赋值$Enla_{i,t}=0$;$Cone_{i,t}$、$Divi_{i,t}$、$Unif_{i,t}$是扩容促增长的三条作用机制变量,依次为经济联系强度、产业分工程度、市场统一程度。$C_{i,t}$为本研究的控制变量,主要包括$k_{i,t}$、$Pat_{i,t}$、$Urba_{i,t}$、$Open_{i,t}$、$Indu_{i,t}$、$Infr_{i,t}$、$Dens_{i,t}$、$Fin_{i,t}$,依次代表城市i在第t年的人均资本存量、创新能力、城市化率、对外开放度、产业结构、基础设施、人口密度以及财政支出。

经济联系强度($Cone_{i,t}$)表示城市i在第t年与长三角城市群其余21个城市的经济联系情况,计算公式为:$Cone_{i,t} = \sum_{j=21} Cone_{ij,t}$。其中:$Cone_{ij,t}$表示城市$i$与$j$之间的经济联系强度,利用修正后的引力模型加以测量(侯赟慧等,2009),具体计算公式为:$Cone_{ij,t} = W_{ij,t} \times \sqrt{P_{i,t} \times GDP_{j,t}} \times \sqrt{P_{j,t} \times GDP_{i,t}} / D_{i,j}^2$。其中,$W_{ij,t} = GDP_{i,t}/(GDP_{i,t} + GDP_{j,t})$。其中,$P_{i,t}$、$P_{j,t}$分别表示城市$i(j)$的人口,$GDP_{i,t}$、$GDP_{j,t}$分别表示城市$i(j)$的GDP,$D_{i,j}$表示城市$i$与城市$j$之间的地理距离。

产业分工程度($Divi_{i,t}$)表示城市i在第t年与长三角城市群其余21个城市的产业分工情况,计算公式为:

$$Divi_{i,t} = \sum_{j=21} Divi_{ij,t} \quad (6.7)$$

其中:$Divi_{ij,t}$表示第t年城市i与j之间的产业分工度,利用配对城

市之间的产业结构差异度来衡量[①],计算公式为:

$$Divi_{ij,t} = \sum_{k=1}^{19} abs(X_{i,t}^k/X_{i,t} - X_{j,t}^k/X_{j,t}) \quad (6.8)$$

其中:X_{it}^k、X_{jt}^k 表示城市 $i(j)$ 在第 t 年的第 k 产业的从业人员数,X_{it}、X_{jt} 表示城市 $i(j)$ 在第 t 年的总从业人员数。

市场统一度($Unif_{i,t}$)表示城市 i 在第 t 年与长三角城市群其余 21 个城市的市场统一情况,计算公式为:

$$Unif_{i,t} = 1/\sum_{j=21} q_{ij,t} \quad (6.9)$$

其中:$q_{ij,t}$ 表示第 t 年城市 i 与 j 之间多种商品共同形成的价格方差,采用价格法进行测算[②],计算公式为:

$$\begin{aligned} q_{ij,t} &= \sum_{k=1}^{8} q_{ij,t}^k \\ q_{ij,t}^k &= abs(\Delta q_{ij,t}^k) - abs(\overline{\Delta q_t^k}) \\ \Delta q_{ij,t}^k &= \ln(P_{i,t}^k/P_{j,t}^k) - \ln(P_{i,t-1}^k/P_{j,t-1}^k) \end{aligned} \quad (6.10)$$

其中:$q_{ij,t}^k$ 表示第 k 类商品在城市 i 与城市 j 之间第 t 年的相对价格变动方差,$\Delta q_{ij,t}^k$ 表示第 k 类商品在城市 i 与城市 j 之间第 t 年的相对价格变动,$\overline{\Delta q_t^k}$ 表示第 k 类商品第 t 年在所有城市的平均价格变动,$P_{i,t}^k$、$P_{j,t}^k$ 分别表示第 k 类商品在城市 $i(j)$ 在第 t 年的消费价格指数,$P_{i,t-1}^k$、$P_{j,t-1}^k$ 分别表示第 k 类商品在城市 $i(j)$ 在第 $t-1$ 年的消费价格指数。

人均资本存量($k_{i,t}$),本研究采用永续盘存法来核算(邵军和徐康宁,2010),具体计算公式为:

$$\begin{aligned} k_{i,t} &= K_{i,t}/L_{i,t} \\ K_{i,t} &= I_{i,t}/P_{i,t} + (1-\delta)K_{i,t-1} \end{aligned} \quad (6.11)$$

---

① 借鉴陈国亮和唐根年(2016)的研究成果,采用 1998—2014 年间长三角城市群中 22 个城市 19 个行业从业人数来计算不同城市间产业结构差异度,通过两两配对的方式汇总单个城市在整个城市群中的产业分工程度。

② 借鉴陈钊和陆铭(2009)、柯善咨和郭素梅(2010)的研究成果,采用 1998—2014 年间长三角 22 个城市 9 大类商品价格指数来计算不同城市间相对价格差异,通过两两配对方式汇总单个城市在整个城市群中的市场统一程度。

其中:由于无法获取城市口径的固定资产价格投资指数,因此$P_{i,t}$为对应年份城市所在省份的相应指数;基期资本存量$K_{i,t-1}$以1998年为基期,计算公式为:

$$K_{i,1998} = I_{i,1998}/(g_i + \delta) \tag{6.12}$$

其中:g_i为1998—2014年各城市的固定资产形成总额的增长率,δ为折旧率,本研究取值为5%(黄新飞和舒元,2010)。考虑到本研究因变量为人均GDP,此处$Fin_{i,t}$、$Open_{i,t}$分别采用人均财政支出、人均对外直接投资来衡量,其余控制变量的测算方法见前述,此处不再赘述。

为了验证长三角扩容促进不同城市经济增长作用大小与内在机理,本部分将实证样本同样划分为整体城市(见表6-4)、原位城市(见表6-5)、新进城市(见表6-6)三个组别。表6-4列示了长三角城市群扩容对全体22个城市经济增长作用效果与内在机制的检验结果,结果表明:长三角扩容与整体城市经济增长之间具有显著的正相关关系,即长三角扩容显著促进了全体22个城市的经济增长。从三种作用机制的回归结果来看,扩容与城市间经济联系的交互项系数为正(beta=0.01),但不显著,扩容与城市间产业分工的交互项、与城市间市场统一度的交互项均与经济增长之间具有显著的正相关关系,说明长三角扩容能够优化各城市的产业分工、促进城市间的市场统一,进而促进整体城市经济增长,即扩容政策的实施不仅有利于长三角城市之间的产业合理布局,更能在一定程度上有效控制区域内的"行政区经济"与地方保护主义,进而推进长三角城市群大市场的形成以及区域内的有序竞争。但是扩容通过加强城市之间的经济联系,引致城市之间溢出效应进而促进经济增长的作用在本章的样本区间内却不明显,可能的原因是整体城市分析样本中同时包含了经济联系较强的核心城市(如上海、南京、杭州)与经济联系较弱的外围城市(如衢州、马鞍山、金华),从而使中心城市辐射的溢出效应难以在所有城市中显著发挥。归纳来说,长三角扩容政策实施能够有效发挥产业分工机制、市场统一机制,但难以施展经济联系机制的作用。

表6—4　长三角扩容促增长的机制验证（整体城市）

	(1)	(2)	(3)	(4)	(5)	(6)	(7)	(8)	(9)
人均产出									
人均资本	0.204 2***	0.217 5***	0.127 6***	0.128 2***	0.213 6***	0.220 4***	0.211 2***	0.208 3***	0.122 5***
	(0.033 5)	(0.033 8)	(0.023 5)	(0.024 2)	(0.032 8)	(0.032 4)	(0.041 6)	(0.038 2)	(0.028 0)
创新能力	0.216 2***	0.188 9***	0.142 7***	0.143 3***	0.188 9***	0.183 5***	0.197 4***	0.195 3***	0.142 4***
	(0.029 0)	(0.022 7)	(0.017 4)	(0.019 6)	(0.023 1)	(0.024 7)	(0.028 3)	(0.027 9)	(0.021 8)
城市化	−0.061 5	−0.007 3	−0.056 4	−0.052 6	−0.025 9	−0.014 6	−0.016 9	−0.012 9	−0.062 5
	(0.128 9)	(0.135 5)	(0.103 2)	(0.095 2)	(0.138 4)	(0.136 5)	(0.127 7)	(0.129 6)	(0.091 7)
开放度	0.094 1*	0.075 9	0.078 6**	0.078 5**	0.083 7**	0.084 8*	0.062 6	0.066 6	0.077 1***
	(0.052 4)	(0.044 9)	(0.030 7)	(0.031 1)	(0.038 5)	(0.040 9)	(0.040 9)	(0.038 8)	(0.023 8)
产业结构	0.090 6**	0.090 0**	0.062 1	0.063 2	0.051 9	0.036 7	0.055 7	−0.003 0	−0.046 0
	(0.033 3)	(0.041 4)	(0.050 1)	(0.049 5)	(0.044 1)	(0.053 6)	(0.058 0)	(0.062 2)	(0.063 6)
基础设施	0.045 3	0.054 3	−0.019 1	−0.017 6	0.034 2	0.040 5	0.071 0	0.044 0	−0.029 5
	(0.062 6)	(0.061 3)	(0.066 3)	(0.069 9)	(0.058 7)	(0.059 7)	(0.062 1)	(0.058 4)	(0.055 6)
人口密度	−0.055 9	0.055 4	0.448 5	0.440 2	0.063 4	0.112 4	−0.093 8	−0.066 2	0.397 2
	(0.806 1)	(0.843 6)	(1.022 6)	(1.056 4)	(0.854 6)	(0.865 4)	(0.772 5)	(0.766 7)	(1.013 7)
财政支出	0.037 0***	0.029 9**	0.030 4**	0.030 0**	0.029 8**	0.025 5**	0.034 2**	0.040 4***	0.032 1**
	(0.012 4)	(0.012 9)	(0.012 8)	(0.012 2)	(0.010 3)	(0.010 0)	(0.011 9)	(0.013 1)	(0.010 6)
D		0.124 6**	0.109 1*	0.035 4	−0.031 8	−0.158 0*	0.080 1	−0.078 9*	−0.381 8
		(0.058 2)	(0.059 9)	(0.382 5)	(0.052 1)	(0.071 2)	(0.051 9)	(0.044 3)	(0.410 6)
经济联系			0.171 0***	0.169 7***					0.174 9***
			(0.035 2)	(0.037 5)					(0.034 6)
D×经济联系				0.005 8					0.007 9
				(0.031 3)					(0.034 2)
产业分工					0.077 5***	0.068 0***			0.055 3***
					(0.012 6)	(0.008 5)			(0.008 7)

续表

人均产出	(1)	(2)	(3)	(4)	(5)	(6)	(7)	(8)	(9)
$D \times$ 产业分工						0.042 6*			0.046 2
						(0.021 5)			(0.027 2)
市场统一							0.025 2**	0.014 2	0.015 8**
							(0.010 5)	(0.010 7)	(0.006 1)
$D \times$ 市场统一								0.045 5***	0.023 6**
								(0.013 9)	(0.009 2)
常数项	7.779 8	7.052 6	3.574 7	3.621 7	6.990 9	6.670 9	7.967 3	7.888 1	3.864 0
	(5.569 5)	(5.857 7)	(7.011 5)	(7.202 7)	(5.938 5)	(6.009 4)	(5.349 0)	(5.355 7)	(6.903 9)
N	374	374	374	374	374	374	374	374	374
组内 R^2	0.939 4	0.941 1	0.950 4	0.950 4	0.945 1	0.945 5	0.943 8	0.945 8	0.957 8
Hausman 检验	−1.700 0	−1.970 0	−5.680 0	−12.190 0	−3.300 0	−3.450 0	−2.000 0	−1.800 0	−9.110 0

注：***、**、* 表示 $p<0.01$，$p<0.05$，$p<0.10$；括号内数字为对应系数的标准差，从 Hausman 检验结果来看，应采用固定效应模型。

资料来源：作者整理。

表 6—5　长三角扩容促增长的机制验证（原位城市）

	(1)	(2)	(3)	(4)	(5)	(6)	(7)	(8)	(9)
人均产出									
人均资本	0.138 8***	0.151 9***	0.075 6**	0.092 4***	0.156 6***	0.169 3***	0.143 9***	0.144 3***	0.123 9***
	(0.036 4)	(0.041 5)	(0.029 7)	(0.028 5)	(0.036 6)	(0.036 8)	(0.045 7)	(0.043 3)	(0.035 3)
创新能力	0.117 1***	0.106 0***	0.038 7	0.045 0	0.117 1***	0.105 9***	0.120 3***	0.122 6***	0.044 9
	(0.036 0)	(0.027 1)	(0.029 9)	(0.030 2)	(0.026 4)	(0.029 9)	(0.023 9)	(0.023 2)	(0.029 5)
城市化	0.150 7*	0.155 3*	0.103 9*	0.156 5***	0.149 5	0.153 1	0.153 3*	0.146 5*	0.200 2**
	(0.080 9)	(0.079 4)	(0.053 2)	(0.052 9)	(0.086 7)	(0.084 8)	(0.080 3)	(0.082 3)	(0.088 6)
开放度	0.261 8*	0.243 0	0.226 3**	0.220 2**	0.252 1*	0.250 7*	0.217 5	0.217 5	0.210 9***
	(0.145 0)	(0.143 9)	(0.105 1)	(0.103 0)	(0.134 8)	(0.137 2)	(0.132 9)	(0.129 5)	(0.038 1)
产业结构	0.041 0	0.052 4	−0.043 1	−0.018 1	0.015 2	0.015 4	0.025 5	−0.012 9	0.021 4
	(0.077 5)	(0.083 2)	(0.067 5)	(0.058 3)	(0.076 9)	(0.077 4)	(0.094 7)	(0.095 3)	(0.105 2)
基础设施	0.149 9*	0.152 8*	0.050 0	0.062 4	0.121 7	0.129 4*	0.173 7**	0.150 4**	0.098 0*
	(0.074 7)	(0.074 5)	(0.058 5)	(0.063 8)	(0.071 5)	(0.073 8)	(0.073 3)	(0.066 9)	(0.052 3)
人口密度	−0.461 6	−0.407 2	−0.433 8	−0.558 5	−0.490 6	−0.364 4	−0.495 2	−0.501 7	−0.283 4**
	(0.498 7)	(0.515 2)	(0.476 5)	(0.493 1)	(0.505 7)	(0.517 7)	(0.503 1)	(0.498 4)	(0.123 6)
财政支出	0.045 9***	0.041 3***	0.033 7***	0.025 4***	0.039 5***	0.032 7***	0.044 4***	0.047 3***	0.020 1
	(0.009 2)	(0.008 4)	(0.006 6)	(0.006 8)	(0.007 1)	(0.006 1)	(0.008 9)	(0.009 2)	(0.015 0)
D		0.070 3	0.110 5	−0.933 5**	−0.074 6	−0.289 1***	0.030 9	−0.059 4	−1.238 8***
		(0.065 5)	(0.068 8)	(0.422 1)	(0.066 4)	(0.048 8)	(0.058 1)	(0.055 4)	(0.255 0)
经济联系			0.245 1***	0.233 9***					0.189 8***
			(0.029 3)	(0.031 6)					(0.052 6)

续表

	(1)	(2)	(3)	(4)	(5)	(6)	(7)	(8)	(9)
人均产出									
$D×$经济联系				0.082 9**					0.082 5***
				(0.036 3)					(0.023 5)
产业分工					0.058 2***	0.045 4**			0.022 1**
					(0.016 4)	(0.019 6)			(0.008 9)
$D×$产业分工						0.070 6***			0.055 8**
						(0.021 2)			(0.026 0)
市场统一							0.023 2***	0.015 7***	0.018 4**
							(0.003 9)	(0.002 9)	(0.008 0)
$D×$市场统一								0.027 8**	0.008 6
								(0.011 7)	(0.011 6)
常数项	9.974 6***	9.692 1**	8.475 0***	9.146 9**	10.148***	9.381 5***	10.179***	10.313***	7.412 8***
	(3.337 6)	(3.463 7)	(3.134 1)	(3.217 6)	(3.456 2)	(3.567 8)	(3.339 4)	(3.346 2)	(0.741 4)
N	272	272	272	272	272	272	272	272	272
组内 R^2	0.968 4	0.969 0	0.977 7	0.978 7	0.971 1	0.972 2	0.971 4	0.972 2	0.982 6
Hausman 检验	−2.090 0	−1.390 0	−2.140 0	−1.780 0	−1.450 0	−0.600 0	−3.020 0	−4.970 0	220.40 0***

注：***表示 $p<0.01$，**表示 $p<0.05$，*表示 $p<0.10$；括号内数字为对应系数的标准差。模型(9)的 Hausman 检验系数显著为正，说明此模型应采用更为合理，因此，模型(9)汇报结果为随机效应下的回归结果，其余模型均采用固定效应模型。

资料来源：作者整理。

表6-5显示了长三角城市群扩容对16个原位城市经济增长作用效果与内在机制的检验结果,结果显示:扩容与城市间经济联系的交互项、扩容与城市间产业分工的交互项、扩容与城市间市场统一的交互项与原位城市经济增长之间均具有显著的正相关关系,说明扩容政策的实施可以通过上述三种机制促进原位城市的经济增长。

具体表现为:

(1)长三角扩容强化了城市间经济联系,原位城市能够在密切的城市经济联系网络中收益,比如获取新进城市的低廉劳动力与自然资源。

(2)长三角扩容优化了城市间的产业分工,原位城市能够积极推动产业转移,促进自身产业结构升级,从而谋取新的经济发展动力源与增长点。

(3)长三角扩容能够有效降低原位城市的"行政区经济"与地方保护主义,降低区域间的边界效应与地方化壁垒,进而形成区域内的统一市场。总而言之,长三角扩容对16个原位城市经济增长具有显著的促进作用,长三角扩容能够有效发挥经济联系机制、产业分工机制、市场统一机制。

表6-6列出了长三角城市群扩容对6个新进城市经济增长作用效果与内在机制的检验结果,结果表明:扩容与城市间经济联系的交互项与新进城市经济增长之间具有显著的负向相关关系,即长三角扩容通过经济联系机制对新进城市经济增长具有抑制作用,新进城市难以从区域间经济联系中获取净收益。换言之,长三角原位城市中的大城市(例如上海、苏州、杭州等)对新进小城市的虹吸效应较强、扩散效应较弱。此外,扩容与城市间产业分工的交互项与新进城市经济增长之间具有显著的正向相关关系,即长三角扩容有助于新进城市承接沿海发达城市的产业转移,进而优化自身的产业布局、迅速融入长三角城市群的产品价值链分工中。同时,长三角扩容与市场统一的交互项与新进城市经济增长之间具有显著的正向相关关系,扩容政策实施显著促进了新进城市的市场一体化水平,新进城市能够有效降低城市之间的边界效应,更好地融入长三角

表6—6 长三角扩容促增长的机制验证(新进城市)

	(1)	(2)	(3)	(4)	(5)	(6)	(7)	(8)	(9)
人均产出									
人均资本	0.229 3***	0.230 3***	0.210 5***	0.215 4***	0.233 1***	0.238 6***	0.230 7***	0.243 1***	0.216 6***
	(0.051 2)	(0.053 3)	(0.055 9)	(0.053 5)	(0.057 8)	(0.056 1)	(0.054 1)	(0.059 4)	(0.057 2)
创新能力	0.157 3***	0.153 9***	0.160 1***	0.143 4***	0.126 6*	0.129 6*	0.153 4**	0.137 5**	0.123 0**
	(0.037 5)	(0.048 1)	(0.049 9)	(0.044 6)	(0.061 4)	(0.061 7)	(0.048 2)	(0.054 5)	(0.058 0)
城市化	0.423 9*	0.434 8*	0.338 6	0.346 3	0.426 2*	0.496 6***	0.431 4*	0.409 3	0.321 6
	(0.221 2)	(0.221 9)	(0.209 8)	(0.218 5)	(0.226 1)	(0.226 7)	(0.231 0)	(0.245 4)	(0.264 0)
开放度	0.022 0	0.021 6	0.019 0	0.016 9	0.024 1	0.029 5	0.021 6	0.022 8	0.022 4
	(0.017 4)	(0.018 0)	(0.016 8)	(0.016 9)	(0.016 7)	(0.017 4)	(0.018 1)	(0.016 4)	(0.014 3)
产业结构	−0.202 2*	−0.205 7*	−0.171 4*	−0.167 3*	−0.253 3**	−0.338 8**	−0.208 2**	−0.257 0**	−0.264 1*
	(0.111 5)	(0.110 0)	(0.086 7)	(0.085 2)	(0.092 8)	(0.120 7)	(0.106 6)	(0.100 7)	(0.127 5)
基础设施	−0.101 0	−0.101 2	−0.118 7	−0.129 4	−0.098 6	−0.073 4	−0.102 1	−0.097 6	−0.112 1
	(0.121 0)	(0.121 7)	(0.125 2)	(0.130 7)	(0.125 5)	(0.135 1)	(0.120 5)	(0.128 4)	(0.148 2)
人口密度	6.959 3***	6.965 4***	6.945 9***	7.020 6***	6.950 6***	7.137 6***	6.947 9***	7.211 0***	7.252 1***
	(0.829 6)	(0.849 6)	(0.805 6)	(0.806 7)	(0.852 7)	(0.871 0)	(0.836 6)	(0.883 9)	(0.805 6)
财政支出	0.178 3***	0.177 6***	0.170 2***	0.168 8***	0.167 9***	0.168 2***	0.177 9***	0.182 2***	0.160 2***
	(0.022 2)	(0.023 7)	(0.022 0)	(0.021 3)	(0.031 6)	(0.030 7)	(0.023 3)	(0.022 2)	(0.026 5)
D		0.013 1	−0.018 1	0.917 0*	0.017 8	−0.204 3	0.011 6	−0.180 8**	0.208 9
		(0.074 8)	(0.082 4)	(0.494 4)	(0.067 9)	(0.135 2)	(0.076 5)	(0.076 2)	(0.896 0)
经济联系			0.034 5*	0.044 7**					0.054 1***
			(0.019 0)	(0.018 0)					(0.014 7)

续表

	(1)	(2)	(3)	(4)	(5)	(6)	(7)	(8)	(9)
人均产出									−0.034 9
									(0.058 5)
D×经济联系				−0.070 4*					0.023 1
				(0.038 7)					(0.042 2)
产业分工					0.049 7	0.008 2			0.037 4
					(0.042 7)	(0.043 5)			(0.061 5)
D×产业分工						0.075 9*			−0.007 1
						(0.042 7)			(0.005 8)
市场统一							0.001 3	−0.006 2	0.029 9
							(0.006 0)	(0.004 5)	(0.020 1)
D×市场统一								0.047 8**	
								(0.018 7)	
常数项	−38.249 9***	−38.304 6***	−38.159 5***	−38.661 9***	−38.089 3***	−39.499 7***	−38.180 9***	−39.701 9***	40.042 8***
	(4.896 2)	(5.059 2)	(4.754 5)	(4.761 3)	(5.027 9)	(5.176 9)	(4.987 0)	(5.096 7)	(4.569 8)
N	102	102	102	102	102	102	102	102	102
组内 R^2	0.961 2	0.961 2	0.961 5	0.962 0	0.961 8	0.962 4	0.961 2	0.962 6	0.963 6
Hausman 检验	−282.190 0	−272.400 0	−81.260 0	−82.840 0	−274.890 0	−182.830 0	−240.750 0	−256.390 0	−85.920 0

注：***表示 $p<0.01$，**表示 $p<0.05$，*表示 $p<0.10$，括号内数字为对应系数的标准差，从 Hausman 检验结果来看，应采用固定效应模型。

资料来源：作者整理。

城市群的统一大市场,进而促进自身经济增长。整体来说,长三角扩容促增长的产业分工机制、市场统一机制对新进城市具有正向促进作用,而经济联系机制具有负向抑制作用。

综上所述,可以发现:城市群扩容可以通过经济联系强化机制、产业分工协调机制、市场统一机制来影响区域经济增长,且不同机制发挥的作用效果存在差异。具体表现为:(1)长三角扩容的经济联系机制对不同区域经济增长产生异质性影响,一方面能够正向促进原位城市的经济增长,另一方面却反向抑制新进城市的经济增长。原位城市在扩容后对新进城市产生较强的虹吸效应、较弱的扩散效应,新进城市难以在密切的城市间经济联系中获取净收益。(2)长三角扩容的产业分工机制对原位城市与新进城市经济增长皆有显著的正向促进作用,即扩容不仅能够为原位城市中的发达地区产业转移提供广阔的承接地,进而通过产业结构优化与升级为区域经济增长寻求新动力,而且有助于为新进城市的经济发展提供新活力。(3)长三角城市群扩容促增长的市场统一机制无论在原位城市还是新进城市中均得到有效发挥。长三角扩容有助于打破城市群范围内的行政化藩篱、地方化壁垒、行政区经济以及地方保护主义,从而通过形成区域大市场、促进区域有序竞争、构建产品价值链等路径推动整个城市群经济的可持续发展。

第四节 长三角城市群扩容、区域经济增长与人口空间格局优化

现有关于人口空间格局优化与经济增长之间关系的研究大多聚焦于区域经济发展不均衡与人口空间分布不均衡。大多数学者认为区域经济增长可以带动人口的空间集聚,人口的空间集聚又可以进一步促进经济增长,两者表现为相互促进的关系,如亚当·斯密、马歇尔及库兹涅茨等认为人口增长是经济繁荣的象征,既是经济发展的结果又是推动经济发展的动力,并从人力资本、集聚经济及技术进步等方面发现了人口增长与

经济发展之间的正相关关系(杨振,2008);同时,经济发展会带来就业机会增加、收入增长及社会条件改善等,也为人口增长提供了经济基础(殷江滨等,2012;肖周燕,2013)。此外,也有少部分学者认为区域经济发展差异是由于人口的空间集聚落后于经济的空间集聚,即人口与经济的空间分布不协调,会导致要素在长距离流动过程中形成效率损失,就业机会不公平,核心城市人口压力过大等问题,进而引致中心城市的发展瓶颈(蔡翼飞和张车伟,2012;肖周燕,2013;张车伟等,2013)。从前面的研究结论来看,长三角城市群的扩容有利于整体城市、原位城市和新进城市的经济增长,那么扩容能否促进长三角城市群的人口空间格局优化,则是需要重点关注的另一个问题。如果扩容能显著降低长三角城市群城市之间的经济增长与人口分布的不均衡程度,则说明扩容有利于区域经济增长与人口空间格局优化;反之,扩容则加剧了城市群内部城市之间的经济增长与人口分布的不均衡程度,不利于人口空间格局的优化。

关于经济增长与人口空间分布之间均衡程度的测度,本章借鉴李国平等(2003);杨振(2008);闫东升、杨槿(2017)的做法,构建人口与经济的地理集中度的相对比例,即"人口与经济空间分布的不均衡指数",具体的计算公式为:

$$E = \sqrt{\frac{\sum_{i=1}^{n}\left[\frac{\sqrt{2}}{2}(X_i - Y_i)\right]^2}{n}} \quad (6.13)$$

其中:E 为不均衡指数,n 为研究单元数,X_i 表示城市 i 的 GDP 占区域 GDP 总量的比重,Y_i 表示城市 i 的人口占区域人口总量的比重。不均衡指数反映了人口与 GDP 的空间耦合关系,E 越小表明分布越均衡;反之越不均衡。本研究的数据主要来源《中国城市统计年鉴》。

一、不均衡指数

由于本章的研究对象为整体城市、原位城市和新进城市,因此分别以长三角整体城市(22 个)、原位城市(16 个)和新进城市(6 个)为研究对象,构建不均衡指数,以探究相应区域内人口和经济的分布情况。研究时段为 1998—2015 年,通过观察不均衡指数随时间的变化,可比较和分析扩容前后长三角区域人口与经济的均衡状况。

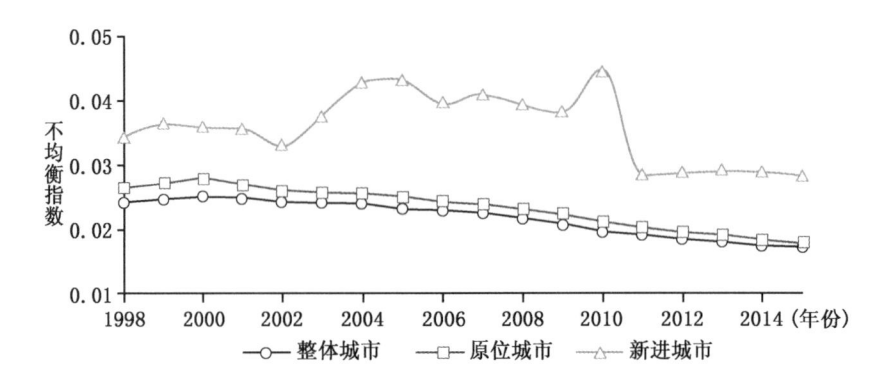

图 6-6 人口与经济不均衡指数变化状况

从图 6-6 中可以看出,总体而言,城市之间的人口与经济不均衡指数存在明显下降的趋势,且在 2010 年后的下降趋势更为明显。从纵向时间趋势来看,整体城市与原位城市的不均衡指数在 2010 年以前均大于 0.02,2010 年之后均小于 0.02,其中,整体城市 1998—2014 年,年均下降率为 −1.95%;原位城市年平均下降率为 −2.29%。而新进城市的不均衡指数在 2010 年以前高于 0.035,在 2010 年之后下降至 0.028 左右,其在 1998—2014 年的平均下降率为 −0.41%。城市之间的横向对比来看,新进城市的人口与经济不均衡指数明显高于原位城市和新进城市,且新进城市在 2010 年的下降趋势要明显高于整体城市和原位城市。

二、扩容对人口空间优化与经济增长的单变量分析

从表 6-7 的单变量检验结果来看,扩容后的不均衡指数与扩容前相比,存在显著的下降趋势。其中,整体城市扩容前的不均衡指数为 0.023 5,扩容后的不均衡指数为 0.018 4,扩容后的不均衡指数下降了 0.005 1,在 1% 的水平下显著;同理原位城市的不均衡指数在扩容后下降

了 0.006 1,新进城市下降了 0.006 7,均在 1%的水平下显著。上述结果说明长三角城市群扩容不仅有利于城市之间的经济增长,对城市群内部城市之间的人口空间分布也存在优化作用,城市的经济增长与人口的空间分布格局更趋合理协调。

表 6—7　　　　　　　扩容前后不均衡指数变化差异

不均衡指数	整体城市	原位城市	新进城市
扩容前	0.023 5	0.025 4	0.037 9
	(0.000 4)	(0.000 5)	(0.002 7)
扩容后	0.018 4	0.019 3	0.031 2
	(0.000 4)	(0.000 5)	(0.000 9)
差异	−0.005 1***	−0.006 1***	−0.006 7***

注:*** 表示在 1%的置信水平上显著。

第五节　本章小结

城市群扩容,是指城市群空间地域范围的向外扩张,是实现城市群内部城市之间、城乡之间一体化的重要手段,有利于缓解中心城市的资源和人口压力,发挥中心城市对外围城市的辐射带动作用。城市群扩容有利于城市之间统一大市场的形成,有利于城市之间产业合理分工布局,有利于加强城市之间的经济联系强度,进而推动区域经济增长。区域经济增长差距的缩小,会带来区域内部就业机会增加、收入增长及社会条件改善,进而优化区域内的人口结构与空间布局。在长三角区域合作深化和产业转移加快的背景下,扩容显著促进了新进城市的经济增长,新进城市的经济增长同时也会伴随人口的同步增长,一方面可以促进新进城市的人口集聚,另一方面也可以缓解原位城市的人口压力与资源"瓶颈"。因此,长三角城市群实行有序渐进式扩容,是城市群实现经济一体化、降低人口与经济空间不均衡的重要举措。

第七章　促进长三角城市群人口空间分布优化的政策体系研究

总体上看,长三角城市群人口空间分布存在着不平衡、不协调的特征。一方面,一些特大城市如沪、宁、杭的人口过度增长,不仅导致交通拥堵、环境恶化,而且人口增长导致的建设用地快速扩张进一步挤占了城市生态空间,危及重要生态敏感区,对基础设施、土地利用、公共服务等方面的政策和投资都提出了新的挑战;另一方面,一些核心城市如宁波、南通、嘉兴、泰州等的人口集聚较慢,这在很大程度上迟滞了城市化进程,进而影响到这些区域的经济发展潜力。针对这些问题,应当积极构建促进长三角人口空间分布优化的政策体系,相应促进人口空间分布优化的机制从"城市-基础设置-人口"向"城市-产业功能-基础设置-人口"转变,即以改善交通、公共服务为主的单向型或倾斜性投资政策,向以疏解产业功能为主的综合性手段转变,构建统筹产业、住房、交通和公共服务的政策实施框架,切实提高各项政策的有效性,推动形成合理的城市群人口布局体系。

第一节　长三角城市群人口空间分布优化存在的问题

一、长三角城市群人口在空间中的分布不均衡

不同空间尺度的长三角城市群人口分布都呈现出不平衡的特征。从宏观尺度看,长三角作为增长极,对人口的吸引力随着其经济实力的增强在逐步增大,人口数量规模在全国所占的比重逐步增加,同时人口的密度也在不断增大。具体到城市群内部的不同圈层,则各圈层在人口比重和

增速方面的差异较大,其中,核心圈层的人口规模和密度最大,增幅也最快,而由核心逐步向外的外围圈层的人口规模和增速逐渐减小。关于人口聚集的重点城市,多集中在直辖市上海和相邻两省的副省级城市,即江苏的南京和浙江的杭州,因为这三个城市是长三角城市群的经济中心,经济发达,外来人口来此的发展机会多,对人口的吸引力比较强。但除了经济因素外,城市地位和功能对人口聚集也有重要的影响,例如沪、宁、杭集中了大量的信息、科研、教育等资源,人口集中在三地可以获得相对高质量的公共服务。此外,交通区位也是吸引外来人口的一个重要影响因素,沪、宁、杭都是属于交通快速发展的高级别枢纽城市,对人口的集聚作用自然比较强。

从中观尺度看,长三角城市之间的人口规模差异较大,人口分布的单中心特征明显。根据第六次人口普查数据,2010年上海的常住人口接近2 300万人,占长三角26个城市的人口比重达15.62%;苏州的常住人口超过1 000万人,在长三角的人口占比约7.09%,两者的规模占比均呈逐步增大特征,而舟山的人口只有112万人,占比约为0.76%,是人口最少的城市。此外,各城市的人口增速也有较大差异:与2000年相比,人口增长主要分布在核心城市及其构成的廊道,例如,沪、宁铁路沿线的城市人口均有不同程度的增长,其中苏州人口增幅高达54%,沪、宁也在30%以上。而扬州、泰州、南通的人口数量不但没有增加,反而有所减少,形成了长三角北翼人口塌陷区域。[①]

从微观尺度看,一些重点城市内部的人口分布不均衡现象也十分明显。例如,以长三角城市群的核心城市上海为例,随着该城市人口规模快速增长和空间分布圈层外延的继续推进,该城市人口分布的区域差异逐渐增大,核心区域人口过密,外环线两侧形成显著的人口居住集中趋势。根据第六次人口普查数据显示,上海外环线两侧街道(镇),常住人口超

---

① 数据来源:相关城市当年的统计公报,以及上海市统计局《上海市2010年第六次全国人口普查主要数据公报》,苏州市统计局《苏州市2010年第六次全国人口普查主要数据会报》,舟山市统计局《舟山市2010年第六次全国人口普查主要数据公报》。

过1 200万人,占全市人口的50%以上。从14个代表性街镇看,面积合计400平方千米,占上海面积6.33%,常住人口315万人,占全市13.61%。外环线两侧主要镇人口密度变化最大的江桥镇,其人口密度由2000年的453人/平方千米增至2010年的5 986人/平方千米,人口密度增长超过13倍。国际同等城市的比较更能看出这种人口空间分布的失衡:上海外环内土地面积为664平方千米,人口密度为17 056人/平方千米;日本的东京都区为627平方千米,人口密度为14 525人/平方千米;韩国的首尔市为605平方千米,人口密度为15 807人/平方千米(高峰曾达17 500人/平方千米)。不难看出,三者不仅土地面积非常接近,而且在人口密度方面也逐渐接近,这意味着上海外环内人口密度已经偏高,需要严格控制。①

从长三角范围内各城市的人口密度分布看,表现为比较明显的单中心分布特征,中心城市上海的人口密度最高,据长三角各城市第六次人口普查数据显示,2010年上海的人口密度为3 614人/平方千米。外围城市随着与上海的距离增加,人口密度显著降低,如苏州、嘉兴、无锡、常州、南京等市的人口密度约为1 000人/平方千米,更为外围的城市人口密度约为500~1 000人/平方千米。人口密度增速方面也呈现上述特征,如2000年时上海、苏州和无锡的人口密度均超过1 000人,而2010年时上海人口密度②增加了1 000人/平方千米,苏州人口密度增加了600人/平方千米,其他邻近城市人口密度增加100~300人/平方千米,人口密度大于1 000人的城市扩展到包括上海、苏锡常、南京和嘉兴等在内的区域,而南通、扬州和泰州3市的人口密度为负增长。但无论从人口密度还是

---

① 数据来源:上海市统计局《第六次人口普查上海各街道、镇常住人口数据》。
② 户籍人口和外来人口变化情况可进一步反映城市人口空间分布的这种变化。2000—2010年,上海在户籍人口持续外迁的过程中,大多数区外来人口数量却均保持了快速增长。中心城区黄浦、静安、虹口等区的对比十分明显。中心城区户籍人口在向外围迁出的过程中,仍有大量外来人口不断迁入。这一方面,使得中心城区尽管加大力度推进人口外迁,但人口密度仍居高不下;另一方面,外来人口受生活服务业等就业需求影响,仍有大量人口聚集在中心城区的老旧小区、棚户区,这对社区治理、人口管理、公共服务配置等都提出了新的要求。

密度增速上看,长三角城市群的南北差异比较显著,总体上呈现出北高南低的特征,即江苏的城市人口密度和增速显著高于浙江。[①]

二、长三角城市群人口空间分布与产业空间布局不协调

长三角城市群人口和产业分布的不协调,既体现在单个城市内部,也体现在城市之间。在单个城市内部,长三角城市群的重点城市如上海、南京、杭州等城市不同程度的存在人口空间居住分布、工作分布和消费分布不一致的二元状态,由此导致人口通勤"潮汐式"往返问题明显。例如,目前在上海中心城区人口向外疏导的同时,工作岗位并没有同步外移,相反还有向心集聚的趋势;城市核心区的交通负荷非但没有下降,反而向心交通压力进一步增强。2017年3月4日,地铁全路网单日客流创历史新高,达1 155.9万人次。在过去以制造业为典型代表的"中心城区-郊区"潮汐式通勤的模式下,由于大量的商业资源等仍集中在上海内环、中环地区,导致外环居民通勤、购物出行距离和时耗不断增加,从而造成交通压力增大、通勤成本提高以及社会诸多矛盾的激化。大量中心城区服务业就业人员集聚在城郊接合部,购物难、消费难不断困扰外环线两侧社区人口,这不仅导致了每天的就业"潮汐式"往返,还造成了消费和生活的"潮汐式"往返。2016年,黄浦区人均社会消费品零售总额为12.18万元,处于外环地区的闵行区人均社会消费品零售总额为3.51万元。外环地区人均社会消费品零售总额不到中心城区的1/3。在中心城区通勤压力不断增长的影响下,外环线两侧城市人口居住空间与消费空间分离,也制约了上海城市消费潜能的进一步释放。

在宏观整体层面,长三角的产业分布与人口分布也存在不一致。长三角未来产业布局是以上海为龙头,通过上海辐射和带动周边城市,在城市之间培育形成多级多类依托交通运输网的发展轴线,最终形成网络化的空间格局。在这个产业布局过程中要同时做好两个方面:一是推动以

---

① 数据来源:相关各城市统计局《2010年第六次全国人口普查主要数据公报》。

杭州、宁波、南京、合肥、苏锡常为核心的五个都市圈的同城化发展。二是促进以下4条发展带的聚合发展：第一条是沿海发展带，可以带动辐射浙江西南部、苏皖北部地区。该发展带坚持陆海统筹，定位于合理开发海洋空间与保护海洋生态资源，防治陆源污染等。围绕这一定位，所涉及城市正在积极培育发展与环境保护和生态建设相协调的特色农渔业、临港制造业、港航物流、海洋服务业和高新技术产业，有序推进通州湾江海联动开发示范区、浙江海洋经济示范区和滨海生态城镇建设等。第二条是沪宁合杭甬发展带。该发展带以沪杭甬和沪汉蓉通道为依托，利用沪、宁、杭、合、甬等城市的服务要素优势，定位于创新经济和服务经济，致力于成为长三角城市群汇集高端人才、要素的产业高质量发展的中枢地带，借此辐射带动中西部地区发展。第三条是沪杭金发展带。依托沪昆通道和沪、嘉、杭、金等城市，将民营经济优势与商贸物流业和高技术产业相结合，重点统筹环杭州湾地区产业布局，加快推进义乌国际贸易综合改革试验区、上海自由贸易试验区建设，进一步加强与丽水和衢州等地区生态环境联防联治，提升对周边区域的带动辐射能力。第四条是沿江发展带。依托长江黄金水道建设综合交通走廊，推动跨江联动发展，促进江海联运港口优化布局，打造长三角城市群航运物流业和临港制造业的示范区，推进皖南长江城市带建设，承接上海等城市的产业转移，建设科技成果产业转化基地，增强对长江中游地区的带动和辐射。

在以上布局规划下，长三角城市群内的外围城市面临着巨大的承接产业转移和经济建设的任务，例如，浙江宁波正在打造港口经济圈、舟山正在建设江海联运服务中心和群岛新区、台州正在建设小微企业金融服务改革创新试验区。三地通过整合各自的平台和资源，致力于打造"一带一路"倡议支点和长江经济带龙头龙眼，形成一流的国际贸易物流中心、国际航运服务基地和现代化综合枢纽港。安徽的马鞍山、芜湖、合肥等市正在发挥承东启西的区位优势和创新资源富集优势，加快承接产业转移，打造区域增长新引擎。但是，产业布局与人口走向有重要联系，产业建设发展也需要人口集聚的支撑。比如宁波、合肥等地制造业还有很大发展空间,需要进一步的人口集聚,但长三角城市群当前的人口分布无论从总量还是密度来看都是北高南低、东高西低,这与产业布局的未来趋势明显是不协调的。

三、长三角城市群人口分布的社会经济协调性仍有提升空间

对人口分布而言,与协调性密切相关的一个概念是合理性。所谓人口分布的合理性兼具地理和社会经济的双重意义,指的是人口的空间分布与相关的社会环境、经济环境和资源环境之间的关系是否"协调"或者"均衡"。如果说人口空间分布是"均衡"或"协调"的,应该是指其与资源环境、经济环境及经济社会发展的关系是均衡的,这也体现为人口空间分布的合理性。这与人口空间分布的均匀化明显不同,后者仅仅指的是多少人口居住于多少面积的土地上,反映的是人口分布的稀疏程度,由此得到的具体算术结果没有实质含义。因此,人口空间分布的协调性和均匀化没有必然联系,评价人口分布的协调性不应看其分布是否均匀,而是要深入研究人口空间分布与资源环境、社会进步和经济发展的关系是否均衡一致。只有综合考虑这些因素,才能对人口空间分布的协调性做出正确判断。

人口分布的社会经济协调度是用来表示社会经济发展水平和空间人口分布的协调程度,通常用发达地区人口在目标空间总人口的占比来表示,进一步,该指标又可以分解为经济协调度与社会协调度两个方面。其中,经济协调度指的是目标空间经济发展与人口分布的相互协调程度,通常以经济分布和人口分布比较一致地区的人口在目标空间总人口中的占比来表示,人口经济一致程度用人口经济一致性系数来表征[①]。社会协调度反映的是区域人口分布与社会发展协调的相互一致程度,通常采用社会发展水平较高地区的人口在目标空间人口的占比来表示,其中,可以

---

① 相关指标计算公式参见中国人口分布适宜度研究课题组:《中国人口分布适宜度报告》,科学出版社 2014 年版;封志明、杨艳昭、游珍:《基于分县尺度的中国人口分布适宜度研究》,《地理学报》,2014 年第 6 期。

用物质积累基础定量评价来表示社会发展水平。

整体上看,相关研究表明,长三角城市群人口分布的社会经济协调度显著高于全国平均水平,其社会协调度、经济协调度和社会经济协调度均达到90[①]左右,表明长三角城市群约九成的人口生活在社会经济发展水平较高的地区,显著高于全国平均水平。其中,从区县层面看,长三角的人口经济分布高度一致,协调度接近100,但社会协调度为96,相对稍低。

从地市层面看,长三角各地市人口分布的社会经济协调度区域差异仍是存在的,但在人口分布的经济协调度均衡的前提下,各地市的社会经济协调度的位序与社会协调度的位序基本一致。换句话讲,长三角人口分布的社会协调度的高低直接制约着其社会经济协调程度的高低。事实上,以"宁-沪-杭-甬"为代表的 Z 字形沿线城市的社会协调度普遍比较高,而相比较而言,沿线外围的舟山、台州等城市的社会协调度较低。因此,长三角城市群未来应加强社会事业发展,进一步促进基本公共服务均等化建设,通过社会协调度的提高进一步促进社会经济协调度提高。

从县市层面看,长三角城市群人口分布的社会经济协调度形成以上海为中心、多核连串的"Z"字形分布形态,其中,社会经济协调性度达100的县(市、区)主要分布在除崇明的上海市各区、沪宁铁路沿线的苏南各地市市辖区和经济发展较好的部分县市,以及浙北的秀、杭、越、甬4市的城市市辖区。这些地区位于长三角的核心地带,地势平坦、河流密集、港口众多,公路铁路纵横交织的格局为其社会经济发展提供了相当优越的发展基础。依靠发达的交通网络,长三角城市群在空间上形成了以上海为中心,以苏州、无锡、常州、镇江、南京、嘉兴、杭州、绍兴、宁波 9 市市辖区为核珠连串的"Z"形市辖分布形态。

从社会协调度与经济协调度分项指标的地域分布来看,社会协调度的分布格局决定了长三角各县(市、区)社会经济协调度的分布格局。虽然长三角人口分布的经济协调度较高,但其社会协调度相对较低,表现为

---

① 地区社会经济协调度取值介于 0 至 100 之间,该值越大,表明 i 地区人口分布与经济发展越趋一致,人口分布的经济协调程度越高。

在地方政府间的相互竞争中,教育、卫生等关系福利民生的公共服务被忽视。因此,中央政府有必要出面协调并大力支持长三角城市群的社会服务,重点对浙中、南地区和长江以北的县域城市单元的社会基本公共服务加以改善,以此促进长三角城市群整体社会服务的均等化。

第二节 长三角城市群人口空间分布优化的一体化政策

城市群一体化隶属区域一体化的范畴,是区域一体化在一国范围内的主要表现形式。并且,区域一体化是城市群发展的"黏合剂",城市群发展也成为区域一体化的"支撑平台"。因此,城市群一体化主要指同一城市群内的各个城市,为了共同的经济利益,在地域分工与利益分配的基础上,消除城市间的各种贸易、非贸易壁垒及经济歧视,进而协调各城市的经济政策及调控措施,推动商品和服务自由流动,实现资源合理配置、地域合理分工和经济协同发展。在政策上制定一系列积极推动长三角城市群一体化的措施对人口空间分布优化具有重要意义。

一、通过区域交通一体化促进人口的城市间流通

交通基础设施对人口空间分布的影响非常突出。在长三角的一些人口集中的特大城市,以轨道交通、内环高架路、中环路和外环高速公路为代表的基础设施建设对人口空间分布的变动影响显著,轨交沿线形成了一批"卧城"。这些"卧城"是城市人口急剧膨胀阶段的产物。受人口导入速度过快以及开发规划等影响,"卧城"除居住外,其他功能有限,距离中心城区距离也偏短,从而对中心城区仍有较强的依附性,人口粗放式外围扩延导致交通压力巨大、本地消费不足等问题。许多"卧城"随着城市开发拓展已成为中心城区的拓展区,并未真正发挥分散中心城区人口的作用。

交通一体化程度决定了要素在区际流动需要消耗的成本,相关研究均证实交通基础设施的改善有利于增进沿线城市的交流合作,促进人员

流动,有效带动区域经济的整体发展。近年来,长三角城市群对于交通设施建设的重视程度显著提高,高速公路、高速铁路、城市轨道交通等的建设开展迅速,覆盖面也越来越广。上海2040城市总体规划中更是提出了"90分钟交通出行圈"的概念,积极投身于上海大都市圈的建设。然而,长三角的交通网络仍存在一些可以改进的方面。首先,部分交通路线的设置缺乏合理性,亟须科学的统筹规划。当下,长三角经济呈现东西向紧密发展态势及横轴分布特征,该现象与交通路线的规划设置息息相关。纵观长三角的交通网络,大体呈现"横多纵少"的特点,使得城市群南北向维度缺乏互联互通的交通设施,中心城市上海、各副中心城市和江苏北部城市之间通行滞缓,抑制了南北向的经济贸易和人员交流。其次,交通设施未形成统一管理。尤其是跨区域的轨道交通,从路线规划到投资建设再到运行维护,没有严格的制度进行指导。区域之间较难达成共识,往往会因为各自的利益各执一词,对城市群建设毫无裨益。总之,长三角应尽快完善交通体系,以国家战略为依据,强化区域间协调,建立一体化管理,降低由于交通不便对人口分布优化的影响。

为了有效发挥公共投资及基础设施建设对城市群人口分布优化调整的引导作用,需对能源、信息、交通、水利等基础设施进行合理规划统筹,形成功能完备、设施配套、布局优化、高效安全的基础设施网,在深化资源优化配置和功能兼容共享的基础上提升基础设施的连通水平及服务质量。在规划决策中要注重公共投资及基础设施建设的重点要向核心城市之外的次区域转移,这是分解核心城市功能、疏散核心城市人口的基础条件。同时公共基础设施作为城市群扩展的基础轴线,要注重将城市群各功能城市连接起来。公共基础设施的枢纽节点(如高速铁路站点、城际公共交通交叉站点)要与人口分布规划相配套。具体来讲：

第一,需对城际交通网络进行进一步规划与完善。在既有线路的基础上,增强京沪、沪杭、沪宁和宁杭等专线的城际客运及货运功能,随着安徽的扩入,逐步对合杭甬、沪宁合、合安和宁芜安等核心城际道路进行重点建设。此外,应对上海-嘉兴-宁波、上海-苏州-湖州、上海-南通-泰州-

南京-合肥、南通-苏州-嘉兴、安庆-黄山等城际铁路进行规划落实，对上海-南通的跨江城际通道开展有效修建，使城际铁路和高速公路网络得以全面覆盖5万人以上城镇。最终，实现长三角交通网络与国家综合运输大通道的有效连通目标，构建"以上海为中心，杭州、南京、合肥为副中心，且以城际铁路、高速公路、高铁和长江黄金水道为主通道"的功能强、高效率、多层次的综合交通网络。

第二，需大力推进铁路公路、航运空运和城市交通于一体的综合运输体系的形成，实现"零距离换乘，无缝化衔接"的理想功能。首先应制定高速公路网络的合理布局，加大区域对接和协作，严格确保高速公路管理及安全防护设施的有序运行，有效提高沪宁合、合芜和宁杭等高速线路的畅通程度、应急能力和防护水平。通过运用长三角城市的高级别航道能力，提高城际交通的便利度和综合交通枢纽的辐射水平。在上海建设国际航运中心的同时，将周边沿江、沿海的港口有效整合，贯彻并推进深入分工与协调发展，目标是建成现代化的长三角港口群。同时，需推进多层级机场体系的建设。以上海为核心，拓宽上海浦东国际机场的向外辐射水平，发挥上海虹桥、南京和杭州等机场的枢纽作用，明确无锡、宁波和合肥等机场的干线功能，推进芜湖、滁州和蚌埠等机场的支线建设，重点发展和布局通用航空机场，并使军民合用机场的数量和规模进一步提升。从而使长三角的机场网络能向外遍及全球各大国家与核心城市，向内得以联结我国省会与重要交通枢纽城市，发展以枢纽机场为核心的临空经济区，加大机场网络与其他交通运输网络的不断融合。此外，还需完善物流园区和综合货运枢纽的建设，目标是将上海打造成为国际性的综合交通枢纽，将南京、杭州和合肥等城市打造为全国性的交通要道，使芜湖、金华、南通等城市成为区域性的交通节点，显著提升其运输能力与连通水平。

第三，需加速形成都市圈交通系统。首先要加强对中心城市上海的轨道交通系统建设，优化结构布局，使中心城区的地铁及轻轨网络能适应较高客流量的负载。同时构建中心城区与郊区新城相互连通的便捷交通网，适时规划并将其延伸至周边的苏州、嘉兴、南通等城市，致力完成90

分钟交通圈的规划目标。此外,需推进完善南京、杭州、合肥、苏州、宁波等副中心城市和核心交通枢纽城市的都市圈同城化交通网,加大对都市圈内城市交通主骨架和城际铁路的规划建设,形成周边城市环绕中心城市、轨道交通与公路交通交织融合的都市圈交通网络体系。

第四,需加快提升交通运输服务水平。长三角城市群已初步形成多层次的交通网,应从多个维度提升客运服务水平,包括中心城市上海与多个副中心城市之间的高速客运服务、大城市与中小城市及中小城市之间的快速客运服务、城市内部中心城区和郊区间的通勤客运服务。具体来说,首先应提高城市群内部信息整合能力,实现城市间信息的充分共享。其次需推进城市群内同城化交通服务,通过推出针对多种客运方式换乘的一体联程票和跨城市交通的一卡通服务,完善城市群公共交通系统,提升出行便利程度。此外需提供更为多样化、专业化的城际货运服务,可通过重点发展空铁、公铁、铁水和江河海联运、精益物流、标准化改造等方式实现。

二、通过消除政策性壁垒推动人口的自由流动

劳动力作为核心生产要素,其在区域间自由、无障碍流动使区域市场机制得以有效运作,人力资源得到最优配置,城市群经济得到良好发展。同时,人口的自由流动也是市场统一的表现,是区域一体化的重要内容。从近30年数据来看,外部人口流入已成为长三角人口增长的主要来源,且该人口增长模式在中长期还将继续延续。大量外来劳动人口的迁入,对长三角城市群经济活动的开展起到了良好的促进作用。然而,由于外来人口给城市的基础设施建设、社会福利保障带来了一定的压力,当前长三角区域行政壁垒、地方保护主义现象依然明显,各城市通过户籍制度的限制,使得大多数外来人口始终游离于基本公共服务体系之外,无法与户籍人口一样享有城市基本公共服务及社会保障,因此长三角成为我国具有较高落户门槛的地区之一。当前,未能在长三角常住城市落户的外来人口已超过2 500万人,这表明在长三角常住人口中,有很大一部分人员无法享有基本的教育、医疗、就业、养老及保障性住房等城镇居民公共服务。区域行政壁垒激发了城市二元矛盾,制约了经济社会发展,同时也使得长三角人口分布的优化受到一定的阻碍。因此,要着手解决以上问题,需要从制度上因地制宜制定合适的人口落户政策,提高城市包容性,并从供给侧尽可能地提升城市提供公共服务的能力,真正促进人口的自由流动及城乡融合。

目前我国的户籍制度虽然对人口的短期流动并没有严格限制,但却是流动人口在城市定居的主要障碍之一。户籍最初是记录和留存人口基本信息的法律文书,但因其负载的城市资源,渐渐演变为地方政府甄别外来人口、执行差别政策的工具。要消除这种差别对待,实现人口的"自由定居",应将医疗、教育等功能与户籍相剥离,并逐步减小居住证持有者与本地户籍人口所享有基本公共服务的差距,回归户籍制度本身应有的管理功能。对户籍人口比重低的大城市,可以进一步放宽外来人口的落户限制,并放松甚至取消与货币、住房等挂钩的城市准入制度。此外,根据各城市的承载能力调整落户准则,针对性地解决在城市常住并有稳定工作的普通劳动者及其家庭成员的落户问题,加快提高户籍人口城镇化水平。

完善户籍制度是一项综合性改革,改革的推进还需要财政制度做出相应调整,合理划分财政事权和支出责任,实现权责利统一,才能平衡好"中央-地方""流入地-流出地""大-中-小城市"间的利益关系。应主要考虑以下方面:建立农业流动人口市民化成本的合理分担机制,提高中央财政对医疗、教育、住房等公共服务的转移支付比例,建立以常住人口为标准的公共财政预算体系,推动基本公共服务向常住人口的全面覆盖;增强对农业转移人口进入较多的地区的财政补贴力度,这也能够增加大城市对户籍制度改革的积极性;对于吸引力较弱的中小城市和农村地区,中央应继续加大财政转移支付力度,完善中小城市的医疗、教育、交通等社会功能,对其吸引中高端人才提供财政支持;以城市群中心城市为核心,针对性地将资源进行整合并对落后地区进行扶持,通过交通建设的不断推进实现资源的均衡分布与区域的联动发展,使得中小城市更好地承接中心城市产业,形成差异化分工布局,直至形成层级分明、密切合作的城市群。

三、通过城市群的统筹管理与协调促进人口的城市间流动

当前长三角各城市还是以自我管理为主,这也是区域一体化程度无法进一步加深、人口优化布局难以统筹规划的原因之一。大部分城市在制定自身发展目标时,往往仅从自己单一城市的绩效进行考虑和研究,忽视了整个城市群的资源限制和功能分工。有时候出于不同的研究对象做出的最优决策是不同的,甚至小区域和大区域的发展目标会存在冲突与相悖的部分,这就需要各地政府拥有较大的格局观,将自身发展融入大区域的整体发展之中,形成有机的共同体。作为长三角龙头的上海,为解决当前突出的"城市病"问题,在 2040 城市总体规划中将常住人口限制在 2 500 万人,而 2018 年年末,上海常住人口已经达到了 2 423 万人。这说明未来上海对外来人口的控制将更加严格,人口的自由流动会进一步受限。从大区域出发,各城市应作为相互联系的功能整体,首先判断整个长三角城市群的资源状况,再根据各个小区域的区位和功能来确定适度的人口规模和结构,从而使整体和部分科学地结合起来,促进区域整体优化发展。

长三角容纳了我国大量的城乡和区域移民,人口流动和迁移量日益增加,跨行政区划的人口流动,容易导致区域内部的"人户分离",出现"人在管不着,管着人不在"的情况。这不仅不利于为居民提供相应的服务,而且加剧了城市综合治理的隐患。这种跨区域行为就需要城市之间建立沟通战略,相互合作,相互衔接,将人口管理组织机构上升到城市群区域的层面。相关机构除了涉及流动人口的管理,还可在就业、户籍、居住地、计划生育、健康卫生、社会保障等方面实行多元化管理,从区域的统一角度协调和共通实施相关政策,以实现对人口高效有序的配置。此外,目前还没有长三角发布人口信息数据的统一平台。区域人口信息的共享对区

域人口动态管理也有着较大的推动作用,通过信息共享,人口的动态变化能够被充分掌握,也能对长三角及各个城市的决策规划提供现实依据。

统筹管理与协调的一个重要内容就是探索构建集不同地方政府、营利性组织及非营利性组织为一体的公共服务的多元化协同供给网络,这有助于实现公共服务供给的整体倍增效应,从而缓解流动人口公共服务供需不匹配难题。在统筹管理的多元化协同供给网络框架下,地方政府能够将适合市场化方式运营的公共服务项目交由条件成熟且信誉良好的营利性组织或非营利性组织来承担,从而在充分发挥营利性组织和非营利性组织相应优势的同时有效地缓解地方政府公共服务供给压力。另外,统筹管理的多元化协同供给网络还有利于形成"竞争-合作-协调"的生产体系,这对于政府公共资源优化配置、公共服务生产成本降低以及整体供给效能提升具有正向促进作用。而且,统筹管理的多元化协同供给网络所提供的公共服务,不仅能够满足流动人口日益增长的公共服务需求,还能够迎合流动人口公共服务需求的多样化、动态化趋势。

四、通过长三角城市群的适当扩容推动人口布局优化

城市群扩容是指城市群空间地域范围的向外扩张。城市群扩容有利于城市之间统一大市场的形成、有利于城市之间产业合理分工布局、有利于加强城市之间的经济联系强度,进而推动区域经济增长。从1997年成立至今,随着长三角区域内外城市之间经济联系的不断加强与深化,长三角稳步向江苏北部、浙江南部、安徽东部等地区进行了扩容。2010年3月,协调会第十次会议正式吸收合肥、盐城、马鞍山、金华、淮安、衢州6个城市为会员。2013年4月,第十三次会议正式接收芜湖、连云港、徐州、滁州、淮南、丽水、宿迁、温州8个城市为会员,总计达到30个城市,长三角城市群连续两次大规模地外向扩张。值得注意的是,国家发改委在2016年颁布的《长江三角洲城市群发展规划》中,设定的长三角城市群没有涵盖淮安等8市,但扩充了安徽宣城等4市,共计26个城市。

扩容首先有助于区域之间的边界效应弱化、就业信息获取,从而促进人员跨区流动就业(Braakmann and Vogel,2011)以及边界地区的人口集聚(Elsner,2013;Ivlevs,2013)。长三角协调会常设人才专题,统一部署、协力打造长三角人才发展高地,各会员城市将根据《长江三角洲人才发展思路》制订合理的人才计划与就业安排。随着长三角扩容到安徽境内,一方面有助于安徽剩余劳动力转移到上海、苏州、杭州等大城市进行就业,另一方面有助于缓解上海服务业、苏锡常制造业劳动力短缺的压力。根据上海市第七次人口普查数据显示:2020年年末上海常住人口总数为2 487万人,外来常住人口约1 048万人。其中,安徽人占比为23.20%,从2010年到2020年始终保持第一,达到242.6万人。

进一步,扩容通过三种机制促进城市的经济增长:一是长三角扩容能够有效降低原位城市的"行政区经济"与地方保护主义,降低区域间的边界效应与地方化壁垒,进而形成区域内的统一市场。二是长三角扩容强化了城市间经济联系,原位城市能够在密切的城市经济联系网络中收益,比如获取新进城市的低廉劳动力与自然资源。三是长三角扩容优化了城市间的产业分工,原位城市能够积极推动产业转移,促进自身产业结构升级,从而谋取新的经济发展动力源与增长点。区域经济增长差距的缩小,会带来区域内部就业机会增加、收入增长及社会条件改善,进而优化区域内的人口结局与空间布局。如在长三角区域合作深化和产业转移加快的背景下,扩容显著促进了新进城市的经济增长,新进城市的经济增长同时也会伴随人口的同步增长,一方面可以促进新进城市的人口集聚,另一方面也可以缓解原位城市的人口压力与资源瓶颈。因此,长三角城市群实行有序渐进式扩容,是城市群实现经济一体化、降低人口与经济空间不均衡的重要举措。

第三节　长三角城市群人口空间分布优化的产业政策

由于人口就业结构通常是跟随产业结构不断调整和变动的,在此基础上实现人口结构和人口布局的优化,因此,人口布局变动的背后是产业布局和功能布局的调整,人口空间布局的优化很大程度上依赖于产业空间布局的优化。从这个意义上来讲,政府需要充分考虑和统筹规划长三角的产业空间分布,以此带动实现长三角人口空间分布的优化。

一、长三角城市群"以业控人"的基本思路

过去大城市人口总量的控制政策很少见效,主要原因是政策的制定并非基于快速城市化中的人口流动规律。这种规律指的是,在城市的快速成长中,尽管可能出现交通拥堵、环境污染等各种问题,但生产分工的细化和产业规模的扩大不仅可以带来大量的就业选择机会,而且能够持续降低人们的日常生活成本,除此之外,还有文化娱乐、特色餐饮、学习成长机会、丰富多彩的社交生活等,这些都是外来人口源源不断地流入城市的最主要的因素,也是原有人口不愿意离开大城市的根本原因。基于此,可以通过"以业控人"的方式对大城市人口进行疏导,具体来讲,即是在人口控制中贯彻"空间布局决定空间产业""空间产业决定空间就业""空间就业决定空间人口"的理念,这实际上是对城市人口流动转移规律的运用,也是对过去逆人口流动规律政策的纠偏。在"以业控人"政策影响下的城市人口是集聚与分散同时进行的。一方面,产业在城市的集聚使得单位土地面积的产值不断上升,但人口的持续增加也会对推高城市的生产和生活成本,例如房价上升,逐渐接近大城市的承载力极限,这种情况将迫使城市的产业结构向高附加值的产业结构转型,即形成以现代服务业为主的城市经济结构,最终对人口流动的影响就是不断吸引能够从事高端、高附加服务业工作的高学历、高层次人才集聚。另一方面,由于城市生产成本的上升,大量附加值低的传统制造业向周边中小城市搬迁,中小城市逐渐成为大城市科研成果转化的制造生产基地、生活物资服务供应基地、仓储物流基地等。在承接转移产业的同时,城市之间逐渐形成通勤顺畅、合理分工的城市群。由于产业的空间变动,相应的人口也随着在空间流动和重构,教育、医疗、污染和交通等"城市病"也就得以缓解。

如何贯彻"以业控人"的理念,通行的做法是加快完善建设快速交通,

扩大职业通勤和人口分布范围,在空间上推行多中心网络化的策略,在此基础上尽可能推进城市功能转移,以此带动就业岗位的转移;同时制定合理的郊区化住宅和公共服务倾斜分配政策,引导人口从核心城区向郊区的转移。例如,东京都市圈在1955—1970年,由于钢铁、造船、机械、化工和电子等产业的迅速发展,东京都地区第二产业就业人口快速增长和积聚引发了交通、能源、环境和住房等困难。东京都政府通过一系列措施,分阶段分步骤实施"副中心"战略,政策上向副中心、新城倾斜,通过加强新城的基础设施建设引导企业总部和中小企业驻入,以此促进产业和人口在副中心和新城的集聚,使中心城区和副中心一起承担城市功能。如实施《工业控制法》和都市圈基本规划等,迫使大批重化工业和劳动力密集型企业迁往郊区、中小城市乃至海外,而在原城市核心区开始聚集都市型工业和研发型工业等城市现代工业,在上述策略下逐步形成了"中心区-副中心-周边新城-邻县中心"的多圈层、多中心空间格局。经过规划调整后,这一方面大大降低了东京城市中的人口总量,另一方面也增加地区生产总值和人均地区生产总值,且都市圈各城市的分工非常明确。例如,琦玉地区主要承担了生活、商务和居住职能,且还是政府机构的聚集地,某种程度上成为日本的副都;而多摩地区主要集中了研究开发机构、大学、高科技产业和商业等机构。

  国内的城市群也有类似经验,例如在京津冀城市群的人口分布变动中,由于北京市核心功能的外迁,原东西城区的城市人口出现下降;同时由于朝阳中央商务区的东扩与中关村科技园近十多年的快速发展,逐渐形成高碑店和上地两个副中心。与此形成对比的是,原北京城市总体规划的其他11个副中心的人口导入并不理想,比如通州行政副中心的建设远远没有达到预期。究其原因,主要是因为产业和公共服务或资源的外迁规划或理念没有得到贯彻,如很多高校没有按原计划搬迁至规划区域,这进一步影响这些区域的功能完善,最终导致人口和产业的集聚迟迟达不到预期。当然,也可能是由于建设周期不够长而导致效果未能显现。

  长三角城市群的人口布局优化可以借鉴上述做法,坚持推动人口空间分布的驱动机制由人口快速增长期的"土地-交通"导向逐步向稳定增长期的"产业-环境"导向过度,由"政府-基础设置-人口"的人口优化政策逐步向"政府-产业功能-基础设置-人口"的政策机制转变,由"交通-公共服务"为主的单向性倾斜投资政策向以疏散产业功能为主的综合性投资政策转变,推动形成合理的"产业-住房-交通-公共服务"投资政策实施框架。

二、通过产业布局的多中心推动人口分布的多中心

人口是城市空间发展的基础,人口的集聚能够为城市的发展带来规模效应,加快城市化的进程,反过来城市空间结构的优化调整也有利于城市人口合理分布。世界城市化发展的历史表明了未来城市多中心结构的发展趋势,城市群中特大城市周边的次中心城市能够缓解特大城市的"城市病"问题,对于特大城市长期形成的"摊大饼"式单中心发展模式,多中心城市结构有利于打破以往各种经济活动围绕中心城市布局的惯性,从单中心结构向多中心城市空间结构转型,这是城市功能完善和空间规模扩展对城市结构模式提出的要求。从城市结构空间演变的角度来看长三角城市群的人口空间分布优化配置,人口空间分布是否合理,多中心结构模式布局是否协调,直接关系到城市群功能的发挥和国际竞争力的提升。推动形成合理的多中心的人口空间布局体系,有利于避免因城市过热发展引起的土地利用紧张、房价快速增长、交通集中拥堵、环境污染严重等"城市病"的蔓延,有利于城市群功能的良性发展,为长三角城市群发展转型带来新一轮的"空间红利"。因此,结合城市空间结构来深入研究长三角城市群人口分布状况,能够为政府管理部门实施科学化城市群发展规划战略提供可行性参考。

人口多中心合理分布的关键在于城市群形成多中心的产业均衡分散结构。但目前长三角城市群的多中心产业结构发展模式相对不完善,单中心集聚问题依然存在,长三角其他城市与上海的实际发展还存在较大的差距,城市产业之间的功能联系度不强。建立多中心的产业空间结构,

首先要求长三角根据各城市的功能定位,形成明确的区域分工和合理布局,然后才能进一步在城市内部形成与产业梯度相适应的人口空间结构体系。依据国家规划,上海是区域的核心城市,致力于成为世界级的科技创新中心;南京是区域性创新创业高地和金融商务服务集聚区;杭州是国家自主创新示范区和跨境电子商务综合试验区;宁波是国际航运服务基地和国际贸易物流中心;苏州是先进制造业和现代服务业集聚区,区域内协作互动将进一步提高核心城市的影响力。但是,长三角目前城市间的产业分工协作不够,低水平同质化竞争严重,并没有真正形成经济和产业分工的一体化合理布局,经分析,长三角各城市仍有自成一派的产业体系,这导致产业和人口布局趋于扁平状,未显示出明确的就业人口分布的结构化差异,进一步导致城市群发展质量不高、国际竞争力不强。

对长三角整体而言,产业的合理分工要求上海周边城市与上海之间建立密切的联系,包括区域经济合作、产业转移、后花园与养老产业的定位,以及在交通网络方面的加强构建等。同时上海周边副中心城市应当发挥自己的产业优势,如南京重点发展重工业,杭州重点发展制造业和电子商务产业,并吸引相应技能人员流入就业,以此加强长三角副中心的形成,协助上海拉动地区经济发展。但现实情况是上海同周边城市南京和杭州的竞争关系多过合作,未形成真正意义上的围绕上海的大分工体系。进一步,合理的产业布局也不能走上海"一支独大"的路线,上海是长三角城市群的引领者,南京、杭州为长三角的南北两翼,苏州、宁波是长三角南北两翼上的重要城市,通过加强城市间的联系,形成"点线成面"的网络空间布局,实现长三角区域空间联动发展。副中心的建设,不仅能够有效促进上海这一城市群龙头的非核心功能疏解,减轻人口在中心城市过度集中带来的交通和环境压力,还有利于推动城市群内中小城市的持续发展与合理布局,形成系统性的长三角城市群阶层等级结构。

在以上基础上,还有必要在上海之外构建若干大都市圈。大都市圈是区别于城市群空间尺度更小的城市区域,一般以一个大城市为核心,周边城市协同参与合作分工。随着区域一体化的进一步深入,各大城市可以通过中心城区与新城之间进行人口布局、产业转移和非核心功能疏解。建立大都市圈是国外城市缓解大城市人口压力的根本性战略,同时也有助于提升区域的专业化分工以及城市的联合影响力。大都市圈的建立还有助于将中心城市部分过剩产业合理有效地向周边城市转移,同时带来人口的分流。南京、杭州和合肥作为长三角"三省"的省会城市,已经渐渐形成了副中心的发展格局,有必要加快围绕三大城市形成密切分工的次级都市圈。

此外,建立多中心的人口空间分布模式,还需要合理分散和转移部分城市产业功能来建立次中心城市,加快建立综合性城市功能布局体系。一方面是建立引导城市群产业合理分布的政策框架,出台相关政策,鼓励并吸引上海等核心城市的大型企业总部向其他城市转移。刘乃全(2014)指出,上海作为长三角城市群的引领者,其人口空间分布的驱动机制应由人口快速增长阶段的"土地-交通"导向逐渐转变为稳定增长期的"产业-环境"导向,并以就业人口为核心制定综合性的人口空间分布优化政策,推动和完善科学的城市人口布局体系。随着上海城市功能的不断优化升级,将带来城市功能的分散和转移,而外围的南通、宁波、马鞍山、合肥、芜湖、扬州、宣城、泰州、绍兴、滁州、台州等城市,要积极有效承接产业转移,以及发展具有自身特色的产业,在空间上合理布局承接产业和特色产业,同时注意促进产城融合。在以上产业布局基础上,长三角城市群的人口将逐步由核心区外溢,人口外溢地也即是产业布局的承接地。

三、通过城市间产业功能疏解带动人口空间转移

对于集聚过多人口的核心特大城市而言,可以通过功能疏解和产业升级等方式,有效控制人口过快集聚,利用产业在空间上的调整适度控制其他优化开发区域人口过快增长,同时采取与周边中小城市联动发展,以及完善卫星城的配套功能等措施,促进人口在空间范围内的合理分布;在郊区新镇,发展新城的特色产业,培育新城的综合功能,构建多元化产业结构体系提供足够的就业机会。以城市群核心城市上海为例,在明确嘉

定汽车产业、松江信息产业、芦潮港装备和物流产业等主导产业的基础上,专业化与多元化相结合积极发展群落化、多元化、配套协作的产业集群,为居民提供尽可能多的就业岗位,以满足多阶层人群的就业需求,发挥"反磁力"效应集聚一定规模的人口来新城居住、就业与生活。

以上提到的功能疏解是一个多重概念,包含"协同发展""转移搬迁"和"淘汰"等意思,而并不意味着丢掉。例如,上海有些非核心功能很适合在周边城市存在,但不适合在上海市内发展,同时上海又在一定程度上需要这些功能的支持,就可以通过功能疏解的方式从上海中心城区转移到外围或其他城市,以此实现上海与周边城市的协同发展;而有些非核心功能在上海市的产业负面清单中,则应以疏解的方式淘汰。但要注意两点:一是并非所有核心功能都要强化,有些核心功能涉及的环节过多,而有些环节不一定都要在核心城市,就可以通过疏解的方式进行弱化,如上海航运功能的物流运输部分。二是并非所有非核心功能都是要疏解的,有些非核心功能与核心功能的关系非常密切,互为支撑,此时就需要加强,如相关专业、服务业。此外,一般情况下核心城市需要疏解的功能不包括城市基础服务功能,但如果这类功能多为城市以外地区服务,则需考虑疏解或限制增长,如上海市域的有些医院的主要服务对象是外地居民,服务范围远远超出上海,则可以考虑疏解。

功能疏解的原则是适度集聚与弹性疏解相结合、统筹推进与分步实施相结合、人口产业疏解与功能疏解相结合、城乡一体化与区域一体化相结合、行政手段与市场手段相结合。以长三角城市群为例,功能疏解的空间范围由内而外可以分为四个层次:(1)上海核心城区以外的郊区新城、新市镇;(2)上海以外但又含在上海大都市圈中的其他地区,主要包含6个城市,即苏州、宁波、嘉兴、南通、无锡、舟山;(3)上海大都市圈以外但含在长三角城市群的其他区域;(4)长三角城市群以外的其他地区。

核心城市功能向外围城市疏解的重点领域包括:(1)从空间布局角度,是指原来布局在主城区,但根据产业发展规律应该退出主城区的功能。例如,环境监测、测绘服务、技术检测等专业技术服务功能,部分制造业功能和科技创新功能,以及部分总部经济功能。(2)从服务范围角度,是指服务对象大多是所在核心城市以外人口的部分公共功能。例如,上海有些医院的服务对象主要是上海以外的外地患者。(3)从价值链角度,是指可以将城市功能拆分为若干环节,其中有些环节对城市运行没有决定性作用,并且可与主导性或决定性的功能环节分离,这些环节应当成为疏解重点。例如,上海金融功能中的数据中心、研发中心、银行卡中心、呼叫中心等为金融机构前台服务的后台环节;航运功能中的港口物流和航空运输环节;贸易功能中的区域性批发市场环节等。(4)从产业链角度,是指高耗水、高污染、高耗能的一般性制造业。例如,《上海产业结构调整负面清单(2016)》中涉及的钢铁、建材、机械、船舶、医药、电力、化工、电子、电信、轻工、纺织、印刷等行业。

关于核心城市功能疏解的空间路径,可以分为以下四种类型:

(1)空间布局上可从主城区退出的功能疏解。①部分总部经济功能:一方面在松江、青浦、金山等郊区设立总部经济园区,将其定位于成为国内中小企业迈向国际、国际中小企业进入中国的桥头堡,大力吸引国内外中小企业总部入驻郊区总部园区;另一方面,实施"控制决策部门与后台服务基地、生产基地分离"的发展模式,推动主城区金融总部的后台服务功能和生产性企业总部的生产功能向郊区总部园区转移。②部分科技创新功能:通过目标导向推动科技创新功能疏解,推动与制造业相关的科技创新功能向金山、宝山、临港、嘉定等郊区新城地区转移,同时鼓励这类地区重点承接技术、工程、自然科学试验与研究等功能。③部分专业技术服务功能:包括环境监测、技术检测、一般性测绘服务等,同样通过目标导向推动疏解这类服务功能,即选择有一定规模集聚且具有相关产业基础的地区承接主城区相关功能。如在奉贤形成网络科技集群,在临港或金山地区建立高端装备检测基地,在松江、嘉定等地建立专业的汽车检测基地等。④部分一般性制造业功能:该类功能主要包括机电制造,机械与零部件制造,化工、装备制造,医药制造,钢铁与船舶制造等。可以通过产能升级、转型升级和搬迁转移的方式进行疏解。在长三角城市群,上海外环线周边地区随着主城区范围的扩大而成为上海城市新的发展空间,此区域内的浦东新区金桥出口加工区(外环线外)、莘庄工业区、吴泾工业区、徐泾工业区和闵北工业区等工业用地也面临着退出与转型。

(2)核心功能中的非核心环节疏解。主要包括金融功能中的后台服务环节、航运功能中的港口物流运、航空运输等环节、贸易功能中的区域性批发市场环节等。针对金融后台服务环节,未来逐步推动徐汇、滨江金融集聚区和上海陆家嘴金融贸易区等地金融前后台功能分离,选择特定区域形成不同规模大小的专业化金融后台产业集聚区。对港口物流、航空运输等环节,今后不再增加投入,逐步在一个较长时期内将相关功能转移到舟山和宁波等地;逐步外迁部分区域性物流仓储基地;在上海周边地区考虑建设上海第三机场,以分担上海的航空运输压力。对于区域性批发市场,则考虑搬迁转移或促其经营方式转型和业态升级。

(3)高耗水、高污染、高耗能制造业的疏解。主要是指《上海产业结构调整负面清单(2016)》中涉及的钢铁、建材、机械、船舶、医药、电力、化工、电子、电信、轻工、纺织、印刷等行业,共488项内容。可以通过禁止继续生产的方式对其进行淘汰,迫使该类高耗水、高污染、高耗能产业在长三角城市群的其他城市或以外地区,甚至中亚、南亚、非洲等"一带一路"倡议沿线地区寻找发展空间。

(4)服务对象远超核心城市范围的公共服务功能疏解。主要是指核心城市中主要服务外地病人的重大医疗服务。针对一些大量外地病人就医的优质医院,采取渐进的"增量疏解"方式,即在不影响本部正常运行的情况下在郊区设立新的分院,同时限制省外病人在主城本部医院的就医,鼓励推动其向郊区医院转移,例如,患者必须凭上海市医保卡在主城区内就医;针对个别有搬迁意愿和计划的医院,采取系列鼓励政策促进其向郊区有序搬迁。

实际上,为了顺利推进功能疏解和产业的合理布局,从根上来讲,长效办法还是建立区域及城市间的协同分工发展机制,即大力推进长三角城市群内的各城市在设施共建、产业合作分工、服务共享、要素流通等方面协同发展。而要实现这一点,还有必要成立一个专门的有各城市参加的组织机构,共同研究解决城市间在发展中的重大问题,尤其是功能疏解和承接中的重大问题,在深入研究基础上编制并审定功能疏解的总体规划和详细疏解清单,并协调相关城市的管理部门做出实施安排,推动长三角重点城市功能疏解与周边城市功能承接,及两者间协同发展的顺利进行。

第四节 长三角城市群人口空间分布优化的就业政策

由于地方政府存在安排就业等压力,通常对外来人口实施歧视性的就业政策,特别在城市群的核心城市,外地求职人员难以占得一席之地。由此引发了劳动力供需不匹配的问题,例如,随着上海等中心城市城镇化的推进和产业结构调整,一些具有劳动技能的产业工人和失地农民难以在当地寻找到就业机会,需要依靠政府的补助艰难维持生活。反观长三角其余中小城镇,大多数城市的产业发展正迫切需要这样的劳动力,但由于各种区域政策受限,该群体较难在区域内进行自由转移,这就形成了人力资源的浪费和政府财政的压力。上述区域壁垒阻碍了人口的流动和迁移,使得居民不能自由选择适宜的居住地,不同技能的劳动力无法选择相对应的就业地点,从而整体上制约了长三角人力资源的优化配置。

一、各城市依据产业和功能定位做好相关人才的就业服务工作

首先,大区域应先根据经济规模、人口格局、城市定位、产业优势、区位特征等确定出长三角中长期的人口分布规划,从集聚度、协调度等指标与城市发展相适应。其次,小区域政府在制定地方规划时,需要以大区域发展目标为前提,再基于自身的人口特点和人才需求定位本地的发展目标,因地制宜地调整户籍制度和就业管理制度。同时应加强区域政策和地方政策的融合,使大整体和小单元结合形成有机整体。最后,在对本区域人口分布进行研究时,要纳入周边城市和区域的联动关系。在构建制

度框架与实施办法的过程中,充分考虑区间内部人口生育、教育、就业、医疗和社会保障等政策的统一性和衔接性,加强人口管理的协调和共同行动,形成区域性人口体制和框架。杜绝重竞争、轻合作的区域关系,立足大局,真正将城市群发展视为己任。

(一)上海:加大对高素质年轻人才的吸引,搭建各类辐射与试点平台

基于上海的功能定位与人口状况的现实要求,当前亟须高素质年轻人才的流入,优化上海的人口结构。一方面,产业结构高级化的发展趋势以及建设经济、金融、科创中心的城市目标,对上海高素质人才的比例提出了要求;另一方面,人口红利的逐渐消失、劳动年龄人口的显著下降增加了对年轻人口的需求。

上海当前所面临的主要人口问题便是老龄化与功能定位相关联的高素质人才匹配问题。为此,上海应重点从以下两个方面入手:

(1)年龄结构方面:第一,可以考虑出台措施鼓励二胎生育,主要包括二胎的产假时间长短、丈夫的产假陪护时间、二胎生育奖励(在国外比较多见的奖励多生政策,儿童给予抚养补贴和津贴)、二胎的税收减免政策,等等。第二,随着人口寿命的增加,上海的人均寿命已经达到了发达国家的水平,可以考虑适当增加劳动年限,减轻社会养老负担,同时也减轻了人口老龄化的压力。

(2)教育结构方面:第一,建立上海重点行业发展目录,对于相关专业大学生及其以上人员的进入不设门槛,对具有知识产权的创新团队可以采取团队进入的方式。第二,要鼓励内部的教育及学习制度,将相应的学历教育、职业教育等成本纳入到科研创新的体系中,并予以税前抵扣。第三,鼓励外来人员的继续教育,打破职业教育与学历教育的隔阂,将职业教育与高级职称连接在一起,进而激发技术人员的学习动力。第四,对于优秀人才,更可以通过长期合同、固定休息日、配备助理等方式留住人才。在2014年的居住证积分制度中,已经显现出了对年轻者、受教育程度高

的、拥有专业技术职称的人员的政策倾斜。在今后制定相关政策时,也应根据上海人口结构的实际需要,适当加大对年轻高质量人才的吸引力度。此外,对现有流动人口能力和技术的培养、增强其专业化的工作能力也是提高人口质量的方式之一。应加强劳动力职业教育和培训,建立与产业发展相适应的劳动力队伍。

上海若仅仅是调整内部人口结构和布局、发展自身经济是不够的,要充分发挥对长三角城市群的辐射带动作用,才能体现出中心城市的龙头价值。首先,需从产业辐射功能出发,大力发展自身优势产业,并与长三角其余城市形成高效率的梯度分工。其次,构建良好的服务平台,将上海对外开放的国际优势予以发挥,逐步跟进与金融、科技、产权、人才等要素市场相关的服务支持。重点搭建"四个中心"辐射平台、"世博平台"、浦东新区综合配套改革试点以及自由贸易试验区,服务整合人口资源,为整个长三角城市群的良好发展探索道路。

(二)其他核心城市:发挥各城市特定产业优势,继续促进目标人口的集聚

目前南京、杭州、合肥等副中心城市的人口规模还有待进一步提升,人口产业结构的异质性还未明确体现。首先,南京应承担起先进制造业和现代服务业的集聚功能,建设国家开放工业创新综合试验园区和开发区,并对生态破坏地进行修复,对不合理的城镇空间进行改造和重塑,进而提高对相应人才的吸引力度。同时,应对南京中心城区的城市功能加以完善,加大郊区新城的建设,并出台相关政策吸引人口在新城的集聚,充分带动周边城市(如淮安市)的经济发展。其次,杭州应充分利用其中小企业的创新活力,加大对创新资源的整合能力,强化对电子商务、网络信息等新业态的孵化和培养,着重对跨境电子商务综合试验区及杭州国家自主创新示范区进行发展规划,建设全国经济转型升级和改革创新的先行区。再次,合肥作为2010年加入长三角城市群的核心城市,应积极发挥其在长江经济带上"承东启西"的连接作用与区位优势,充分集聚创新资源,将产业链与创新链有机融合,建设相关示范开发区,做好产业的转移与承接工作。并主动与南京、杭州等核心城市进行充分连接,对接上海,形成区域增长新引擎。

相比上海,副中心城市对目标人口的吸引力还有所欠缺。长三角城市群要尽快形成以上海为中心,南京、杭州和合肥为副中心的发展格局,需进一步促进人口在本地的集聚。外来人口是长三角城市群财富积累的主力军,工业技能型劳动力的迁入可使得劳动密集型产业在本地保持一定的低成本优势,而高学历人才的进入则使高新技术产业的创新能力得以发挥和提升。吸引并留住目标人才的关键,在于各地政府提供适宜的工作环境和优惠的就业政策。各城市应注重构建以人为本的地方政策体系,营造美好的人才集聚环境。

二、打破相关制度壁垒,实现人口在城市间的就业自由流动

长期以来,我国都以行政区划为基本单位,进行经济生产和人口管理。想要完全改变原有的城市运行方式、打破区域行政壁垒并非易事,但中国已经实现了计划经济向市场经济的过度和转变,自由通畅的要素市场环境和经济一体化将会是未来必然的趋势。因此,突破行政区划约束、推动区域沟通合作将成为长三角城市群提升竞争力、实现人口优化布局的重要举措。首先,在社会政策方面,要从大区域整体层面对各地区的制度体系进行适当的统一,包括地方的户籍管理制度、税收制度、收入分配制度等,差异过大的制度体系下不利于构建统一市场,难以实现要素的无障碍流通。其次,在教育方面,需妥善解决流动人口子女的教育问题,可考虑通过放宽户籍管制、设立居住证制度或出台面向流动人口的保障政策加以实现。再次,在投资方面,为避免区域间的恶性竞争、互相压价,争抢资金注入机会,需消除地方保护主义,建立统一的城市沟通协调机制。最后,在社会保障方面,对外来流动人口可设立区域间共享的医疗、保险、养老资金账户,城市相关基础设施也尽量面向所有常住人口。

此外,要打破省市间的行政壁垒,需要尊重市场规律,改革地方财税体制。政府直接控制经济的职能需要不断被弱化,相应地应起到监督、管理和服务的功能,行政壁垒对人口流动的阻碍自然会降低。要全面系统地改善和处理地方保护、区域壁垒的相关问题,仅靠当地政府的努力是远远不够的,需要各方机构协助配合和统筹,才能真正实现长三角市场的自由统一和人员的无障碍流动。通过依托建立长三角居住证体系和流动人口的服务管理机体制,逐渐将社会福利和保障从户籍制度中剥离开,大力拓宽基本公共服务的覆盖面,有效降低流动人口的福利损失,进而发挥出市场力量的优化作用。

三、提升对外来就业人口的包容性,强调外来人口的市民化发展

对于长三角城市群内的所有城市来说,对外来人口的包容性都是需要提升的。

首先,城市自身的基础设施和公共服务供给需要得到加强,以满足外来人员的切身需要。具体可以考虑以下措施:第一,根据城市常住人口规模的历史数据,以及当地人口的年龄教育结构、生活需求和消费习惯等进行科学测算,提供相应数量和种类的公共服务设施。第二,公共设施的覆盖范围需要扩大。一些优质的教育医疗资源(包括著名中小学、三甲医院等)和文体娱乐设施需向郊区新城集中,以提高郊区现代化水平,从而引导人口"多中心"格局的形成。第三,针对外来人口的数量、结构和来源等特征,合理设置公共服务配套设施,并为其提供公平、均等的福利待遇,保障其能在迁入城市安居乐业。

其次,关于外来人口的政策体制方面(如落户政策),应依照分类指导、差异化推进的相关原则,基于对自身公共服务设施供给能力以及城市综合承载力的考量,有针对性地规划制定。特别地,为形成城市更合理的分散性集聚布局,可适当放开外来人口在郊区新城的落户限制,让外来人口充分享受本地户籍人口待遇。此外,可以在部分新城镇街道进行率先试点,围绕城镇化融资机制、市民化成本分担机制以及行政管理创新等方面进行改革,设置面向所有常住人口的基础教育、卫生医疗、住房保障、就业养老等基本公共服务,有效推进人口的跨区域流动及城乡融合。

参考文献

[1]Abadie, A., A. Diamond, and J. Hainmueller. Synthetic Control Methods for Comparative Case Studies: Estimating the Effect of California's Tobacco Control Program[J]. Journal of the American Statistical Association, 2010, 105(490):493—505.

[2]Abadie, A., and J. Gardeazabal. The Economic Costs of Conflict: A Case Study of the Basque Country [J]. American Economic Review, 2003, 93(1):113—132.

[3]Alonso W. The Historic and the Structural Theories of Urban Form: Their Implications for Urban Renewal[J]. Land Economics, 1964, 40(2):227—231.

[4]Anrquez G., Stloukal L. Rural population change in developing countries: lessons for policymaking[J]. European View, 2008, 7(2):309—317.

[5]Anselin L., Getis A. Spatial statistical analysis and geographic information systems[J]. Annals of Regional Science, 1992, 26(1):19—33.

[6]Antrop M. Landscape Change and the Urbanization Process in Europe[J]. Landscape and Urban Planning, 2004, 67(1—4): 9—26.

[7]Au C., Henderson J. V. How Migration Restrictions Limit Agglomeration and Productivity in China[J]. Journal of Development Economics, 2006(2): 350—388.

[8]Bailey N., Turok I. Central Scotland as a Polycentric Urban Region: Useful Planning Concept or Chimera[J]. Urban Studies, 2001(4): 697—715.

[9]Barro R. J. Government Spending in a Simple Model of Endogeneous Growth [J]. Rcer Working Papers, 1988, 98(5):103—126.

[10]Baumsnow N., Lutz B. F. School Desegregation, School Choice and Changes in Residential Location Patterns by Race[J]. American Economic Review, 2011, 101(7):3019.

[11]Bayoh I. ,Irwin E. G. ,Haab T. Determinants of residential location choice: How important are local public goods inattracting homeowners to central city locations? [J]. Journal of Regional Science,2006,46(1) : 97—120.

[12]Bertaud A. The Spatial Organization of Cities: Deliberate Outcome or Unforeseen Consequence? [J]. Infection & Immunity,2004,74(7):4357—4360.

[13]Brueckner J. K. ,Fansler D. A. The Economics of Urban Sprawl: Theory and Evidence on the Spatial Sizes of Cities[J]. Review of Economics & Statistics,1983,65(3):479—482.

[14]Bucovetsky S. Incentive equivalence with fixed migration costs[J]. Journal of Public Economics,2011,95(11):1292—1301.

[15]Chen Y. P. Fiscal Decentralization,Rural Industrialization and Undocumented Labour Mobility in Rural China,1982—1987[J]. Social Science Electronic Publishing,2016(9):1—14.

[16]Clark C. Urban Population Densities[J]. Journal of the Royal Statistical Society,1951,114(4):490—496.

[17]Clarke K. C. , Hoppen S,Gaydos L. A Self-modifying Cellular Automaton Model of Historical Urbanization in the San Francisco Bay Area[J]. Environment and Planning B-Planning & Design,1997,24(2): 247—261.

[18]Clemente J. ,Pueyo F. ,Sanz F. A migration model with congestion costs: Does the size of government matter? [J]. Economic Modelling,2008,25(2):300—311.

[19]Czamanski S. ,Muth R. F. Cities and Housing[J]. Journal of the American Statistical Association,1970:1408.

[20]David Karemera,Victor Iwuagwu Oguledo,Bobby Davis. A gravity model analysis of international migration to North America[J]. Applied Economics,2000,32(13):1745—1755.

[21] Davoudi S. EUROPEAN BRIEFING: Polycentricity in European spatial planning: from an analytical tool to a normative agenda[J]. European Planning Studies,2003,11(8):979—999.

[22]Deng X. , Huang J. ,Rozelle S. ,et al. Growth,population and industrializa-

tion,and urban land expansion of China[J]. Journal of Urban Economics,2008,63(1):96—115.

[23]Diamond P. A. National Debt in a Neoclassical Growth Model[J]. American Economic Review,1965,55(5):1126—1150.

[24]Elhorst J. P. Specification and Estimation of Spatial Panel Data Models[J]. International Regional Science Review,2016,26(3):244—268.

[25]FahuiWang, YanchunMeng. Analyzing Urban Population Change Patterns in Shenyang,China 1982â90: Density Function and Spatial Association Approaches[J]. Geographic Information Sciences,1999,5(2):121—130.

[26]Fan C. C. Settlement intention and split households: Findings from a survey of migrants in Beijing's urban villages[J]. China Review,2011,11(02):11—41.

[27]Friedmann J., Miller J. THE URBAN FIELD[J]. Journal of the American Planning Association,1965,31(4):312—320.

[28]Fujita M., Thisse J F. Economics of agglomeration: cities,industrial location,and regional growth [J]. University Avenue Undergraduate Journal of Economics,2002.

[29]Fujita M. A monopolistic competition model of spatial agglomeration: Differentiated product approach[J]. Regional Science & Urban Economics,1988,18(1):87—124.

[30]Glaser Edward. Cities,Agglomeration and Spatial Equilibrium[M]. Oxford: Oxford University Press,2008.

[31]Griffith D. A. Modelling urban population density in a multi-centered city [J]. Journal of Urban Economics,1981,9(3):298—310.

[32]Hansen B. E. Threshold effects in non-dynamic panels: Estimation,testing, and inference[J]. Journal of Econometrics,1999,93(2):345—368.

[33]Haque M. E. The composition of public expenditure and economic growth in developing countries[J]. Southern Economic Journal,2004,37(2):345—370.

[34]Harris C. D., Ullman E. L. The Nature of Cities[J]. Annals of the American Academy of Political & Social Science,1945,242(1):7—17.

[35]Harris J. R., Todaro M. P. Migration,Unemployment and Development: A

Two-Sector Analysis[J]. American Economic Review,1970,60(1):126—142.

[36]Hartwick J. ,Schweizer U. ,Varaiya P. Comparative statics of a residential economy with several classes[J]. Journal of Economic Theory,2006,13(3):396—413.

[37]Heikkila E. ,Gordon P. ,Kim J. I. ,et al. What Happened to the CBD-Distance Gradient? Land Value in a Polycentric City[J]. 1989,21(2):221—232.

[38]Henderson V. ,Mitra A. The new urban landscape: Developers and edge cities[J]. Regional Science & Urban Economics,1996,26(6):613—643.

[39]Hiraoka N. Urban Spatial-cycle of Functional Urban Regions in Japan and the Coupled Oscillation Hypothesis[J]. Interdisciplinary Information Sciences,1995,1(2) : 199—220.

[40]Hunt G. L. ,Mueller R. E. North American migration: returns to skill,border effects,and mobility costs[J]. Review ofEconomics and Statistics,2004,86(4): 988—1007.

[41]Jefferson M. The Law of the Primate City[J]. Geographical Review,1939,29(2):226—232.

[42]Jones J. K. ,Findley J. S. Geographic Distribution of the Short-Tailed Shrew, Blarina brevicauda,in the Great Plains[J]. Transactions of the Kansas Academy of Science,1954,57(2):208—211.

[43]Kennan J. ,Walker J. R. The Effect of Expected Income on Individual Migration Decisions[J]. Econometrica,2011,79(1):211—251.

[44]Knight J. ,Yueh L. Job mobility of residents and migrantsin urban China[J]. Journal of Comparative Economics,2004,32(4) : 637—660.

[45]Koethenbuerger M. Competition for migrants in a federation: Tax or transfer competition? [J]. Journal of Urban Economics,2014,80(1):110—118.

[46]Krugman P. Are Currency Crises Self-Fulfilling? [J]. NBER Macroeconomics Annual,1996,11(11):345—378.

[47]Krugman P. Increasing Returns and Economic Geography[J]. Journal of Political Economy,1991,99(3):483—499.

[48]Kunzmann K. R. Polycentricity and Spatial Planning[J]. Urban Planning International,2008.

[49]L. H. Klaassen, et al. Dynamics of Urban Development [M]. Hampshire: Gower Publishing Company Limited,1979.

[50]L. H. Klaassen, et al. Transport and reurbanisation[M]. Hampshire: Gower Publishing Company Limited,1981.

[51]Matz Dahlberg, Matias Eklöf, Peter Fredriksson, et al. Estimating Preferences for Local Public Services using Migration Data[J]. Urban Studies,2009,49(2): 319.

[52]Mcdonald J. F. The identification of urban employment subcenters[J]. Journal of Urban Economics,1987,21(2):242—258.

[53]Mcgrath D. T. More evidence on the spatial scale of cities[J]. Journal of Urban Economics,2005,58(1):1—10.

[54]Meijers E. J. ,Burger M. J. Spatial Structure and Productivity in US Metropolitan Areas[J]. Erim Report,2009,42(42):1383—1402.

[55]Meijers E. Polycentric Urban Regions and the Quest for Synergy: Is a Network of Cities More than the Sum of the Parts[J]. Urban Studies,2005(4): 765—781.

[56]Mills E. S. An Aggregative Model of Resource Allocation in a Metropolitan Area[J]. American Economic Review,1967,57(2):197—210.

[57]Mills E. Urban Density Functions[J]. Urban Studies,1970,7(7):5—20.

[58]Miyao T. Dynamics and comparative statics in the theory of residential location[J]. Journal of Economic Theory,1975,11(1):133—146.

[59] Mojica, L. , Marti‐Henneberg, J. Railways and Population Distribution: France,Spain, and Portugal, 1870 — 2000 [J]. Journal of Interdisciplinary History, 2011(40): 28—43.

[60]Moran P. A. P. On the Method of Paired Comparisons[J]. Biometrika,1947, 34(3—4):363—365.

[61]Munshi K. Networks in the Modern Economy: Mexican Migrants in the U. S. Labor Market[J]. Quarterly Journal of Economics,2003,118(2): 549—599.

[62]Muth J. F. Rational Expectations and the Theory of Price Movements[J]. Econometrica,1961,29(3):315—335.

[63]Newling BE. The Spatial Change of Urban Population Densities[J]. Geographical Review,1969(59):242-252.

[64]Oates W. E. The effects of property taxes and localpublic spending on property values: An empirical study of taxcapitalization and the Tiebout hypothesis[J]. Journal of politicaleconomy,1969,77(6):957-971.

[65]Omariba D. W. R. ,Boyle M H. Rural-urban migration and cross-national variation in infant mortality in less developed countries.[J]. Population Research & Policy Review,2010,29(3):275-296.

[66]Oort F. ,Burger M. ,Raspe O. On the Economic Foundation of the Urban Network Paradigm: Spatial Integration,Functional Integration and Economic Complementarities within the Dutch Randstad[J]. Urban Studies,2010(4):725-748.

[67]Pain K. ,Hall P. South East England: global constellation[J]. The Polycentric Metropolis: Learning from Mega-City Regions in Europe,2006.

[68]Papageorgiou,Y. Y. Population Density in a Central-Place System[J]. Journal of Regional Science,2014,6(54):450-461.

[69]Piras R. The Solow Growth Model with Endogenous Migration Flows and Congested Public Capital[J]. Economia Politica,2011,XXVIII(2):195-217.

[70]Plantinga A. J. ,Hunt G. L. ,Piguet V. Housing prices and inter-urban migration[J]. Regional Science & Urban Economics,2013,43(2):296-306.

[71]Pred A. R. City Systems in Advanced Economies: Past Growth, Present Processes and Future Development Options[J]. 1977.

[72]Quigley J. M. Consumer choice of dwelling,neighborhoodand public services [J]. Regional Science and Urban Economics,1985,15(1):41-63.

[73]Rapaport C. Housing demand and community choice:an empirical analysis [J]. Journal of Urban Economics,1997,42(2):243-260.

[74]Robson P. The Economic Integration[M]. London,1991:19.

[75]Small K. A. ,Song S. Population and employment densities: structure and change[J]. Journal of Urban Economics,1994,36(36):292.

[76]Song Y. ,Zenou Y. Property tax and urban sprawl: Theory and implications for US cities[J]. Journal of Urban Economics,2006,60(3):519-534.

[77] Tatsuhiko K. Population Growth and Structure Change of Japan's Metropolitan Cities (in Japanese)[J]. Geography Review,2009,(4):89—108.

[78] Tiebout C. M. A Pure Theory of Local Expenditures[J]. Journal of Political Economy,1956,64(5):416—424.

[79] Tomita K. Structural Changes in the Metropolitan Areas [M]. GUJIN Press,1995: 36—49.

[80] Wang F., Zhou Y. Modeling Urban Population Densities in Beijing 1982 - 1990: Suburbanization and Causes[J]. Urban Studies,1999,36(2):271—287.

[81] Waterhout B., Zonneveld W, Meijers E. Polycentric Development Policies in Europe: Overview and Debate[J]. Built Environment,2005,31(2):163—173.

[82] Wheaton W. C. A comparative static analysis of urban spatial structure[J]. Journal of Economic Theory,1974,9(2):223—237.

[83] White K. J. C. Sending or Receiving Stations? The Dual Influence of Railroads in Early 20th-Century Great Plains Settlement[J]. Population Research & Policy Review,2008,27(1):89—115.

[84] Wong K., Fu D, Li C. Y., et al. Rural migrant workersin urban China: living a marginalizedlife [J]. InternationalJournal of Social Welfare,2007,16(1) : 32—40.

[85] Xu B., Zeng J. Y., Junzo W., Changes in Population Agglomeration Efficiency in Urban Planning In Changes in Production Efficiency in China. Springer New York,2014.

[86] Zhong Yu, Lan Haitao. Structural labor shortage amid labor surpluses[J]. China Economist,2010(03):122—128.

[87] Zhu Y. China's floating population and their settlement intention in the cities: Beyond the Hukou reform[J]. HabitatInternational,2007,31(1) : 65—76.

[88] Zinyama L., Whitlow R. Changing patterns of population distribution in Zimbabwe[J]. Geojournal,1986,13(4):365—384.

[89] Sweitzer J., Langaas S., Folke C. 陈百明:波罗的海流域的土地覆盖和人口密度:地理信息系统数据库[J]. AMBIO-人类环境杂志,1996(3):191—198.

[90] 白南生,何宇鹏. 回乡,还是外出？——安徽四川二省农村外出劳动力回流研究[J]. 社会学研究,2002(3):64—78.

[91]白南生,李靖.农民工就业流动性研究[J].管理世界,2008(7):70-76.

[92]柏中强,王卷乐,杨雅萍,孙九林.基于乡镇尺度的中国25省区人口分布特征及影响因素[J].地理学报,2015(8):1229-1242.

[93]蔡昉.为什么劳动力流动没有缩小城乡收入差距[J].产经评论,2006(6):4-10.

[94]蔡禾,王进."农民"永久迁移意愿研究[J].社会学研究,2007(6):86-113.

[95]蔡秀云,李雪,汤寅昊.公共服务与人口城市化发展关系研究[J].中国人口科学,2012(6):58-65.

[96]蔡翼飞,张车伟.地区差距的新视角:人口与产业分布不匹配研究[J].中国工业经济,2012(5):31-43.

[97]曹萍.城市基础设施与区域经济发展关系研究[J].中国人口·资源与环境,2011(2):451-453.

[98]曾坤生.论区域经济动态协调发展[J].中国软科学,2000(4):119-124.

[99]曾鹏,张凡.十大城市群"产业—人口—空间"耦合协调度的比较[J].统计与决策,2017(10):94-98.

[100]陈丰.流动人口社会管理与公共服务一体化研究[J].人口与经济,2012(6):59-64.

[101]陈国亮,唐根年.基于互联网视角的二、三产业空间非一体化研究——来自长三角城市群的经验证据[J].中国工业经济,2016(8):76-92.

[102]陈浩.卫生投入对中国健康人力资本及经济增长影响的结构分析[J].中国人口科学,2010(2):92-100.

[103]陈建军,周维正.空间视角下的地方政府土地经营策略、竞争机制和中国的城市层级体系——来自中国186个地级市的经验证据[J].中国土地科学,2016(3):4-11.

[104]陈良文,杨开忠,吴姣.中国城市体系演化的实证研究[J].江苏社会科学,2007(1):81-88.

[105]陈良文,杨开忠.集聚与分散:新经济地理学模型与城市内部空间结构、外部规模经济效应的整合研究[J].经济学(季刊),2008(1):53-70.

[106]陈前虎.多中心城市区域空间协调发展研究[M].杭州:浙江大学出版社,2010.

[107]陈诗一,张军.中国地方政府财政支出效率研究:1978—2005[J].中国社会科学,2008(4):65-78.

[108]陈秀山.区域协调发展:目标·路径·评价[M].北京:商务印书馆,2013.

[109]陈云松,张翼.城镇化的不平等效应与社会融合[J].中国社会科学,2015(6):78-95.

[110]陈钊,陆铭.在集聚中走向平衡:中国城乡与区域经济协调发展的实证研究[M].北京:北京大学出版社,2009.

[111]邓丽君,张平宇,李平.中国十大城市群人口与经济发展平衡性分析[J].中国科学院大学学报,2010(2):154-162.

[112]丁嵩,孙斌栋.区域政策重塑了经济地理吗?——空间中性与空间干预的视角[J].经济社会体制比较,2015(6):56-67.

[113]董理,张启春.我国地方政府公共支出规模对人口迁移的影响——基于动态空间面板模型的实证研究[J].财贸经济,2014(12):40-50.

[114]杜建国.长三角区域非均衡发展演化及协调对策研究[M].北京:经济管理出版社,2011.

[115]段学军,王书国,陈雯.长江三角洲地区人口分布演化与偏移增长[J].地理科学,2008,28(2):139-144.

[116]樊士德,沈坤荣.中国劳动力流动的微观机制研究——基于传统与现代劳动力流动模型的建构[J].中国人口科学,2014(2):17-31.

[117]樊士德,严文沁.长三角城市群流动人口户籍政策评价与前瞻[J].江苏师范大学学报(哲学社会科学版),2015(4):96-103.

[118]范恒山,孙久文,陈宣庆.中国区域协调发展研究[M].北京:商务印书馆,2012.

[119]范恒山.我国促进区域协调发展的理论与实践[J].经济社会体制比较,2011(6):1-9.

[120]范剑勇,邵挺.房价水平、差异化产品区位分布与城市体系[J].经济研究,2011(2):87-99.

[121]方创琳,毛其智,倪鹏飞.2015.中国城市群科学选择与分级发展的争略和探索[J].地理学报,2015(4):515-527.

[122]方瑜,欧阳志云,郑华,等.中国人口分布的自然成因[J].应用生态学报,

2012(12):3488—3495.

[123]封志明,刘晓娜.中国人口分布与经济发展空间一致性研究[J].人口与经济,2013(2):3—11.

[124]冯健,周一星.1990年代北京市人口空间分布的最新变化[J].城市规划,2003(5):55—63.

[125]冯健,周一星.近20年来北京都市区人口增长与分布[J].地理学报,2003(6):903—916.

[126]付文林.人口流动的结构性障碍:基于公共支出竞争的经验分析[J].世界经济,2007(12):32—40.

[127]富田和晓.美国大都市圈的空间结构研究及现阶段之诸问题[J].人文地理,1988(1):25—33.

[128]甘行琼,刘大帅,胡朋飞.流动人口公共服务供给中的地方政府财政激励实证研究[J].财贸经济,2015(10):87—101.

[129]干春晖,郑若谷,余典范.中国产业结构变迁对经济增长和波动的影响[C].上海学术报告.2015.

[130]高向东,黄丽鹏,汪志.世博后上海人口分布新态势[J].中国人口·资源与环境,2011(6):1—5.

[131]高向东,吴文钰.20世纪90年代上海市人口分布变动及模拟[J].地理学报,2005(4):637—644.

[132]高向东,郑敏,孙文慧.上海市人口结构空间分布的模型分析[J].中国人口科学,2006(3):61—66.

[133]龚晓菊,赵云平.区域产业布局与重化工产业西移[J].管理世界,2013(8):169—170.

[134]辜胜阻,曹冬梅,韩龙艳."十三五"中国城镇化六大转型与健康发展[J].中国人口·资源与环境,2017,27(4):6—15.

[135]谷一桢,郑思齐,曹洋.北京市就业中心的识别:实证方法及应用[J].城市发展研究,2009(9):118—124.

[136]顾怡川.2000—2010年杭州市城市空间格局演化规律研究[D].浙江大学,2016.

[137]郭力,陈浩,曹亚.产业转移与劳动力回流背景下农民工跨省流动意愿的影

响因素分析——基于中部地区 6 省的农户调查[J].中国农村经济,2011(6):45—53.

[138]韩福国.人力资本和城市融入对公共资源使用的影响差异分析——基于 2012 年对广州市流动人口的调查[J].浙江社会科学,2016(6):44—55.

[139]韩其恒,李俊青,刘鹏飞.要素重新配置型的中国经济增长[J].管理世界,2016,(1):10—28.

[140]何英华.户籍制度松紧程度的一个衡量[J].经济学(季刊),2004(S1):99—124.

[141]侯慧丽.城市公共服务的供给差异及其对人口流动的影响[J].中国人口科学,2016(1):118—125.

[142]侯赟慧,刘志彪,岳中刚.长三角区域经济一体化进程的社会网络分析[J].中国软科学,2009(12):90—101.

[143]胡焕庸.论中国人口之分布[M].上海:华东师范大学出版社,1983.

[144]胡金焱,张博.民间金融、产业发展与经济增长——基于中国省际面板数据的实证分析[J].中国工业经济,2013(8):18—30.

[145]华杰媛,孙斌栋.中国大都市区多中心空间结构经济绩效测度[J].城市问题,2015(9):68—73.

[146]黄亮雄,韩永辉,舒元."撤县建市"提升了地方绩效吗——基于广东省 73 个县(市)的实证分析[J].学术研究,2013(6):69—74.

[147]黄新飞,舒元.中国省际贸易开放与经济增长的内生性研究[J].管理世界,2010(7):56—65.

[148]黄新飞,翟爱梅,程晓平.区域经济一体化能否促进中国省区经济增长——基于 ASW 理论框架的实证检验[J].学术研究,2013(8):73—79.

[149]姜璐,狄增如.我国城镇人口空间分布的自组织模型[J].北京师范大学学报(自然科学版),1990(6):101—104.

[150]蒋含明,李非.企业家精神、生产性公共支出与经济增长[J].经济管理,2013(1).

[151]蒋丽,吴缚龙.2000—2010 年广州人口空间分布变动与多中心城市空间结构演化测度[J].热带地理,2013(2):147—155.

[152]蒋丽,吴缚龙.广州市就业次中心和多中心城市研究[J].城市规划学刊,2009(3):75—81.

[153]蒋子龙,樊杰,陈东.2001—2010年中国人口与经济的空间集聚与均衡特征分析[J].经济地理,2014(5):09-13.

[154]金春雨,程浩.环渤海城市制造业集聚的经济增长溢出效应与拥挤效应——基于面板门限模型的实证分析[J].经济问题探索,2015(6):130-136.

[155]金戈.经济增长中的最优税收与公共支出结构[J].经济研究,2010(11):35-47.

[156]柯善咨,何鸣.规划与市场——中国城市用地规模决定因素的实证研究[J].中国土地科学,2008(4):12-18.

[157]劳昕,沈体雁.中国地级以上城市人口流动空间模式变化——基于2000和2010年人口普查数据的分析[J].中国人口科学,2015(1):15-28.

[158]黎倩雯.试论人口分布的决定因素[J].广州师院学报:社会科学版,1996(2):90-96.

[159]李国平,范红忠.生产集中、人口分布与地区经济差异[J].经济研究,2003(11):79-86,93.

[160]李国平,罗心然.京津冀地区人口与经济协调发展关系研究[J].地理科学进展,2017(1):25-33.

[161]李佳洺,张文忠,孙铁山等.中国城市群集聚特征与经济绩效[J].地理学报,2014(4):474-484.

[162]李健,宁越敏.1990年代以来上海人口空间变动与城市空间结构重构[J].城市规划学刊,2007(2):20-24.

[163]李若建.我国城市人口空间特征变化分析[J].人口研究,1991(10):34-37.

[164]李树苗,王维博,悦中山.自雇与受雇农民工城市居留意愿差异研究[J].人口与经济,2014(2):12-21.

[165]李拓,李斌.中国跨地区人口流动的影响因素——基于286个城市面板数据的空间计量检验[J].中国人口科学,2015(2):73-83.

[166]廉晓梅.我国人口重心、就业重心与经济重心空间演变轨迹分析[J].人口学刊,2007(3):23-28.

[167]梁城城.地方政府财政行为如何影响居民主观幸福感:来自中国的经验数据[J].贵州财经大学学报,2017(4):13-23.

[168]梁雄军,林云,邵丹萍.农村劳动力二次流动的特点、问题与对策——对浙、闽、津三地外来务工者的调查[J].中国社会科学,2007(3):13-28.

[169]刘乃全,耿文才.上海人口空间分布格局的演变及其影响因素分析——基于空间面板模型的实证研究[J].财经研究,2015(2):99-110.

[170]刘乃全,刘学华,赵丽岗.中国区域经济发展与空间结构的演变——基于改革开放30年时序变动的特征分析[J].财经研究,2008(11):76-87.

[171]刘乃全,孙海鸣.上海产业结构、人口、就业的互动关系研究[J].财经研究,2003(1):55-62.

[172]刘乃全,吴伟平,刘莎.长三角城市群人口空间分布的时空演变及影响因素研究[J].城市观察,2017(5):5-18.

[173]刘乃全,吴伟平.城市空间结构的优序选择研究[J].湖湘论坛,2017(4):99-105.

[174]刘乃全,吴友.长三角扩容能促进区域经济共同增长吗[J].中国工业经济,2017(6):79-97.

[175]刘乃全,宇畅,赵海涛.流动人口城市公共服务获取与居留意愿——基于长三角地区的实证分析[J].经济与管理评论,2017(6):112-121.

[176]刘乃全,郑秀君,贾彦利.中国区域发展战略政策演变及整体效应研究[J].财经研究,2005(1):25-37.

[177]刘乃全,周效门,刘学华,姜乾之.转型关键期上海优化人口空间结构的政策建议[J].科学发展,2014(10):84-88.

[178]刘乃全.中国经济如何研究协调发展[J].改革,2016(5):131-141.

[179]刘乃全.转型关键期上海优化人口空间结构的政策建议[J].科学发展,2014(10):84-88.

[180]刘生龙.中国跨省人口迁移的影响因素分析[J].数量经济技术经济研究,2014(4):83-98.

[181]刘涛,齐元静,曹广忠.中国流动人口空间格局演变机制及城镇化效应——基于2000和2010年人口普查分县数据的分析[J].地理学报,2015(4):567-581.

[182]刘小鲁.区域性公共品的最优供给:应用中国省际面板数据的分析[J].世界经济,2008(4):86-95.

[183]刘彦军.公共服务,政府竞争与产业集团[J].贵州财经大学学报,2016(2):

1—9.

[184]刘勇政,冯海波.腐败、公共支出效率与长期经济增长[J].经济研究,2011(9):17—28.

[185]刘再起,徐艳飞.市场化进程中地方政府经济行为模式与产业结构演进[J].经济管理,2014(9):12—23.

[186]刘铮.人口学辞典[M].北京:人民出版社,1986.

[187]陆铭,陈钊.分割市场的经济增长——为什么经济开放可能加剧地方保护?[J].经济研究,2009(3):42—52.

[188]陆铭,蒋仕卿,陈钊,佐滕宏.摆脱城市化的低水平均衡——制度推动、社会互动与劳动力流动[J].复旦学报(社会科学版),2013(3):48—64.

[189]陆铭,向宽虎.破解效率与平衡的冲突——论中国的区域发展战略[J].经济社会体制比较,2014(4):1—16.

[190]陆铭.空间的力量地理、政治与城市发展[M].上海:上海人民出版社,2013.

[191]陆铭.重构城市体系——论中国区域和城市可持续发展战略[J].南京大学学报:哲学·人文科学·社会科学版,2010(5):15—26.

[192]吕晨,樊杰,孙威.基于 ESDA 的中国人口空间格局及影响因素研究[J].经济地理,2009(11):1798—1802.

[193]吕晨.人口的迁移与流动:人口空间集疏的机理研究[M].广州:中山大学出版社,2014.

[194]满颖之,隋干城.关于人口地理分布规律性的探讨[J].人口研究,1983(4):30—34.

[195]毛蒋兴,韦钰,潘新潮.城市内部空间格局与演变机理研究[M].北京:经济科学出版社,2015.

[196]毛志峰,任世清.论人口容量与资源环境[J].中国人口·资源与环境,1995(1):75—79.

[197]孟斌.北京城市居民职住分离的空间组织特征[J].地理学报,2009(12):1457—1466.

[198]孟向京,贾绍凤.中国省级人口分布影响因素的定量分析[J].地理研究,1993(3):56—63.

[199]米瑞华,石英.2000—2010年西安市人口空间结构演化研究——基于城市人口密度模型的分析[J].西北人口,2014(4):43—47.

[200]缪蒂生.关于流动人口服务和管理的思考[J].江苏社会科学,2008(2):184—187.

[201]牟宇峰.长三角核心区就业人口格局演变研究[J].地理与地理信息科学,2014(1):70—75.

[202]祁毓,卢洪友,张宁川.环境质量、健康人力资本与经济增长[J].财贸经济,2015(6):124—135.

[203]乔观民,刘振宇.长江三角洲都市连绵区内部人口空间流动态势研究[J].华东师范大学学报(哲学社会科学版),2004(9):72—77.

[204]任以胜,陆琳.长三角城市群城市空间拓展格局与机制[J].经济问题探索,2018(4):90—98.

[205]任远,张放.城市化阶段和大城市地区不同区域人口空间变动——以上海静安区、浦东新区和南汇区为例[J].人口学刊,2006(7):35—39.

[206]任远."逐步沉淀"与"居留决定居留"——上海市外来人口居留模式分析[J].中国人口科学,2006(3):67—72.

[207]沙里宁.城市它的发展衰败与未来[M].北京:中国建筑工业出版社,1986.

[208]邵军,徐康宁.中国城市的生产率增长、效率改进与技术进步[J].数量经济技术经济研究,2010(1):58—66.

[209]沈建法,王桂新.90年代上海中心城人口分布及其变动趋势的模型研究[J].中国社会科学,2000(10):45—52.

[210]沈琪.上海市人口分布与服务设施布局的空间协调性分析[J].甘肃科学学报,2014(2):139—142.

[211]施建军,梁琦.长三角区域合作要打破"富人俱乐部"的思维[J].南京社会科学,2007(9):1—9.

[212]石奇,孔群喜.动态效率、生产性公共支出与结构效应[J].经济研究,2012(1):92—104.

[213]宋建波,武春友.城市化与生态环境协调发展评价研究——以长江三角洲城市群为例[J].中国软科学,2010(2):78—87.

[214]宋伟轩,徐昀,王丽晔等.近代南京城市社会空间结构——基于1936年南

京城市人口调查数据的分析[J].地理学报,2011(6):771-784.

[215]宋旭光,王远林.中国人口空间分布变化的收敛性分析[J].中国人口科学,2005(8):54-58。

[216]宋迎昌,武伟.北京市外来人口空间集聚特点、形成机制及其调控对策[J].经济地理,1997(12):71-75.

[217]苏红键,魏后凯.密度效应、最优城市人口密度与集约型城镇化[J].中国工业经济,2013(10):5-17.

[218]苏治,胡迪.通货膨胀目标制是否有效——来自合成控制法的新证据[J].经济研究,2015(6):74-88.

[219]孙斌栋,华杰媛,李琬,张婷麟.中国城市群空间结构的演化与影响因素——基于人口分布的形态单中心-多中心视角[J].地理科学进展,2017(10):1294-1303.

[220]孙斌栋,魏旭红.多中心能够缓解城市拥挤吗?——关于上海人口疏解与空间结构优化的若干认识[J].上海城市规划,2015(2):56-59.

[221]孙斌栋,魏旭红.上海都市区就业——人口空间结构演化特征[J].地理学报,2014(9):747-758.

[222]孙斌栋.上海都市区就业——人口空间结构演化特征[J].地理学报,2014(6):747-758.

[223]孙红玲.推进新型城镇化需改按常住人口分配地方财力[J].财政研究,2013(3):56-58.

[224]孙瑾,刘文革,周钰迪.中国对外开放、产业结构与绿色经济增长——基于省际面板数据的实证检验[J].管理世界,2014(6):172-173.

[225]孙久文,原倩.京津冀协同发展战略的比较和演进重点[J].经济社会体制比较,2014(5):1-11.

[226]孙三百,黄薇,洪俊杰,王春华.城市规模、幸福感与移民空间优化[J].经济研究,2014(1):97-111.

[227]孙铁山,王兰兰,李国平.北京都市区人口-就业分布与空间结构演化[J].地理学报,2012(6):829-840.

[228]孙胤社.城乡边缘带的人口空间组织[J].经济地理,1995(6):70-75.

[229]唐颖,赵文军.公共支出与我国经济增长方式转变——基于省际面板数据

的实证检验[J].财贸经济,2014(4):14-29.

[230]陶希东,黄(王丽).国际大都市新城建设经验及其对上海的启示[J].上海经济研究,2005(8):30-34.

[231]童玉芬,王莹莹.中国流动人口的选择:为何北上广如此受青睐?——基于个体成本收益分析[J].人口研究,2015(4):49-56.

[232]童玉芬.耗散结构理论与人口的空间分布[J].西北人口,1988(4):31-35.

[233]王珺.城市群空间结构优化理论与实践:武汉城市圈发展探究[M].北京:化学工业出版社,2014.

[234]王格玮.地区间收入差距对农村劳动力迁移的影响——基于第五次全国人口普查数据的研究[J].经济学家,2004(B10):77-98.

[235]王桂新,沈续雷.上海市人口迁移与人口再分布研究[J].人口研究,2008(1):58-69.

[236]王桂新.中国人口分布与区域经济发展[M].上海:华东师范大学出版社,1997.

[237]王国霞,秦志琴.山西省人口与经济空间关系变化研究[J].经济地理,2013(4):29-35.

[238]王珏,陈雯,袁丰.基于社会网络分析的长三角地区人口迁移及演化[J].地理研究,2014(2):385-400.

[239]王克强,贺俊刚,刘红梅.户籍堤坝效应与东部城市就业吸引力研究[J].中国人口科学,2014(6):2-14.

[240]王丽娟.人口流动与财政竞争——基于财政分区和户口政策的比较视角[J].中央财经大学学报,2010(3):17-21.

[241]王平,肖文.二次城市化、土地开发与经济增长[J].财经研究,2011(9):112-122.

[242]王麒麟.生产性公共支出、最优税收与经济增长[J].数量经济技术经济研究,2011(5):21-36.

[243]王胜今,王智初.中国人口集聚与经济集聚的空间一致性研究[J].人口学刊,2017(6):43-50.

[244]王小鲁,夏小林.优化城市规模推动经济增长[J].经济研究,1999(09):22-29.

[245]王子成,赵忠.农民工迁移模式的动态选择:外出、回流还是再迁移[J].管理世界,2013(1):78—88.

[246]蔚志新.分地区流动人口居留意愿影响因素比较研究——基于全国5城市流动人口动态监测调查数据[J].人口与经济,2013(4):12—20.

[247]魏后凯.建设长江经济带及重庆应对策略[J].改革,2014(6):12—15.

[248]魏后凯.中国区域协调发展研究[M].北京:中国社会科学出版社,2012.

[249]魏伟.城市空间结构对人口分布态势影响研究——对成都市空间结构和人口分布的实证分析[D].西南财经大学,2007.

[250]吴福象,蔡悦.中国产业布局调整的福利经济学分析[J].中国社会科学,2014(2):96—115.

[251]吴瑞君,朱宝树,王大犇.开放型区域经济适度人口的研究方法及其应用[J].人口研究,2003(5):19—24.

[252]吴伟平,刘乃全.属地化管理下流动人口公共服务供需匹配优化研究[J].上海经济研究,2016(8):49—54.

[253]吴伟平,刘乃全.异质性公共支出对劳动力迁移的门槛效应:理论模型与经验分析[J].财贸经济,2016(3):28—44.

[254]吴文钰,马西亚.多中心城市人口模型及模拟:以上海为例[J].现代城市研究,2006(12):39—44.

[255]吴业苗.城郊农民市民化的困境与应对:一个公共服务视角的研究[J].中国农村观察,2012(3):71—77.

[256]吴友,刘乃全.中国城市人口规模的空间演化及影响因素——基于264个地级市的实证研究[J].人口与经济,2017(6):32—42.

[257]武廷方,夏刚.城镇化驱动下的区域经济发展——中国城镇化与区域经济发展国际研讨会综述[J].经济研究,2014(3):185—189.

[258]席强敏,李国平.超大城市规模与空间结构效应研究评述与展望[J].经济地理,2018(1):61—68.

[259]夏纪军.人口流动性、公共收入与支出——户籍制度变迁动因分析[J].经济研究,2004(10):56—65.

[260]夏怡然.农民工定居地选择意愿及其影响因素分析——基于温州的调查[J].中国农村经济,2010(3):35—44.

[261]向云波,赵严.长江中游城市群人口与经济空间分布关系研究[J].云南师范大学学报(哲学社会科学版),2015(4):88—94.

[262]肖周燕.中国人口与经济分布一致性的空间效应研究[J].人口研究,2013(5):42—52.

[263]谢玲丽.长三角人口发展战略研究[M].上海:复旦大学出版社,2007.

[264]邢春冰,贾淑艳,李实.教育回报率的地区差异及其对劳动力流动的影响[J].经济研究,2013(11):114—126.

[265]邢春冰.迁移、自选择与收入分配——来自中国城乡的证据[J].中国经济学,2010(1):633—660.

[266]徐维祥,张凌燕,刘程军,杨蕾,黄明均.城市功能与区域创新耦合协调的空间联系研究——以长江经济带107个城市为实证[J].地理科学,2017(11):1659—1667.

[267]许召元,李善同.区域间劳动力迁移对地区差距的影响[J].经济学(季刊),2009(1):53—76.

[268]闫东升,杨槿.长江三角洲人口与经济空间格局演变及影响因素[J].地理科学进展,2017,36(7):820—831.

[269]严成樑,龚六堂.财政支出、税收与长期经济增长[J].经济研究,2009(6):4—15.

[270]严善平.城市劳动力市场中的人员流动及其决定机制——兼析大城市的新二元结构[J].管理世界,2006(8):8—17.

[271]阎宏,孙斌栋.多中心城市空间结构的能耗绩效——基于我国地级及以上城市的实证研究[J].城市发展研究,2015(12):13—19.

[272]杨胜利,高向东.我国劳动力资源分布与优化配置研究[J].人口学刊,2014,36(1):78—88.

[273]杨昕.影响农民工享有公共服务的若干非制度因素分析——以上海为例[J].社会科学,2008(10):88—94.

[274]杨艳昭,赵延德,封志明,游珍.长三角都市区人口集疏过程及其空间格局变化[J].西北人口,2013(6):34—39.

[275]杨芸,祝龙彪.上海市人口空间分布的变化与发展趋势[J].中国人口.资源与环境,2001(12):99—101.

[276]姚华松,许学强,薛德升.广州流动人口空间分布变化特征及原因分析[J].经济地理,2010(1):40—46.

[277]叶继红,李雪萍.农民工共享城市公共资源问题研究——基于苏州市相城区的考察[J].南京人口管理干部学院学报,2011(4):12—17.

[278]殷江滨,李郇.产业转移背景下县域城镇化发展:基于地方政府行为的视角[J].经济地理,2012(8):71—77.

[279]于涛方.中国城市人口流动增长的空间类型及影响因素[J].中国人口科学,2012(4):47—58.

[280]余瑞林,刘承良,杨振.武汉城市圈人口分布的时空格局[J].长江流域资源与环境,2012(9):1087—1092.

[281]俞路,张善余,韩贵锋.上海市人口分布变动的空间特征分析[J].中国人口·资源与环境,2006(5):83—87.

[282]张车伟,蔡翼飞.人口与经济分布匹配视角下的中国区域均衡发展[J].人口研究,2013,37(6):3—16.

[283]张晨峰.中国区域经济收敛性的空间面板模型研究[J].世界经济情况,2011(7):107—113.

[284]张桂霞.八十年代广州市区人口分布的变动[J].热带地理,1994(4):315—321.

[285]张浩然,衣保中.城市群空间结构特征与经济绩效:来自中国的经验证据[J].经济评论,2012(1):42—47.

[286]张静.城镇化进程中城市拥挤度的演化规律[J].城市问题,2016(5):92—97.

[287]张尚武,晏龙旭,王德,刘振宇,陈烨.上海大都市地区空间结构优化的政策路径探析——基于人口分布情景的分析方法[J].城市规划学刊,2015(6).

[288]张晓娣,石磊.中国公共支出结构的最优调整方案研究——区域聚类基础上的梯度法求解[J].财经研究,2013(10):19—33.

[289]张学良.中国交通基础设施促进了区域经济增长吗——兼论交通基础设施的空间溢出效应[J].中国社会科学,2012(3):60—77.

[290]张耀军,刘沁,韩雪.北京城市人口空间分布变动研究[J].人口研究,2013(11):52—61.

[291]张远军.城市化与中国省际经济增长:1987—2012——基于贸易开放的视角[J].金融研究,2014(7):49—62.

[292]张志,周浩.交通基础设施的溢出效应及其产业差异——基于空间计量的比较分析[J].财经研究,2012(3):124—134.

[293]张志斌,潘晶达等.兰州城市人口空间结构演变格局及调控路径[J].地理研究,2012(11):2055—2068.

[294]章元,刘修岩.聚集经济与经济增长:来自中国的经验证据[J].世界经济,2008(3):60—70.

[295]赵志耘,吕冰洋.政府生产性支出对产出-资本比的影响——基于中国经验的研究[J].经济研究,2005(11):46—56.

[296]郑秉文.改革开放30年中国流动人口社会保障的发展与挑战[J].中国人口科学,2008(5):2—17.

[297]郑静,许学强,陈浩光.广州市人口结构的空间分布特征分析[J].热带地理,1994(2):133—142.

[298]郑思齐,孙聪.城市经济的空间结构:居住、就业及衍生问题[J].南方经济,2011(8):18—31.

[299]郑真真.中国流动人口变迁及政策启示[J].中国人口科学,2013(1):36—45.

[300]钟辉勇,陆铭.财政转移支付如何影响了地方政府债务?[J].金融研究,2015(9):1—16.

[301]周春山,许学强.广州市人口空间分布特征及演变趋势分析[J].热带地理,1997(1):53—60.

[302]周春山.广州市人口空间分布变动模式研究[J].地理学与国土研究,1996(8):21—26.

[303]周凯,刘帅.金融资源集聚能否促进经济增长——基于中国31个省份规模以上工业企业数据的实证检验[J].宏观经济研究,2013(11):46—53.

[304]周艳,涂建军,卢德彬,阎晓,武京涛.重庆市人口与经济空间分布关系及其变化研究[J].经济地理,2011(11),1781—1785.

[305]周玉龙,孙久文.论区域发展政策的空间属性[J].中国软科学,2016(2):67—80.

[306]朱宝树.中国城市化进程中的人口社会重构——以上海为例的研究[J].华东师范大学学报(哲学社会科学版),2003(4):97-104+125.

[307]朱江丽,李子联.长三角城市群产业-人口-空间耦合协调发展研究[J].中国人口·资源与环境,2015(2):75-82.

[308]祝卓.人口地理学[M].北京:中国人民大学出版社,1991.